〔西汉〕刘向 刘歆◎校订 孙红颖◎解译

中国纺织出版社

内 容 提 要

《山海经》是中国志怪古籍，其内容主要是民间传说中的地理知识，包括山川、道里、民族、物产、药物、祭祀、巫医等，并保存了不少脍炙人口的远古神话传说和寓言故事。不仅使自古及今的学者研读不衰，也给一般的读者带来天马行空般的艺术享受。本书在尊重文献原典的基础上，对山海经中的晦涩字词和重要知识点做了比较详细的阐述，能够帮你了解《山海经》的神秘魅力。

图书在版编目（CIP）数据

山海经全鉴 /（西汉）刘向，（西汉）刘韵校订；孙红颖解译．—北京：中国纺织出版社，2016. 10（2024.1重印）

ISBN 978-7-5180-2989-1

Ⅰ. ①山… Ⅱ. ①刘… ②刘… ③孙… Ⅲ. ①历史地理—中国—古代 ②《山海经》—注释 ③《山海经》—译文 Ⅳ. ① K928.626

中国版本图书馆 CIP 数据核字（2016）第 227319 号

解译人员：袁世刚　周国华　孙红颖　李向峰　田明辉
魏　冰　陈玉潇　段雪莲　陈雨佳

策划编辑：丁守富　　责任印制：储志伟

中国纺织出版社出版发行
地址：北京市朝阳区百子湾东里 A407 号楼　邮政编码：100124
销售电话：010—67004422　传真：010—87155801
http：//www.c–textilep.com
E–mail：faxing@c–textilep.com
中国纺织出版社天猫旗舰店
官方微博 http://weibo.com/2119887771
永清县晔盛亚胶印有限公司印刷　各地新华书店经销
2016年10月第1版　2024年1月第6次印刷
开本：710×1000　1/16　印张：20
字数：302 千字　定价：68.00元

前言

《山海经》是在中国流传悠久的一部奇书，对中国古代历史、地理、文化、中外交通、民俗、神话等均有记述，是一部记载中国古代神话、地理、植物、动物、矿物、物产、巫术、宗教、医药、民俗、民族的著作。

《山海经》反映的文化现象五彩缤纷、包罗万象。除了保存着丰富的神话资料之外，还涉及多种学术领域，例如：哲学、美学、宗教、历史、地理、天文、气象、医药、动物、植物、矿物、民俗学、民族学、地质学、海洋学、心理学、人类学等等，可谓汪洋闳肆，有如海日。堪称是一部内容包罗万象的百科全书。其中的矿物记录，更是世界上最早的文献。

《山海经》一书的撰写者和成书时间都存在争议。过去有人认为是大禹、伯益所作，但随着研究的不断深入，现代学者一般认为《山海经》并非一人一时之作，而是从战国初年到汉代初年，楚国和巴蜀地方的人所作，到了西汉刘向、刘歆父子校书时才合编在一起。

全书现存十八卷，其中包括《山经》5卷，《海经》8卷和《大荒经》5卷，约31000字。据统计，全书一共记载了5300多座山，250多条河，120多种动物以及50多种植物，具有卓越的文献价值。

《山海经》中的神话传说不仅仅是神话传说，而且，在一定程度上它又是历史。虽然由于浓厚的神话色彩，其真实性要大打折扣，但是它们毕竟留下了历史的轨迹。把几条类似的材料加以比较，往往可以使我们或隐或现地看到历史的真实面貌。例如，在《大荒北经》中所引的黄帝战蚩尤的记载，剔除其神话色彩，我们便可以想象到一场古代部落之间的激烈战争。

《山海经》的文学价值也是丰富多彩的，关于这一点，可以从多方面进行探究。至少可以从神话思维对浪漫主义文学创作传统的影响、原始逻辑的表述方式、人文关怀中丰富的情感体验和实用主义的审美判断等视角对《山海经》的文学价值予以解读和探究。《山海经》中包含着丰富的神话思维，深入地研究神话思维并揭示这种影响，不仅有利于从源头上来探讨浪漫主义文学创作传统形成的深层次影响因素，而且对于弄清各种文学现象形成和发展的规律都有很大帮助。

总之，从古至今，这部古老而神秘的奇书就不断吸引着人们去研究它，挖掘它。为了便于广大读者阅读，我们对其原文做了通俗的翻译，对生涩的字词做了精准的注解，力求帮助读者在轻松的阅读中深入地了解该书的内容和古人的深邃智慧。

解译者

2016 年 7 月

目录

上卷：山经

◎ 第三卷：北山经 / 59

◎ 第五卷：中山经 / 115

中卷：海经

◎ 第八卷：海内东经 / 237

下卷：大荒经

◎ 第一卷：大荒东经 / 248

◎ 第二卷：大荒南经 / 256

◎ **第五卷：海内经** / 291

上卷：山经

第一卷：南山经

《南山经》主要记载了位于我国南方的一系列山脉，以及发源于这些山脉的河流。所述范围大致东起今浙江舟山群岛，西至湖南西部，南至广东南海，跨越今浙江、江西、福建、广东、湖南五个省区。并对相关地域的各种植物、动物以及矿产资源做了详细描述，另外还记载了一些祭祀山神的礼仪。

招摇山

【原文】

南山经之首曰䧿山。其首曰招摇之山，临于西海之上，多桂，多金玉。有草焉，其状如韭而青华，其名曰祝余，食之不饥。有木焉，其状如榖[①]而黑理，其华四照，其名曰迷榖，佩之不迷。有兽焉，其状如禺[②]而白耳，伏行人走，其名曰狌狌[③]，食之善走。丽麂之水出焉，而西流注于海，其中多育沛[④]，佩之无瘕疾[⑤]。

【注释】

①榖（gǔ）：即构树，落叶乔木，长得很高适应性强。

②禺：传说中的野兽，像猕猴而较大。

③狌狌（xīng）：即猩猩。传说是一种长着人脸的野兽，能知道往事却不能预知未来。

④育沛：不详何物。有人说是琥珀。

⑤瘕（jiǎ）疾：一种腹中结块的病，即人们所说的鼓胀病。

【译文】

南山第一道山系叫䧿山。䧿山的最高峰叫招摇山，它濒临西海，山上生长着许多桂树，还有很多金属矿物和玉石。山上生长着一种草，形状很像韭菜却开着青色的花朵，这种草名叫祝余，人若吃了它就没有饥饿感了。山上生长着一种树木，形状像构树但纹理是黑色的，它开出的花能放射光芒，这

种树木名叫迷榖，人若将它佩带在身上就不会迷路了。山上还有一种野兽，长相像猕猴但耳朵是白色的，它有时在地上爬行，有时像人一样站立行走，这种野兽名叫狌狌，人若吃了它就会健步如飞。丽麂之水发源于招摇山，河水向西流入西海。河中有很多名叫育沛的东西，把它佩带在身上就不会出现鼓胀病。

堂庭山

【原文】

又东三百里，曰堂庭之山，多棪木①，多白猿，多水玉②，多黄金。

【注释】

①棪（yǎn）木：一种乔木。长出的果实像苹果。

②水玉：水晶。即人们所说的水晶石。

【译文】

再往东三百里有座山叫堂庭山，山中生长着稠密的棪木，栖息着很多猿猴，还蕴藏着丰富的水晶和黄金。

猿翼山

【原文】

又东三百八十里，曰猨翼之山，其中多怪兽，水多怪鱼，多白玉①，多蝮虫②，多怪蛇，多怪木，不可以上。

【注释】

①白玉：白石的玉，也指白璧。

②蝮虫：一种毒蛇，又名反鼻虫。

【译文】

再向东三百八十里有一座山，名叫猿翼山，山中有很多怪兽出没，水中有很多怪鱼，山上有很多白色的玉石、反鼻虫以及怪蛇，还有很多怪异的树木，人无法攀登上去。

杻阳山

【原文】

又东三百七十里，曰杻阳之山，其阳多赤金[①]，其阴多白金。有兽焉，其状如马而白首，其文如虎而赤尾，其音如谣，其名曰鹿蜀[②]，佩之宜子孙。怪水出焉，而东流注于宪翼之水。其中多玄龟，其状如龟而鸟首虺尾[③]，其名曰旋龟，其音如判木[④]，佩之不聋，可以为底[⑤]。

【注释】

①赤金：即黄金。此指为提炼过的赤色金矿。

②鹿蜀：有两种说法，一说指斑马，一说是鹿的一种。

③虺（huǐ）：毒蛇的一种。

④判木：指劈开木头。

⑤为：治疗。底：同“胝”，即手上或脚上长出的老茧。

【译文】

再向东三百七十里有座山，名叫杻阳山。山的向阳面蕴藏着很多赤金矿石，山的背阴面蕴藏着很多白金矿石。山里有一种野兽，形如马但头是白色的，身上有老虎一样的花纹但尾巴是红色的，发出的声音好比人唱歌一样，这种野兽的名字叫做鹿蜀，佩戴它的皮毛能够福延子孙。有一条形状怪异的泉水出自杻阳山，向东流入宪翼水中。水中生有很多黑色的龟，形状像乌龟但脑袋像鸟而尾巴像一种毒蛇，这种动物叫做旋龟，它发出的声音就像劈木头的声音一样，佩戴它可以防止耳聋，还能防治手脚上的老茧。

柢　山

【原文】

又东三百里，曰柢山，多水，无草木。有鱼焉，其状如牛，陵居，蛇尾，有翼，其羽在魼下[①]，其音如留牛[②]，其名曰鯥，冬死而夏生[③]，食之无肿疾。

【注释】

①魼（qū）：即鱼胁，鱼的肋骨部位。

②留牛：野兽名，一说指瘤牛；一说指犁牛。

③冬死：冬眠，也叫冬蛰。

【译文】

再向东三百里有座山，名叫柢山，山涧有很多清泉水流，但没有花草树

木。山中有一种鱼，形状像牛一样，生活在丘陵之上，有蛇一样的尾巴，有翅膀，长于胁骨下面，其叫声如留牛一般，它的名字叫做鯥，喜欢在冬季蛰伏，夏天出来活动，人吃了它的肉可以防治毒疮。

亶爰山

【原文】

又东四百里，曰亶爰之山，多水，无草木，不可以上。有兽焉，其状如狸而有髦[①]，其名曰类[②]，自为牝牡[③]，食者不妒。

【注释】

①狸：指山猫、野猫。髦：头发。

②类：指大灵猫。

③牝牡（pìn mǔ）：指雌性和雄性。

【译文】

再向东四百里有座山，叫做亶爰山。山里有很多泉水，却没有草木，人们不能攀登上去。山里有一种野兽，形状长得像山猫但头上有毛发，兽名叫做大灵猫，它一身兼有雌雄两性，人如果吃了它的肉就不会产生嫉妒心理。

基　山

【原文】

又东三百里，曰基山，其阳多玉，其阴多怪木。有兽焉，其状如羊，九尾四耳，其目在背，其名曰猼訑[①]，佩之不畏。有鸟焉，其状如鸡而三首、六目、六足、三翼，其名曰𪁺鸺[②]，食之无卧[③]。

【注释】

①猼訑（bó tuó）：传说中的一种野兽。

②𪁺鸺（ chǎng fū）：传说中的一种飞鸟。

③无卧：不思睡眠。

【译文】

再向东三百里有座山，名叫基山。山的南面蕴藏着丰富的玉石，山的北面生长着很多怪木。山中生活着一种野兽，形状如羊一般，有九条尾巴和四只耳朵，眼睛长在背上，它的名字叫猼訑，人如果佩戴它的皮毛在身上就会无所畏惧。山中还有一种鸟，形状像鸡，却有三个脑袋、六只眼睛、六条腿、三只翅膀，它的名字叫做𪁺鸺，人吃了它的肉就不想睡觉了。

青丘山

【原文】

又东三百里，曰青丘之山，其阳多玉，其阴多青雘[①]。有兽焉，其状如狐而九尾，其音如婴儿，能食人，食者不蛊[②]。有鸟焉，其状如鸠，其音若呵[③]，名曰灌灌，佩之不惑。英水出焉，南流注于即翼之泽。其中多赤鱬[④]，其状如鱼而人面，其音如鸳鸯，食之不疥[⑤]。

【注释】

①青雘（ huò）：一种青色的可做颜料的矿物。

②蛊：毒热恶气。

③呵：大声斥责。

④鱬（rú）：也叫鲵鱼、娃娃鱼，一种水陆两栖动物。

⑤疥：疥疮。

【译文】

再往东三百里有座山，叫做青丘山。山的南面蕴藏很多玉石，山的北面有许多可做青色颜料的矿物。山中生活着一种野兽，形状像狐狸但长着九条尾巴，发出的声音就像婴儿的啼哭声，能吃人，人吃了它的肉，就不会受毒热恶气的侵袭。山中有一种鸟，形状很像斑鸠，叫声像人们在大声斥骂一样，这种鸟的名字叫灌灌，把它的羽毛佩戴在身上，人就不会被迷惑。英水发源于青丘山，向南流入即翼泽之水中。英水中有很多赤鱬，形状和鱼相似但长着人一样的脸，发出的声音如鸳鸯鸣叫一般，人吃了这种鱼可以不生疥疮。

【相关链接】

鸳　鸯

鸳鸯，别名官鸭，属于鸭科，它们主要栖息于山地森林河流、湖泊、水塘、芦苇沼泽和稻田中，以植物性食物为主，也食昆虫等小动物。鸳鸯属于

国家二级保护动物，每年的4～9月间，是鸳鸯的繁殖期，雌雄鸳鸯在配对后就会迁至营巢区。巢置于树洞中，用干草和绒羽铺垫。每窝产卵7～12枚，呈淡绿黄色。雏鸟破壳而出时全身即长满了绒羽，孵出的第二天就能从高高的树洞中跳下来，进入水中后即能游泳和潜水。

福建省屏南县有一条11公里长的白岩溪，溪水幽深清澈，两岸景色优美，每年有上千只鸳鸯在此越冬，又称鸳鸯溪，是我国第一个鸳鸯自然保护区。此外，江西省上饶市婺源县鸳鸯湖是亚洲乃至全世界最大的野生鸳鸯越冬栖息地。

在我国，鸳鸯是人们心目中永恒爱情的象征，甚至有人认为鸳鸯一旦结为配偶，便陪伴终生，即使一方不幸死亡，另一方也不再寻觅新的配偶，而是孤独凄凉地度过余生。其实这只是人们看见鸳鸯在清波明湖之中的亲昵举动，通过联想产生的美好愿望。事实上，鸳鸯在生活中并非总是成对生活的，配偶更非终生不变。

箕尾山

【原文】

又东三百五十里，曰箕尾之山，其尾踆于东海[①]，多沙石。汸水出焉，而南流注于淯，其中多白玉。

凡鹊山之首，自招摇之山以至箕尾之山，凡十山，二千九百五十里。其神状皆鸟身而龙首。其祠之礼[②]：毛用一璋玉瘗[③]，糈用稌（tú）米[④]，白菅为席。

【注释】

①踆（cūn）：通“蹲”，这里是坐落的意思。

②祠：祭奠的意思。

③瘗（yì）：埋葬。

④糈（xǔ）：祭神所用的精米。

【译文】

再向东三百五十里有座山，名叫箕尾山。山的尾部坐落在东海海边，山上有很多沙石。汸水发源于这座山，向南流入淯水之中，水中有很多白玉。

总计鹊山这个山系，从第一座山招摇山算起，一直到箕尾山为止，总共有十座山，长度为二千九百五十里。这些山的山神都是鸟身龙头的样子。祭祀山神的仪式是：把带毛的动物和一块玉璋一起埋入地下，用糯米作为祭神用的精米，用白茅作为山神下面的坐席。

柜　山

【原文】

南次二经之首，曰柜山，西临流黄，北望诸𩵦（pí），东望长右。英水出焉，西南流注于赤水，其中多白玉，多丹粟[①]。有兽焉，其状如豚[②]，有距[③]，其音如狗吠，其名曰狸力，见则其县多土功[④]。有鸟焉，其状如鸱[⑤]而人手，其音如痺（bì），其名曰鴸，其鸣自号也，见则其县多放士[⑥]。

【注释】

①丹粟：朱砂。

②豚：小猪。

③距：鸡爪。指雄爪子后面突出的部分。

④土功：指治水、筑城等土木工程。

⑤鸱（chī）：一种凶猛的鸟。指老鹰。

⑥放士：被流放的人。

【译文】

南次二经中的第一座山，名叫柜山，它西临流黄国，北面是诸𩵦山，东面是长右山。英水发源于柜山，向西南流入赤水之中，水中有许多白玉和朱砂。山中生活着一种野兽，形状像小猪一样，脚趾像鸡爪子一样，发出的声音像狗叫声，它的名字叫狸力，哪个县出现了它就会大兴土木。有一种鸟，它的形状像鹞鹰但长着人一样的手，声音如同痺鸟一样，它的名字叫鴸（zhú），它叫起来就像是在喊自己的名字，哪里出现它就会有许多人被流放发配。

长右山

【原文】

东南四百五十里，曰长右之山，无草木，多水。有兽焉，其状如禺而四

耳[1]，其名长右，其音如吟，见则郡县大水[2]。

【注释】

①禺：猴类的一种，似猕猴而较大。

②大水：即洪水、洪灾。

【译文】

往东南四百五十里有座山，叫做长右山，山上草木不生，却有很多泉水。山中生活着一种野兽，形状像猕猴但长着四只耳朵，名叫长右。长右发音时像是人在叹息，哪里出现它就会发生洪灾。

尧光山

【原文】

又东三百四十里，曰尧光之山，其阳多玉，其阴多金。有兽焉，其状如人而彘鬣[1]，穴居而冬蛰，其名曰猾裹，其音如斫木[2]，见则县有大繇[3]。

【注释】

①彘（zhì）：指大猪。鬣（liè）：马、狮子等颈上的长毛。

②斫（zhuó）：砍、削的意思。

③繇：通“徭”，徭役。

【译文】

再往东三百四十里有座山，名叫尧光山。这座山的南面有很多玉石，北面有很多金矿石。山里有一种兽，形状像人但长着猪一样的鬃毛，在洞穴里居住并且冬天会蛰伏起来，它的名字叫猾裹，它发出的叫声就好像砍木头时的声音。哪里出现它就会有繁重的徭役。

羽　山

【原文】

又东三百五十里，曰羽山，其下多水，其上多雨，无草木，多蝮虫。

【译文】

再向东三百五十里有座山，名叫羽山，山下有很多泉水，山上经常下

雨，不长草木，有很多蝮蛇。

瞿父山

【原文】

又东三百七十里，曰瞿父之山[①]，无草木，多金玉。

【注释】

①瞿父之山：位于今浙江省境内的一座山。

【译文】

再往东三百七十里有座山，名叫瞿父山，山上不长草木，蕴藏着很多金玉矿石。

句余山

【原文】

又东四百里，曰句余之山[①]，无草木，多金玉。

【注释】

①句余之山：句余山位于今浙江省境内。

【译文】

再往东四百里有座山，名叫句余山，山上不长草木，蕴藏很多金玉矿石。

浮玉山

【原文】

又东五百里，曰浮玉之山，北望具区[①]，东望诸毗。有兽焉，其状如虎而牛尾，其音如吠犬，其名曰彘，是食人。苕水出于其阴，北流注于具区，其中多鮆鱼[②]。

【注释】

①具区：水名，即今天的太湖。

②鮆（jì）鱼：即刀鱼，也叫凤尾鱼。头小而尖，银白色。

【译文】

再向东五百里有座山，名叫浮玉山，北面靠着太湖，东面靠着诸毗山。山中栖息着一种野兽，形状像老虎但尾巴像牛，其叫声如狗吠，名字为彘，是吃人的野兽。苕水发源自这座山的北面，向北流入太湖，水中生长着很多鮆鱼。

【相关链接】

刀　鱼

刀鱼，又称刀鲚，毛鲚，是一种洄游鱼类，与河豚、鲥鱼并称为“长江三鲜”。

刀鱼的背鳍细小而透明，臀鳍自腹部开始一直延伸至尾鳍，像是一片极薄的裙边。它们嘴里有细小的牙齿，虽然习性并不凶猛，但依然会吞食体形较小的其他鱼类和小虾。

大部分种类的刀鱼分布在东南亚、南亚的热带地区，只有少数品种的刀鱼分布在非洲地区。在日本，因为刀鱼是秋天的代表鱼类，所以被称为秋刀鱼，是日本人喜爱的美食。秋刀鱼富含不饱和脂肪酸、蛋白质和铁质，对心脑血管的治疗有益，因此在日本有“秋刀鱼出，不用按摩”这一俗语。

刀鱼具有独特的辅助呼吸器官——气囊，可以直接呼吸水面上的空气，这使它们具备了极强的环境适应能力。由于刀鱼奇特的体形，所以深受水族爱好者的宠爱。刀鱼属于夜行性鱼类，喜欢在幽暗的光线下游动、觅食，它们的生长速度很快，饲养也比较容易，20℃以上的弱酸性水质环境即可保证它们的健康生长。

成　山

【原文】

又东五百里，曰成山，四方而三坛①，其上多金玉，其下多青雘。𨸏水出焉，而南流注于虖勺②，其中多黄金。

【注释】

①坛：土筑的高台。

②虖（hū）勺：水名，疑为浙江省境内的富春江。

【译文】

再往东五百里有座山，名叫成山，这座山有四面山坡，且像三层土台重叠堆砌上去的。山中有很多金玉矿石，山下有很多可作青色颜料的矿物。𨸏水发源于这座山，向南流入虖勺之水，水底有很多金矿石。

会稽山

【原文】

又东五百里，曰会稽之山①，四方，其上多金、玉，其下多砆石②。勺水出焉，而南流注于溴。

【注释】

①会（kuài）稽之山：会稽山，位于今浙江省境内。

②砆（fū）石：一种质地像玉的石头。

【译文】

再向东五百里有座山，名叫会稽山，山呈四方形，山上有很多金玉矿石，山下有许多像玉一样的石头。勺水发源于会稽山，向南流入湨（jú）水之中。

夷山

【原文】

又东五百里，曰夷山[①]，无草木，多沙石，湨水出焉，而南流注于列涂[②]。

【注释】

①夷山：山名，位于今浙江省或福建省境内。

②列涂：水名，指丰溪下游的云江。

【译文】

再向东五百里有座山，名叫夷山，山上寸草不生，沙石弥漫。湨水从这里发源，向南流入列涂之水。

仆勾山

【原文】

又东五百里，曰仆勾之山，其上多金玉，其下多草木，无鸟兽，无水。

【译文】

再向东五百里有座山，名叫仆勾山，山上有很多金玉矿石，山下有很茂盛的草木，山中没有鸟兽，也没有泉水。

虖勺山

【原文】

又东四百里，曰虖勺之山，其上多梓枏[①]，其下多荆杞[②]。滂水出焉，而东流注于海。

【注释】

①梓枏（nán）：梓树和楠木。

②荆：即牡荆，一种落叶灌木。杞：枸杞。

【译文】

再向东四百里有座山，名叫虖勺山，山上有很多梓树和楠木，山下长着很多牡荆和枸杞。滂水发源于这座山，向东流入大海。

鹿吴山

【原文】

又东五百里，曰鹿吴之山，上无草木，多金石。泽更之水出焉，而南流注于滂水。水有兽焉，名曰蛊雕[1]，其状如雕而有角[2]，其音如婴儿之音，是食人。

【注释】

①蛊雕：传说中的一种怪兽。

②雕：一种大型猛禽。

【译文】

再向东五百里有座山，名叫鹿吴山，山上没有草木，有很多金矿石和石头。泽更水发源于这座山，向南流入滂水之中。水中有一种野兽，名叫蛊雕，形状像雕但头上长着角，它发出的声音像婴儿啼哭，是一种会吃人的野兽。

漆吴山

【原文】

东五百里，曰漆吴之山，无草木，多博石[1]，无玉。处于东海，望丘山，其光载出载入，是惟日次[2]。

凡南次二经之首，自柜山至于漆吴之山，凡十七山，七千二百里。其神状皆龙身而鸟首。其祠：毛用一璧瘗，糈用稌。

【注释】

①博石：可以制成棋子的石头。

②次：驻止、停歇。

【译文】

再往东五百里有座山，名叫漆吴山，山中不长草木，有很多可制成棋子的石头，没有玉石。此山处于东海之中，在山上可以望见一座山，那山光时隐时现，是太阳所停歇的地方。

总计南次二经中的山，从柜山起到漆吴山止，共有十七座山，绵延七千二百里。每座山的山神都是龙身鸟头。祭祀山神的仪式是：把带毛的动物和玉璧一起埋入地下，用糯米作为祭祀山神的精米。

天虞山

【原文】

南次三经之首，曰天虞之山，其下多水，不可以上。

【译文】

南次三经中的第一座山，名叫天虞山，山下周围皆是水，人无法攀登上去。

祷过山

【原文】

东五百里，曰祷过之山，其上多金玉，其下多犀、兕[①]，多象。有鸟焉，其状如鵁（jiāo）而白首、三足、人面，其名曰瞿如，其鸣自号也。泿水出焉，而南流注于海。其中有虎蛟[②]，其状鱼身而蛇尾，其音如鸳鸯，食者不肿[③]，可以已痔。

【注释】

①犀：即犀牛。兕（si）：雌性犀牛。

②虎蛟：传说中龙的一个种类。

③肿：毒疮。

【译文】

向东五百里有座山，叫做祷过山，山上有丰富的金玉矿石，山下有很多犀牛和兕，还有很多大象。山中有一种鸟，形状像鵁，长着白色的脑袋、三只脚、人一样的脸，名字叫瞿如，它鸣叫的声音就像在喊自己的名字。泿水发源于这座山，向南流入大海。水中有一种虎蛟，形状是鱼身蛇尾，发出的声音好像鸳鸯在啼叫，吃了它的肉就不会生痈肿疾病，还可以治愈痔疮。

丹穴山

【原文】

又东五百里，曰丹穴之山，其上多金玉。丹水出焉，而南流注于渤海[①]。有鸟焉，其状如鸡，五采而文[②]，名曰凤皇[③]，首文曰德，翼文曰义，背文曰

礼，膺文曰仁[④]，腹文曰信。是鸟也，饮食自然，自歌自舞，见则天下安宁。

【注释】

①渤海：这里指南海。

②文：通“纹”，花纹、纹理。

③凤皇：即凤凰。

④膺（yīng）：胸部。

【译文】

再向东五百里有座山，叫丹穴山，山上有很多金玉矿石。丹水发源于这座山，向南流入渤海。山中栖息着一种鸟，形状像鸡，身上五彩斑斓的羽毛像文字的形状，它的名字叫凤凰，它头上的花纹像“德”字，翅膀上的花纹像“义”字，背上的花纹像“礼”字，胸部的花纹像“仁”字，腹部的花纹像“信”字。这种鸟，自由自在地进食，自歌自舞地娱乐，它一出现天下就会太平。

发爽山

【原文】

又东五百里，曰发爽之山，无草木，多水，多白猿。汎水出焉，而南流注于渤海。

【译文】

再向东五百里有座山，名叫发爽山，山中没有花草树木，但有很多泉水，还有许多白猿。汎水发源于这座山，向南而流一直注入渤海。

旄　山

【原文】

又东四百里，至于旄山之尾，其南有谷，曰育遗，多怪鸟，凯风自是出[①]。

【注释】

①凯风：南风，意思是柔和的风。

【译文】

再向东四百里，就到了旄山的尾端，此处的南面有一个山谷，叫做育遗，谷中有许多怪鸟，常有柔和的风从这里吹出来。

非　山

【原文】

又东四百里，至于非山之首，其上多金玉，无水，其下多蝮虫。

【译文】

再向东四百里，就到了非山的前端，山上有很多金玉矿石，没有泉水，山下有很多蝮蛇。

阳夹山

【原文】

又东五百里，曰阳夹之山，无草木，多水。

【译文】

再向东五百里有座山，叫阳夹山，山上没有花草树木，有很多泉水。

灌湘山

【原文】

又东五百里，曰灌湘之山，上多木，无草；多怪鸟，无兽。

【译文】

再向东五百里有座山，名叫灌湘山，山上到处都是树木，但没有花草；山中有很多怪鸟，但没有野兽。

鸡　山

【原文】

又东五百里，曰鸡山，其上多金，其下多丹雘①。黑水出焉，而南流注于海。其中有鱄鱼②，其状如鲋而彘毛③，其音如豚④，见则天下大旱。

【注释】

①丹雘：红色的可做颜料的矿物。

②鱄（tuán）鱼：传说中的一种鱼。

③鲋（fù）：即鲫鱼。

④豚：小猪。也泛指猪。

【译文】

再向东五百里有座山，名叫鸡山，鸡山上有很多金矿石，山下有很多能

做颜料的红色矿物。黑水发源于这座山，向南而流注入大海。水中有一种鱄鱼，体形像鲫鱼，身上有猪一样的毛，发出的声音如同小猪在叫，只要它一出现就会天下大旱。

令丘山

【原文】

又东四百里，曰令丘之山，无草木，多火。其南有谷焉，曰中谷，条风自是出①。有鸟焉，其状如枭②，人面四目而有耳，其名曰颙，其鸟自号也，见则天下大旱。

【注释】

①条风：即东北风。

②枭：指猫头鹰一类的鸟。飞行时无声，在夜间活动。

【译文】

再向东四百里有座山，名叫令丘山，山中不长草木，却有很多山火。它的南边有一个山谷，名叫中谷，东北风就从这里吹出。山中栖息着一种鸟，形状像猫头鹰，长着人一样的脸，有四只眼睛，还有耳朵，这种鸟名字叫颙（yóug），它发出的声音就像在喊自己的名字，只要一出现就会天下大旱。

仑者山

【原文】

又东三百七十里，曰仑者之山，其上多金玉，其下多青雘。有木焉，其状如穀而赤理，其汗如漆，其味如饴①，食者不饥，可以释劳，其名曰白䓘，可以血玉②。

【注释】

①饴：用麦芽制成的糖浆。

②血：这里用作动词，染成红色之意。

【译文】

再向东三百七十里有座山，名叫仑者山，山上有许多金玉矿石，山下有许多能做颜料的青色矿物。山中生长着一种树，形状像榖树但纹理是红色的，从枝干流出的液体如漆一般，味道像糖浆一般甜，人吃了它就不会觉得饥饿，还能解除疲劳，这种树叫做白䓘，可以用它把玉石染得鲜红。

【相关链接】

了解玉文化

汉代许慎在《说文解字》中说，玉石之美兼五德者。所谓五德，即仁、义、智、勇、洁。显然，被赋予了特定内涵的玉已不仅仅是“美石”而已了，它已升华为我国传统文化精神中重要的象征物。

我国是世界上用玉最早，且绵延时间最长的国家，素有“玉石之国”的美誉。根据考古学家和历史学家考证：我国玉器诞生于原始社会新石器时代早期，至今有七八千年的历史。20 世纪 80 年代中，在内蒙古自治区敖汉旗的兴隆洼、辽宁省阜新县查海等地发现了大量史前人类定居生活的村落遗址，并出土了大量玉器。经推算时间约在距今 8200 ～ 7400 年之间，被称为兴隆洼文化。

上古时期，人们常常拜祭神灵、求助神灵来征服自然。这时，珍贵而高尚的器物——玉便被视为神圣的祭祀礼器。同时，玉还可用来传达亲情、友情以及爱情。《诗经·卫风·木瓜》是男女互诉衷肠、互为赠答的一首爱情诗，其中有“报之以琼琚”，琼琚、琼瑶皆美玉。玉拥有晶莹的美和刚硬的质，用以表达纯洁坚贞的爱情是非常贴切的。

在古代，玉的用途是广泛的，不仅可用为祭祀礼器，还可视为国家权力与地位的象征，可作为表情达意的手法和方式。因此，玉在古代的政治生活和日常生活中是必不可少的。

禺稾山

【原文】

又东五百八十里，曰禺稾之山，多怪兽，多大蛇。

【译文】

再向东五百八十里有座山，名叫禺稾（gǎo）山，山中有很多怪兽，还有很多大蛇。

南禺山

【原文】

又东五百八十里，曰南禺之山，其上多金玉，其下多水。有穴焉，水出辄入，夏乃出，冬则闭。佐水出焉，而东南流注于海，有凤皇、鹓雏①。

凡南次三经之首，自天虞之山以至南禺之山，凡一十四山，六千五百三十里。其神皆龙身而人面。其祠皆一白狗祈②，糈用稌。

右南经之山志，大小凡四十山，六千三百八十里。

【注释】

①鹓（yuān）雏：传说中一种与鸾凤同类的鸟。

②祈：向神明求福，这里指祭品。

【译文】

再往东五百八十里有座山，名叫南禺山，山上有很多金玉矿石，山下有很多泉水。山里有个洞穴，水刚从洞穴中流出又重新流入洞内，但只有夏天水才从洞穴里流出，冬天洞穴会自动关闭。佐水发源于这座山，向东南流入大海，水边有凤凰和鹓雏。

总计南次三经中的山，从天虞山起到南禺山止，一共十四座山，途经六千五百三十里。每座山的山神都是龙身人面。祭祀山神时都要杀一条白色的狗来祈祷，用糯米作祭祀用的精米。

上面所说的是南山经中记载的山，大大小小一共有四十座，全长六千三百八十里。

第二卷：西山经

《西山经》主要记载了很多位于我国西部的山脉，其大致范围东起山西、陕西之间的黄河，西至新疆维吾尔自治区境内的阿尔金山，南起秦岭山脉，北至宁夏回族自治区的盐池。书中还记录了发源于这些山脉的河流走向，描写了生长在这些山脉中的动植物，以及山上蕴藏的矿产等。

钱来山

【原文】

西山经华山之首，曰钱来之山，其上多松，其下多洗石[①]。有兽焉，其状如羊而马尾，名曰羬羊[②]，其脂可以已腊[③]。

【注释】

①洗石：含碱的石头，可以用来擦去污垢。

②羬（qián）羊：一种野生的山羊。

③腊：皮肤干裂。

【译文】

西方第一座山系华山山系的首座山，叫钱来山，山上有很多松树，山下有很多洗石。山里生活着一种野兽，形状和羊很像但却长着马的尾巴，它的名字叫羬羊，其油脂可以护理治疗干裂的皮肤。

松果山

【原文】

西四十五里，曰松果之山。濩水出焉，北流注于渭，其中多铜。有鸟焉，其名曰螐渠[①]，其状如山鸡，黑身赤足，可以已瀑[②]。

【注释】

①螐（tóng）渠：鸟名，外形似雉。

②瀑（bào）：皮肉干裂皱起。

【译文】

从钱来山向西四十五里有座山，叫松果山。濩（huò）水从这座山发源，向北流入渭水，水底有很多铜矿石。山里有一种禽鸟，名叫螐渠，形状像山鸡一样，黑色的身子，红色的足爪，吃了它的肉，可以治疗皮肤干裂发皱。

太华山

【原文】

又西六十里，曰太华之山，削成而四方，其高五千仞[①]，其广十里，鸟兽莫居。有蛇焉，名曰肥𧔥[②]，六足四翼，见则天下大旱。

【注释】

①仞：古代以八尺或七尺为一仞。

②肥𧔥（wèi）：传说中的一种蛇。

【译文】

再向西六十里有座山，名叫太华山，山势像是用刀斧削成的四方形，这座山高五千仞，范围纵横十里，鸟兽都无法在山上居住。山中有一种蛇，名叫肥𧔥，长着六条腿和四只翅膀，只要它一现身天下就会发生旱灾。

小华山

【原文】

又西八十里，曰小华之山，其木多荆杞，其兽多㸲牛[①]，其阴多磬石[②]，其阳多㻬琈之玉[③]。鸟多赤鷩，可以御火。其草有萆荔[④]，状如乌韭[⑤]，而生于石上，亦缘木而生，食之已心痛。

【注释】

①㸲（zuó）牛：即野牛。

②磬石：一种可以用来制作乐器的石头。

③㻬琈（tú fú）之玉：一种美玉。

④萆（bì）荔：即薜荔，是一种可做药用的香草。

⑤乌韭：一种苔藓类植物，多生于潮湿的地方。

【译文】

再向西八十里有座山，名叫小华山，山上的树木大多是荆类植物和枸杞，山里的野兽大多是野牛，山的北面有很多适合制磬的石头，山的南面蕴藏很多㻬琈之玉。山中的鸟大多是赤鷩，这种鸟可以防御火灾。山中有一种叫萆荔的草，形状如乌韭一般，生长在石头上面，有的也攀援树木生长，吃了它可以治疗心痛。

【相关链接】

我国古代乐器

就现在出土的实物来看，吹奏类乐器是最早出现的乐器。其中，河南省舞阳县的骨笛出现的年代最为久远。这段时期也出土了不少的击奏类乐器，虽然典籍中提到有“瑟”这种弦乐器，但至今未见实物出土。

先秦时期是我国乐器发展史的第一个高峰，那个时候就已经确定了乐器的“八音”分类。这段时期的乐器以击奏类为主，出土实物以曾侯乙编钟影响最大，音乐也是以钟鼓乐为代表。古琴这种弦乐器就在这时出现，并很快成为一种十分重要的独奏乐器。《列子·汤问》中记载：先秦的琴师伯牙一次在荒山野地弹琴，樵夫钟子期竟能领会这是描绘“峨峨兮若泰山”和“洋洋兮若江河”。伯牙惊道：“善哉，子之心而与吾心同。”钟子期死后，伯牙痛失知音，摔琴绝弦，终身不弹。在这个典故中，伯牙所弹奏的乐器，就是古琴。

秦汉隋唐时期也是我国乐器发展的辉煌期，随着中外交流的增多，很多外国乐器传入我国，使得弹奏类乐器得到空前的发展。唐代出现了古琴谱，晚唐曹柔又创简字谱，使得古琴音乐得以保存。被称为“弹拨乐器之王”的琵琶成为唐代最为重要的乐器。而在民间，拉弦类乐器开始出现。

到了宋元明清时期，弓弦乐器的传入和普遍使用，促进了戏曲、说唱音乐的发展。古琴则出现了众多的流派。吹奏类乐器元代出现唢呐，击奏类乐器元代出现云锣，这段时期宫廷音乐逐渐萧条，民间音乐却逐渐繁荣起来。

符禺山

【原文】

又西八十里，曰符禺之山，其阳多铜，其阴多铁。其上有木焉，名曰文茎[①]，其实如枣，可以已聋。其草多条[②]，其状如葵，而赤华黄实，如婴儿舌，食之使人不惑。符禺之水出焉，而北流注于渭。其兽多葱聋[③]，其状如羊而赤鬣。其鸟多鴖，其状如翠[④]而赤喙，可以御火。

【注释】

①文茎：植物名。一说指无刺枣。

②条：植物名，一说指蜀葵。

③葱聋：传说中的一种野山羊。

④翠：即翠鸟。

【译文】

再向西八十里有座山，名叫符禺山，山的南面有很多铜矿石，北面有许多铁矿石。山上有一种树，名叫文茎，结的果实像枣，吃了它可以治疗耳聋。山中生长的草多为条，形状像葵一样，开红色的花，结黄色的果实，像婴儿的舌头，人吃了它就不会产生迷惑。符禺水发源于这座山，向北流入渭河。山中的野兽多是葱聋，它的形状像羊但长有红色的鬣毛。山中的鸟多是鴖鸟，形状像翠鸟，却长着红色的嘴巴，这种鸟可以防火。

石脆山

【原文】

又西六十里，曰石脆之山，其木多棕枏，其草多条，其状如韭，而白华黑实，食之已疥。其阳多㻬琈之玉，其阴多铜。灌水出焉，而北流注于禺水。其中有流赭[①]，以涂牛马无病。

【注释】

①流赭（zhě）：流即硫磺，是一种天然的矿物质，中医可以入药；赭即赭石，是一种天然的褐铁矿，可做黄色颜料。

【译文】

再往西六十里有座山，名叫石脆山，山上生长着很多棕树和楠木，生长的草大多是条，这种草形状与韭菜相似，开白色的花结黑色的果实，人如果吃了这种果实就可以治疗疥疮。山的南面有很多㻬琈之玉，山的北面有很多铜矿石。灌水发源于这座山，向北流入禺水。水中有很多硫磺和赭石，将它们涂在牛马身上，牛马就不会生病了。

英　山

【原文】

又西七十里，曰英山，其上多杻、橿，其阴多铁，其阳多赤金。禺水出焉，流注于招水，其中多鳢鱼，其状如鳖，其音如羊。其阳多箭、䉋[①]，其兽多㸲牛、羬羊。有鸟焉，其状如鹑，黄身而赤喙，其名曰肥遗，食之已疠[②]，可以杀虫。

【注释】

①箭、䉋（meì）：箭竹和䉋竹。

②疠：即瘟疫，也指恶疮。

【译文】

再向西七十里有座山，名叫英山，山上长着很多杻树和橿树，山的北面有很多铁矿石，山的南面有很多赤金矿石。禺水发源于这座山，向北流入招水，水中有很多鳢鱼，形状像鳖，发出的声音像羊。山的南面生长着很多箭竹和䉋竹，山里的野兽多是㸲牛、羬羊。山中有一种鸟，形状像鹌鹑，长着黄色的羽毛和红色的嘴，这种鸟名叫肥遗，人吃了它可以治疗恶疮，还可以用来杀虫。

竹山

【原文】

又西五十二里，曰竹山，其上多乔木，其阴多铁。有草焉，其名曰黄雚，其状如樗，其叶如麻，白华而赤实，其状如赭，浴之已疥，又可以已胕。竹水出焉，北流注于渭，其阳多竹箭，多苍玉。丹水出焉，东南流注于洛水，其中多水玉，多人鱼[①]。有兽焉，其状如豚而白毛，大如笄而黑端[②]，名曰豪彘。

【注释】

①人鱼：即大鲵，俗称娃娃鱼。

②笄（jī）：古代用来固定头发的簪子。

【译文】

再往西五十二里有座山，名叫竹山，山上有很多乔木，山的北面有很多铁矿石。山中生长着一种草，名叫黄雚，形状像臭椿树，叶子与麻类植物的叶子相像，花是白色的而果实是红褐色的，果实的形状像红土，用它来洗澡可以治疗疥疮，还可以治疗浮肿。竹水发源于这座山，向北流入渭水，水的南面长着很多细竹子，还有很多苍玉。丹水也发源于这座山，向东南流入洛水，水中有很多水晶，还有很多大鲵。山中有一种野兽，形状像猪但长着白色的毛，毛粗如笄一般，尖端呈现黑色，它的名字叫豪猪。

浮山

【原文】

又西百二十里，曰浮山，多盼木，枳叶而无伤[①]，木虫居之。有草焉，名曰薰草[②]，麻叶而方茎，赤华而黑实，臭如蘼芜[③]，佩之可以已疠。

【注释】

①枳（zhǐ）：枳树，俗称臭橘。伤：针刺。

②薰草：一种香草，又叫蕙草，俗名佩兰。

③臭（xiù）：气味。蘼芜：一种香草，香气似白芷。

【译文】

再向西一百二十里有座山，名叫浮山，山上长着很多盼木，叶子和枳树一样但不长刺，树干里生有很多寄生虫。山中有一种草，名字叫薰草，它的叶子像大麻一样但草茎是方形的，花是红色的而果实是黑色的，发出如蘼芜一般的香味，把它佩戴在身上能治疗恶疮。

时　山

【原文】

又西百五十里，曰时山，无草木。逐水出焉，北流注于渭，其中多水玉。

【译文】

再向西一百五十里有座山，名叫时山，山上不长草木。逐水发源于这座山，向北流入渭水，水里有很多水晶。

南　山

【原文】

又西百七十里，曰南山，上多丹粟[①]。丹水出焉，北流注于渭。兽多猛豹[②]，鸟多尸鸠[③]。

【注释】

①丹粟：细粒的丹砂。

②猛豹：传说中的一种动物名，似熊而较小。

③尸鸠：即布谷鸟。

【译文】

再向西一百七十里有座山，名叫南山，山上有很多丹砂。丹水源自此山，向北流入渭水。山中的野兽多是猛豹，鸟类多是布谷鸟。

【相关链接】

布谷鸟

布谷鸟，学名杜鹃鸟，其体形大小和鸽子相仿，但较细长，上体暗灰色，腹部布满了横斑。芒种前后，几乎昼夜都能听到它们洪亮而有点凄凉的叫声，叫声特点是四声一度——“布谷布谷，布谷布谷”，好像在提醒人们

赶快播种谷物，所以俗称布谷鸟。

在我国民间，广泛流传着“望帝春心托杜鹃”的故事，说古代蜀国的国王名叫杜宇，号望帝，后来失国身死，魂魄化为杜鹃，在天空中徘徊悲啼不已。这可能是前人因为听得杜鹃鸣声凄苦，臆想出来的故事。但在春夏之际，杜鹃鸟确实会彻夜不停地啼鸣，它那凄凉哀怨的悲啼，常激起人们的多种情思，加上杜鹃的口腔上皮和舌头都是红色的，古人误以为它“啼”得满嘴流血，因而引出许多关于“杜鹃啼血”“啼血深怨”的传说和诗篇。

虽然杜鹃在我国被赋予了很多美好的象征意义，但在其他国家，人们却对它颇有微词，原因在于它们对抚养后代极不负责，自己懒得做巢，却将卵产在画眉、苇莺等其他鸟巢里，由别的鸟代替孵化；小杜鹃也很凶残，它们会将同巢养父母所生的兄弟姐妹全都挤出巢外摔死，因为它需要吃光养母所能找到的全部食物。

大时山

【原文】

又西百八十里，曰大时之山，上多榖、柞，下多杻、橿，阴多银，阳多白玉。涔水出焉，北流注于渭。清水出焉，南流注于汉水。

【译文】

再向西一百八十里有座山，名叫大时山，山上有很多构树和柞树，山下有很多杻树和橿树，山的北面有很多银矿石，南面有很多白玉矿石。涔水发源于这座山，向北流入渭河。清水发源于这座山，向南流入汉水之中。

嶓冢山

【原文】

又西三百二十里，曰嶓冢之山，汉水出焉，而东南流注于沔；嚣水出焉，北流注于汤水。其上多桃枝、鉤端，兽多犀、兕、熊、罴[①]，鸟多白翰[②]、赤鷩。有草焉，其叶如蕙，其本如桔梗[③]，黑华而不实，名曰蓇蓉[④]，食之使人无子。

【注释】

①罴（pí）：即棕熊。

②白翰：即白雉、白鹇。

③本：草木的茎或根。

④蓇（gū）蓉：草名。

【译文】

再往西三百二十里有座山，名叫嶓冢山，汉水发源于这座山，然后向东南流入沔水；嚣水也发源于这里，向北流入汤水。山上生长着很多桃枝竹和钩端竹，野兽多为犀牛、兕、熊、罴，山上的鸟多是白雉和红色的锦鸡。山中生长着一种草，叶子像蕙兰，根茎却像桔梗，开黑色的花但不结果实，这种草名字叫蓇蓉，人吃了它就会丧失生育能力。

天帝山

【原文】

又西三百五十里，曰天帝之山，上多棕、枏，下多菅①、蕙。有兽焉，其状如狗，名曰谿边，席其皮者不蛊。有鸟焉，其状如鹑，黑文而赤翁②，名曰栎，食之已痔。有草焉，其状如葵，其臭如蘼芜，名曰杜衡③，可以走马④，食之已瘿⑤。

【注释】

①菅：即菅茅。

②翁：鸟颈上的毛。

③杜衡：一种野生植物，其根茎可以入药。

④走马：使马跑得快。

⑤瘿（yǐng）：长在脖子上的一种瘤子。

【译文】

再向西三百五十里有座山，名叫天帝山，山上长着很多棕树和楠木，山下长有很多菅茅和蕙兰。山中有一种野兽，形状很像狗，它的名字叫谿边，睡在这种野兽的皮毛上可以免受毒热恶气的侵袭。山里有一种鸟，形状很像鹌鹑，身上有黑色的花纹和红色的颈毛，它的名字叫栎，吃了它的肉可以治疗痔疮。山中还有一种草，形状像葵，气味与蘼芜相似，它的名字叫杜衡，这种草可以使马跑得更快，人吃了它可治疗脖子上长大瘤子的病。

皋涂山

【原文】

西南三百八十里，曰皋涂之山，蔷水出焉，西流注于诸资之水。涂水出焉，南流注于集获之水。其阳多丹粟，其阴多银、黄金，其上多桂木。有白石焉，其名曰礜[①]，可以毒鼠。有草焉，其状如藁茇[②]，其叶如葵而赤背，名曰无条[③]，可以毒鼠。有兽焉，其状如鹿而白尾，马足人手而四角，名曰玃如。有鸟焉，其状如鸱而人足，名曰数斯，食之已瘿。

【注释】

①礜（yù）：礜石，一种性热含毒的矿石。

②藁茇（gǎo bá）：一种香草名，其根茎可以入药。

③无条：一种植物名，可能指天葵。

【译文】

向西南三百八十里有座山，名叫皋涂山，蔷水发源于这里，向西而流注入诸资水。涂水也发源于此，向南流入集获水。山的南面有很多丹砂，山的北面有许多银矿石和黄金，山上长着很多桂树。山中有一种白色的石头，名字叫礜，可以制成毒杀老鼠的药物。山中有一种草，形状如藁茇一般，叶子的形状与葵相似但叶背呈现红色，名字叫无条，也可以用来毒杀老鼠。山中还有一种野兽，形状像鹿但长着白色的尾巴，还有着马一样的脚和人一样的手，而且有四只角，它的名字叫玃如。山中还有一种鸟，它的形状像鹞鹰但长着人一样的脚，它的名字叫数斯，吃了它的肉可以治疗脖子上长大瘤子的病。

黄山

【原文】

又西百八十里，曰黄山，无草木，多竹箭。盼水出焉，西流注于赤水，其中多玉。有兽焉，其状如牛而苍黑，大目，其名曰 [①]。有鸟焉，其状如鸮[②]，青羽赤喙，人舌能言，名曰鹦䳇[③]。

【注释】

①（mǐn）：传说中的一种似牛的野兽。

②鸮（xiāo）：猫头鹰一类的鸟。

③鹦䳇（mǔ）：即鹦鹉。

【译文】

再向西 180 里有座山，名叫黄山，山上不长草木，长着很多小竹。盼水发源于黄山，向西流入赤水中，水底有很多玉。山中有一种野兽，形状像牛但皮毛是苍黑色的，眼睛很大，它的名字叫，山中还有一种鸟，形状像猫头鹰，有青色的羽毛和红色的嘴，舌头像人一样能说话，这种鸟名叫鹦䳇。

翠 山

【原文】

又西二百里，曰翠山，其上多棕枏，其下多竹箭，其阳多黄金、玉，其阴多旄牛①、羚、麢②。其鸟多鸓③，其状如鹊，赤黑而两首四足，可以御火。

【注释】

①旄牛：即牦牛。

②麢：也叫香獐子，哺乳动物，外形像鹿而小，短尾，没有角。

③鸓（lěi）：传说中的一种鸟。

【译文】

再向西二百里有座山，名叫翠山，山上有很多棕树和楠木，山下长着很多小竹，山的北面有很多黄金和玉石，山的南面有很多牦牛、羚羊和香獐子。山中的鸟多是鸓鸟，它的形状像喜鹊，身体呈红黑色，有两个脑袋和四只脚，这种鸟可以抵御火灾。

【相关链接】

牦 牛

牦牛是一种大型偶蹄类动物，是西藏高山草原上特有的牛种，主要分布在喜马拉雅山脉和青藏高原。牦牛具有顽强的生命力，它们能耐零下30~40℃的严寒，还可以爬上6400米处的冰川，是世界上生活在海拔最高处的哺乳动物，被誉为“高原之舟”。

牦牛是我国的主要牛种之一，在西藏，野生牦牛的肩高可达两米，而驯养的牦牛一般只有野牦牛的一半高。牦牛全身都是宝，它的毛可用来做衣服或帐篷，皮是制革的理想材料。牦牛强壮的身体既可用于农耕，又可当作高原运输工具。牦牛

还有识途的本领，善于在险路和沼泽地中行走，可作为旅游者的向导。

牦牛作为藏族先民最早驯化的牲畜之一，伴随着这个民族生存至今已有数千年的历史。对于世代沿袭游牧生活的藏民族来说，牦牛的重要地位是无可替代的。藏族的创世纪神话《万物起源》中说："牛的头、眼、肠、毛、蹄、心脏等均变成了日月、星辰、江河、湖泊、森林和山川等。"这种夸张的描述是藏族先民对其所崇拜的图腾牦牛加以神化或物化之后，驰骋其丰富的自然想象力而产生的结果。

騩　山

【原文】

又西二百五十里，曰騩山，是錞于西海[①]，无草木，多玉。凄水出焉，西流注于海，其中多采石、黄金，多丹粟。

凡西经之首，自钱来之山至于騩山，凡十九山，二千九百五十七里。华山冢也，其祠之礼：太牢[②]。羭山神也，祠之用烛，斋百日以百牺，瘗用百瑜，汤其酒百樽，婴以百珪百璧[③]。其余十七山之属，皆毛牷用一羊祠之[④]。烛者，百草之未灰，白席采等纯之。

【注释】

①錞（chún）：坐落，高踞。

②太牢：古代祭祀天地，以牛、羊、猪三牲具备为太牢。

③婴：颈上的饰物。

④牷：纯毛色的牛或健壮的牛。

【译文】

再向西二百五十里有座山，名叫騩山，这座山濒临西海，山中没有草木，却有遍地玉石。凄水发源于这座山，向西流入西海，水中有很多彩色的石头和黄金，以及丹砂。

总计西山一经中的山，自第一座山钱来山起到騩山止，一共有十九座山，绵延二千九百五十七里。华山是众山的宗主，祭祀华山山神的礼仪是：用太牢之礼。羭次山的山神很神妙，祭祀时要用火炬，先斋戒一百天，然后用一百头纯色的牲畜做祭品，把一百块美玉埋入地下，再烫上一百樽美酒，把一百只珪和一百块璧系在山神的颈上，作为祭祀时的饰品。剩余的十七座山的山神，都是用一只纯色的完整的羊来祭祀。照明用的火烛，是还没有烧成灰的百草，祭祀用的白席则用有彩色花纹的丝织物镶边装饰。

铃　山

【原文】

西次二经之首，曰铃山，其上多铜，其下多玉，其木多杻、橿。

【译文】

西次二经中的第一座山，名叫铃山，山上有很多铜矿石，山下有很多玉石，山中的树木大多是杻树和橿树。

泰冒山

【原文】

西二百里，曰泰冒之山，其阳多金，其阴多铁。洛水出焉，东流注于河[1]，其中多藻玉[2]，多白蛇。

【注释】

①河：即黄河。

②藻玉：指有彩色花纹的玉石。

【译文】

向西200里有座山，名叫泰冒山，山的南面有很多金矿石，北面有很多铁矿石。洛水发源于这座山，向东流入黄河，水中有很多带有彩纹的玉，还有很多白色的水蛇。

数历山

【原文】

又西一百七十里，曰数历之山，其上多黄金，其下多银，其木多杻、橿，其鸟多鹦䳇。楚水出焉，而南流注于渭，其中多白珠。

【译文】

再向西170里有座山，名叫数历山，山上有很多黄金，山下有很多银矿石，山里的树木大多是杻树和橿树，山里的鸟类大多是鹦鹉。楚水发源于数历山，向南而流注入渭水，水底有很多白色的珠子。

高　山

【原文】

又西北五十里，曰高山，其上多银，其下多青碧、雄黄[1]，其木多棕，其草多竹。泾水出焉[2]，而东流注于渭，其中多磬石、青碧。

【注释】

①青碧：一种青绿色玉石。

②泾水：渭河的支流，在陕西省中部。

【译文】

再往西北50里有座山，名叫高山，山上有很多银矿石，山下有很多青玉和雄黄，山中生长的树木多是棕榈，生长的草多是竹子。泾水发源于这座山，向东流入渭河中，水底有很多适合制磬的美石和青色的玉石。

女床山

【原文】

西南三百里，曰女床之山，其阳多赤铜，其阴多石涅[1]，其兽多虎、豹、犀、兕。有鸟焉，其状如翟而五采文[2]，名曰鸾鸟，见则天下安宁。

【注释】

①石涅：即石墨。

②翟：一种长尾的野鸡，形体比一般野鸡略大。

【译文】

向西南300里有座山，名叫女床山，这座山的南面有丰富的赤铜，山的北面有很多石墨，山中的野兽大多是老虎、豹子、犀牛、兕。山里还有一种鸟，它的形状像长尾野鸡，身上有五彩斑纹，它的名字叫做鸾鸟，只要它出现天下就会安宁。

【相关链接】

石　墨

石墨是碳元素的结晶矿物之一，具有润滑性、化学稳定性、耐高温、导电、特殊的导热性和可塑性、涂敷性等优良性能，其应用领域十分广泛。

石墨在工业上用途很广，它可以当作润滑剂用于高温冶炼方面；还可用于冶金工业的高级耐火材料与涂料、军事工业火工材料安定剂、轻工业的铅笔芯、电气工业的碳刷、

电池工业的电极、化肥工业的催化剂等。

严格来说，自然界中是没有纯净的石墨的，开采出的石墨矿中往往含有杂质。这些杂质常以石英、黄铁矿、碳酸盐等矿物形式出现。此外，还有水、沥青等气体部分。因此分析石墨时，除测定固定碳含量外，还要同时测定挥发分和灰分的含量。

在我国，对石墨的发现和利用有着十分悠久的历史。《水经注》中记载："洛水侧有石墨山。山石尽黑，可以书疏，故以石墨名山矣。"从考古挖掘出来的甲骨、玉片、陶片发现，早在3000多年前商代就有用石墨书写的文字，一直到东汉末年，石墨才被松烟制墨所取代。

龙首山

【原文】

又西二百里，曰龙首之山，其阳多黄金，其阴多铁。苕水出焉，东南流注于泾水，其中多美玉。

【译文】

再往西200里有座山，名叫龙首山，山的南面有很多黄金，北面有很多铁矿石。苕水发源于龙首山，向东南而流注入泾水中，水底有很多美玉。

鹿台山

【原文】

又西二百里，曰鹿台之山①，其上多白玉，其下多银，其兽多㸲牛、羬羊、白豪。有鸟焉，其状如雄鸡而人面，名曰凫徯②，其鸣自叫也，见则有兵。

【注释】

①鹿台：传说中的山名。

②凫（fú）徯：传说中的一种鸟。

【译文】

再往西200里有座山，名叫鹿台山，在这座山上有很多白玉，山下有很多银矿石，山中的野兽多为㸲牛、羬羊和白色豪猪。山中栖息着一种鸟，它的形状同雄鸡相似，却长着人一样的脸，它的名字叫做凫徯，它的叫声就像是在叫自己的名字，一旦这种鸟出现，就预示着要发生战乱。

鸟危山

【原文】

西南二百里，曰鸟危之山，其阳多磬石，其阴多檀、楮，其中多女床[1]。鸟危之水出焉，西流注于赤水[2]，其中多丹粟。

【注释】

①女床：指女肠草。

②赤水：古代神话传说中的水名。

【译文】

往西南200里有座山，名叫鸟危山，山的南面有很多适合制磬的美石，北面有很多檀树和构树，山中还生长着很多女肠草。鸟危水发源于这座山，向西流入赤水，水中有很多丹砂。

小次山

【原文】

又西四百里，曰小次之山，其上多白玉，其下多赤铜。有兽焉，其状如猿而白首赤足，名曰朱厌[1]，见则大兵。

【注释】

①朱厌：一种传说中的野兽。

【译文】

再向西四百里有座山，名叫小次山，山上有很多白玉，山下有很多赤铜。山中有一种野兽，它的形状似猿猴但长着白色的脑袋和红色的脚，名叫朱厌，它一出现天下就会有大战乱。

大次山

【原文】

又西三百里，曰大次之山，其阳多垩[1]，其阴多碧[2]，其兽多㸲牛、羚羊。

【注释】

①垩（è）：一种白色的土，可用来粉饰墙壁。

②碧：青绿色的玉石。

【译文】

再往西300里有座山，名叫大次山，山的南面有很多可用于涂饰的白色土壤，山的北面有很多青绿色的玉石，山中的野兽大多是牪牛、羚羊。

熏吴山

【原文】

又西四百里，曰熏吴之山，无草木，多金玉。

【译文】

再往西400里有座山，名叫熏吴山，山上不生长草木，有很多金玉矿石。

厎阳山

【原文】

又西四百里，曰厎阳之山，其木多椶[①]、枏、豫章，其兽多犀、兕、虎、犳、牪牛。

【注释】

①椶（jì）：即水松。

【译文】

再往西四百里有座山，名叫厎阳山，山中的树木大多是水松、楠木和樟树，山里的野兽大多是犀牛、兕、老虎、犳、牪牛。

【相关链接】

水　松

水松是我国特有的单种属植物，是古老的残存树种。在白垩纪至新生代时期，水松曾广泛分布于北半球，第四纪冰河时期后期在欧洲、美洲、日本及各地灭绝，现仅存化石。

水松主要分布在我国的珠江三角洲和福建中部及闽江下游。广东东西部、福建西北及北部、四川东南部、广西及云南东南部也有零星分布，也有少量分布于越南及老挝。

我国的野生水松总株数不到1000株，而且数量不断减少。根据IUCN红色名录报告指出，鉴于目前数量的下跌趋势，在不久的将来水松可能成为野外绝灭物种。水松现已被国家列为一级保护植物。

水松属于喜光树种，适宜在温暖的气候及水湿的环境中生长，它对土壤的适应性较强，除盐碱土之外，在其他各种土壤上均能生长，尤其以水分较多的冲积土上生长最好。

木材实用价值很大。它的根系发达，可栽于河边、堤旁，作固堤护岸和防风之用；水松树形优美，可作庭园树种。另外，水松的枝叶还可作药用，治疗风湿类疾病。

众兽山

【原文】

又西二百五十里，曰众兽之山，其上多㻬琈之玉，其下多檀、楮，多黄金，其兽多犀、兕。

【译文】

再往西250里有座山，名叫众兽山，山上有很多㻬琈玉，山下长着很多檀树和构树，还有很多黄金，山中的野兽大多是犀牛和兕。

皇人山

【原文】

又西五百里，曰皇人之山，其上多金玉，其下多青、雄黄。皇水出焉，西流注于赤水①，其中多丹粟。

【注释】

①赤水：水名，一说是乌拉山与西藏交界处大小河流的总称。

【译文】

再往西500里有座山，名叫皇人山，山上有很多金玉矿石，山下有许多石青和雄黄。皇水发源于这座山，向西流入赤水，水中有很多丹砂。

中皇山

【原文】

又西三百里，曰中皇之山，其上多黄金，其下多蕙、棠。

【译文】

再往西300里有座山，名叫中皇山，山上有很多黄金，山下生长着很多蕙兰、棠梨。

西皇山

【原文】

又西三百五十里，曰西皇之山，其阳多金，其阴多铁，其兽多麋[①]、鹿、牸牛。

【注释】

①麋：即麋鹿。

【译文】

再往西三百五十里有座山，名叫西皇山，山的南面有很多金矿石，北面有很多铁矿石，山里面的野兽大多是麋、鹿、牸牛。

莱　山

【原文】

又西三百五十里，曰莱山，其木多檀、楮，其鸟多罗罗[①]，是食人。

凡西次二经之首，自钤山至于莱山，凡十七山，四千一百四十里。其十神者，皆人面而马身。其七神皆人面牛身，四足而一臂，操杖以行，是为飞兽之神[②]。其祠之：毛用少牢[③]，白菅为席。其十辈神者，其祠之：毛一雄鸡，钤而不糈[④]，毛采[⑤]。

【注释】

①罗罗：一种类似于秃鹫的鸟。

②飞兽之神：指奔走如飞的兽形神。

③少牢：古代祭祀用羊和猪做祭品，称少牢。

④钤：关锁起来的意思。

⑤毛采：指杂色的雄鸡。

【译文】

再往西350里有座山，名叫莱山，山上生长的树木大多是檀树和构树，山中的鸟大多是罗罗鸟，这是一种能吃人的鸟。

总计西次二经中的山，从第一

座铃山起到莱山止，共有十七座，绵延四千一百四十里。其中的十位山神，都是人面马身的样子。另外七位山神都是人面牛身的样子，有四条腿和一只胳膊，拄着拐杖奔跑，是奔走如飞的兽形之神。祭祀他们的仪式为：用羊和猪作为祭品，用白茅草铺成山神的坐席。祭祀那十位山神的仪式为：以雄鸡作祭品，把它关锁起来，不用精米，祭祀用的雄鸡必须是杂色的。

崇吾山

【原文】

西次三经之首，曰崇吾之山，在河之南，北望冢遂，南望䍃之泽，西望帝之搏兽之丘①，东望螞渊。有木焉，员叶而白柎②，赤华而黑理，其实如枳，食之宜子孙。有兽焉，其状如禺而文臂，豹尾而善投，名曰举父。有鸟焉，其状如凫而一翼一目，相得乃飞，名目蛮蛮③，见则天下大水。

【注释】

①搏兽之丘：与猛兽搏斗的山丘。

②柎：花萼，花瓣外部的一圈叶状绿色小片。

③蛮蛮：即比翼鸟。

【译文】

西次三经中的第一座山，名叫崇吾山。它位于黄河南面，北面靠着冢遂山，南面紧邻䍃之泽，西面挨着黄帝与猛兽搏斗的山丘，东面就是螞渊。山里生长着一种树，长着圆形的叶子和白色的花萼，开红色的花朵但有黑色的纹理，结的果实与枳相像，吃了这种果实能使子孙兴旺发达。山中有一种野兽，形状像猕猴但上肢有花纹，有豹子一样的尾巴并且擅长投掷东西，它的名字叫举父。山中还有一种鸟，外形很像野鸭但仅有一只翅膀和一只眼睛，它必须和另一只相同的鸟合起来才能飞行，它一出现天下就会发生大水灾。

长沙山

【原文】

西北三百里，曰长沙之山。泚水出焉，北流注于泑水，无草木，多青、雄黄。

【译文】

往西北300里有座山，名叫长沙山。泚水发源于这里，向北流入泑水之中，山上不长草木，但有许多石青和雄黄。

不周山

【原文】

又西北三百七十里，曰不周之山[①]。北望诸𣬈之山，临彼岳崇之山，东望泑泽，河水所潜也，其原浑浑泡泡[②]。爰有嘉果[③]，其实如桃，其叶如枣，黄华而赤柎，食之不劳。

【注释】

①不周之山：即不周山，传说是共工与颛顼争帝之处。

②浑浑泡泡：形容大水奔流的声音。

③爰：这里，那里的意思。

【译文】

再往北370里有座山，名叫不周山。它的北面可以望见诸𣬈山，紧邻着岳崇山，东面可以望见泑泽，这是黄河水在地下潜流形成的，水流出的地方发出巨大的喷涌声。这里有一种美味的水果，果实形状像桃，叶子像枣树叶，开黄色的花但长着红色的花萼，人吃了这种果实就不会感到疲劳。

【相关链接】

不周山

不周山是古代汉族神话传说中的山名，相传是人们到达天界的唯一路径，但不周山终年苦寒，不是一般人能上去的。不周山的具体位置有多种说法，最常见的说法是帕米尔高原。

《淮南子·天文训》记载："昔者共工与颛顼争为帝，怒而触不周之山。天柱折，地维绝。天倾西北，故日月星辰移焉，地不满东南，故水潦尘埃归焉。"从这段话中我们可以看出，不周山是作为天柱存在于世的，起着支撑天地的作用。共工与颛顼争夺帝位，因不能获胜而发怒，用头撞断了不周山，致使天向西北倾斜，日月星辰都向西北方移动；而地面向东南方倾斜，水和泥沙都流向东南。

共工怒撞不周山的传说已经流传了两千多年。远古时期，我们的祖先还没有能力对各种各样的自然现象做出解释，在大自然的灾难面前显得无能为力，因此把各种疑惑归之于神的存在，这样一来，自然之力被形象化，人格化了。共工怒撞不周山虽然只是一个传说，但共工那种勇敢、坚强，愿意牺牲自己来改造山河的大无畏精神，值得我们钦佩。

峚山

【原文】

又西北四百二十里，曰峚山，其上多丹木，员叶而赤茎，黄华而赤实，其味如饴，食之不饥。丹水出焉，西流注于稷泽，其中多白玉。是有玉膏[①]，其原沸沸汤汤[②]，黄帝是食是飨。是生玄玉。玉膏所出，以灌丹木，丹木五岁，五色乃清，五味乃馨。黄帝乃取峚山之玉荣[③]，而投之钟山之阳。瑾瑜之玉为良，坚粟精密，浊泽有而光。五色发作，以和柔刚。天地鬼神，是食是飨[④]；君子服之，以御不祥。自峚山至于钟山，四百六十里，其间尽泽也。是多奇鸟、怪兽、奇鱼，皆异物焉。

【注释】

①玉膏：传说中的一种仙药。

②沸沸汤汤（shāng）：指玉膏喷涌而出时的样子。

③玉荣：指玉石的精华。

④飨（xiǎng）：指用酒食招待客人。

【译文】

再往西北420里有座山，名叫峚山，山上有很多丹木，长着圆形的叶子和红色的茎，开黄色的花朵，结红色的果实，味道像糖浆一样甜美，人吃了它就不会感觉到饥饿。丹水发源于这座山，向西流入稷泽之中，水底有很多白色的玉石，这里还有玉膏，玉膏喷涌的地方一片沸腾，黄帝就曾吃这里的玉膏并用它来招待宾客。玉膏又生出了黑色的玉。玉膏涌出来后，就浇灌了丹木，这种丹树生长五年后，就会呈现出五种清新的颜色，散发出五种芬芳的气味。黄帝就曾采集峚山之玉的精华，将其投在钟山的南面。后来便生出优良的美玉，坚硬而状如粟米，质地精密细致，浑厚润泽而光彩四溢。它发出的五种颜色相互辉映，以此来调和阴柔与阳刚。天地间的鬼神，都喜享用这种玉膏，君子服用了它之后，便可以抵御不祥之气。从峚山到钟山，绵延四百六十里，其间到处都是池泽。这里有很多奇鸟、怪兽和奇鱼，都是怪异少见的动物。

钟山

【原文】

又西北四百二十里，曰钟山。其子曰鼓[①]，其状如人面而龙身，是与钦鵄杀葆江于昆仑之阳[②]，帝乃戮之钟山之东，曰嵫崖。钦鵄化为大鹗[③]，其状如雕而黑文白首，赤喙而虎爪，其音如晨鹄[④]，见则有大兵。鼓亦化为鵕鸟[⑤]，其状如鸱[⑥]，赤足而直喙，黄文而白首，其音如鹄，见则其邑大旱。

【注释】

①其子：指钟山山神的儿子。

②钦鵄（pí）：传说中的一个神灵。

③鹗（è）：即鱼鹰。

④鹄（hú）：即天鹅。

⑤鵕（jùn）鸟：传说中的一种鸟。

⑥鸱（chī）：即鹞鹰。

【译文】

再往西北420里有座山，名叫钟山。钟山山神的儿子叫鼓，他的身体形状像人的面孔和龙的身子，他与钦鵄联手在昆仑山的南坡杀死了天神葆江，黄帝因此将他们诛杀于钟山的东面，那是一个叫嵫崖的地方。钦鵄死后变成了一只大鱼鹰，形状像雕但有着黑色的斑纹和白色的脑袋，还长着红色的嘴和老虎一样的爪子，它的声音与早晨天鹅的叫声类似，只要它一出现就会有大的战事发生。鼓死后也变成了鵕鸟，形状像鹞鹰，长着红色的脚和又长又直的嘴，身上的斑纹是黄色的而脑袋却是白色的，它发出的声音与天鹅的叫声相似，这种鸟一旦出现，预示当地将遭受严重旱灾。

泰器山

【原文】

又西百八十里，曰泰器之山。观水出焉，西流注于流沙[①]。是多文鳐鱼，状如鲤鱼，鱼身而鸟翼，苍文而白首赤喙，常行西海，游于东海，以夜飞。其音如鸾鸡，其味酸甘，食之已狂，见则天下大穰[②]。

【注释】

①流沙：指我国西北的沙漠地带。

②穰（ráng）：丰收。

【译文】

再往西180里有座山，名叫泰器山。观水发源于这座山，向西而流注入流沙中。水中有很多文鳐鱼，外形很像鲤鱼，长着鱼的身子和鸟的翅膀，身上有苍色的斑纹并有着白色的脑袋和红色的嘴巴，这种鱼常常在西海活动，也在东海畅游，到了夜里常跳出水面飞翔。它发出的声音和鸾鸡的叫声相似，它的肉味酸中带甜，吃了以后可以医治癫狂病，它只要一出现天下就会有大丰收。

槐江山

【原文】

又西三百二十里，曰槐江之山。丘时之水出焉，而北流注于泑水。其中多蠃母[①]，其上多青、雄黄，多藏琅玕[②]、黄金、玉，其阳多丹粟，其阴多采黄金、银。实惟帝之平圃，神英招司之，其状马身而人面，虎文而鸟翼，徇于四海，其音如榴。南望昆仑，其光熊熊，其气魂魂。西望大泽[③]，后稷所潜也。其中多玉，其阴多榣木之有若[④]。北望诸毗，槐鬼离仑居之，鹰鹯之所宅也。东望恒山四成，有穷鬼居之[⑤]，各在一搏抟。爰有淫水[⑥]，其清洛洛。有天神焉，其状如牛而八足二首，马尾，其音如勃皇[⑦]，见则其邑有兵。

【注释】

①蠃（luǒ）母：指螺蛳、蜗牛等。

②琅玕（láng gān）：犹如珠玉的美石。

③大泽：水名，相传为后稷所葬之地。

④若：即若木，古代神话中的一种树，一说是扶桑树。

⑤有穷鬼：一说是鬼的名称；一说是氏族的名称。

⑥淫水：即泛滥的大水。

⑦勃皇：传说中的一种动物。

【译文】

再往西320里有座山，名叫槐江山。丘时水发源于这座山，向北而流注入泑水中。水中生有很多蠃母。山上有许多石青、雄黄，还蕴藏了很多琅玕、黄金、玉；山的南面多丹砂，北面有很多带彩色纹理的金矿石和银矿石。槐江山其实是皇帝的住所，由天神英招负责看管，英招长着马的身子和人的面孔，身上有虎一样的斑纹和鸟一样的翅膀，他常在四海巡行，发出的声音像榴一样。从这里向南望可以看到昆仑山，那里山光闪烁，雾气缭绕；向西可以望见大泽，那里是后稷死后所葬的地方。山中有很多玉石，山的阴面有很多长在榣木上的若木。向北可以望见诸毗山，槐鬼离仑就居住在那里，那里也是鹰和鹯栖息的地方。向东可以望见恒山有四重，那里是有穷鬼居住的地方，他们栖息在不同的山洼里。这里有瑶池，里面的水清澈荡漾。那里有一位天

神，他的形状像牛但有八只脚和两个脑袋，还长着马一样的尾巴，他发音时如勃皇啼叫一般，只要他一出现，他所在的城邑就会发生战争。

昆仑丘

【原文】

西南四百里，曰昆仑之丘，是实惟帝之下都[①]，神陆吾司之。其神状虎身而九尾，人面而虎爪。是神也，司天之九部及帝之囿时。有兽焉，其状如羊而四角，名曰土蝼，是食人。有鸟焉，其状如蜂，大如鸳鸯，名曰钦原，蠚鸟兽则死[②]，蠚木则枯。有鸟焉，其名曰鹑鸟[③]，是司帝之百服。有木焉，其状如棠，黄华赤实，其味如李而无核，名曰沙棠，可以御水，食之使人不溺。有草焉，名曰薲草[④]，其状如葵，其味如葱，食之已劳[⑤]。河水出焉，而南流东注于无达。赤水出焉，而东南流注于氾天之水。洋水出焉，而西南流注于丑涂之水。黑水出焉，而西流于大杅。是多怪鸟兽。

【注释】

①帝：即黄帝。

②蠚（hē）：蜇，指蜂、蝎子等用毒刺刺人或动物。

③鹑鸟：传说中的赤凤。

④薲（pín）草：即赖草。

⑤劳：烦恼、忧愁。

【译文】

向西南400里有座山，名叫昆仑丘，这里是黄帝在下界的城邑，由天神陆吾负责看管。陆吾的外形像老虎但长着九条尾巴，有着人一样的脸和虎一样的爪子；这位天神啊，他还掌管着天上的九个部界和天帝苑圃里的时令节气。山中生活着一种野兽，外形像羊但长着四只角，它的名字叫土蝼，是一种吃人的野兽。山中还有一种鸟，它的形状像蜜蜂，跟鸳鸯大小差不多，它的名字叫做钦原，鸟兽被它蜇一下就会死亡；树木被它蜇一下就会枯死。山中还有一种鸟，名字叫鹑鸟，它专门管理天帝的各种服饰。山中有一种树木，外形很像棠梨，开黄色的花并结红色的果实，它的味道如李子一般但没有核，它的名字叫做沙棠，可以用来抵御水灾，吃了它能使人不被淹死。山中有一种草，名字叫薲草，其形状像葵，味道与葱的味道差不多，吃了它能够医治抑郁症。黄河之水发源于昆仑山，先向南流再折向东流，注入无达水。赤水也发源于昆仑山，向东南注入氾天水。洋水也发源于昆仑山，向西南流入丑涂水。黑水也发源于昆仑山，向西流入大杅山附近的水中。昆仑山中生活着很多怪异的鸟兽。

乐游山

【原文】

又西三百七十里，曰乐游之山。桃水出焉，西流注于稷泽，是多白玉，其中多䱻鱼，其状如蛇而四足，是食鱼。

【译文】

再往西三百七十里有座山，名叫乐游山。桃水发源于这座山，向西而流注入稷泽中，水底有很多白色玉石，还生有很多䱻鱼，这种鱼的形状如蛇一般但长着四只脚，平时以食鱼为生。

嬴母山

【原文】

西水行四百里，曰流沙。二百里至于嬴母之山，神长乘司之，是天之九德也[①]。其神状如人而犳尾[②]。其上多玉，其下多青石而无水。

【注释】

①九德：古代贤人所具备的九种德行。

②犳（zhuó）：传说中的一种野兽。

【译文】

向西走400里水路，就到了一个叫流沙的地方，再走二百里就到了嬴母山，这里是由天神长乘掌管的地方，长乘神有天所具备的九种优良品行。这位天神外貌像人但长着犳一样的尾巴。山上有很多玉石，山下有很多青石但没有泉水。

玉　山

【原文】

又西三百五十里，曰玉山，是西王母所居也[①]。西王母其状如人，豹尾虎齿而善啸，蓬发戴胜[②]，是司天之厉及五残[③]。有兽焉，其状如犬而豹文，其角如牛，其名曰狡，其音如吠犬，见则其国大穰。有鸟焉，其状如翟而赤，名曰胜遇，是食鱼，其音如录[④]，见则其国大水。

【注释】

①西王母：传说中的女神，亦称金母、瑶池圣母，住在昆仑山的瑶池中。

②胜：即玉胜，古代妇女的一种发饰。

③厉：灾祸，瘟疫。五残：星名，古代以为凶星，这里指五刑残杀。

④录：动物名，一说可能为“鹿”。

【译文】

再向西350里有座山，名叫玉山，这是西王母居住的地方。西王母的外形像人，长着豹一样的尾巴和老虎一样的牙齿，还很善于长啸，它蓬散着的头发上戴着首饰，它是掌管天上的灾疫和五刑残杀的神。山中有一种野兽，它的形状像狗但长着豹一样的斑纹，还长着牛一样的犄角，这种野兽名叫狡，发出的声音跟狗的吠叫声相像，它出现在哪个国家，哪个国家就会大丰收。山中还有一种鸟，它的形状像长尾的野鸡但却是红色的，它的名字叫做胜遇，是一种以鱼类为食的鸟，它发出的声音像鹿的叫声，它出现在哪个国家，哪个国家就会发生大水灾。

【相关链接】

西王母

西王母又称王母娘娘，是道教神仙体系中一位至高无上的女神。相传她住在昆仑山的瑶池，拥有能使人长生不老的神药，嫦娥就是因为吃了她的神药而飞升到月亮上的。

根据古书《山海经》描写，西王母的样子像人，但长着豹子尾巴和老虎牙齿，会用像野兽一样的声音吼叫呼啸，蓬散着头发，戴着胜这种头饰，是上天派来掌管瘟疫、疾病、死亡和刑杀的神，居住在昆仑山中。有三只叫做青鸟的巨型猛禽，每天替她叼来食物。

但是在《穆天子传》里，西王母的言行却又像是一位温文尔雅的女性统治者。当周穆王乘坐由造父驾驭的八骏周游天下，西巡到了昆仑山区，他拿出白圭玄璧等玉器去拜见西王母。第二天，周穆王在瑶池宴请西王母，两人都清唱了一些诗句相互祝福。

我国的一些学者、专家研究认为，神话色彩浓厚的西王母在历史上确有其人，但她并非天上的神仙，而是青海湖以西游牧部落的女酋长。后来，一些学者、专家经过多年的研究和实地考察发现，距今 3000 ～ 5000 多年前，在我国西北一带确实存在过一个牧业国度——西王母国。其疆域包括今天青藏高原昆仑、祁连两大山脉相夹的广阔地带。

轩辕丘

【原文】

又西四百八十里，曰轩辕之丘，无草木。洵水出焉，南流注于黑水，其中多丹粟，多青、雄黄。

【译文】

再往西 480 里有座山丘，名叫轩辕丘，这里不长草木。洵水发源于这里，向南而流注入黑水中，水底有很多丹砂，还有许多石青和雄黄。

积石山

【原文】

又西三百里，曰积石之山，其下有石门，河水冒以西流。是山也，万物无不有焉。

【译文】

再往西 300 里有座山，名叫积石山，山下有一个石门，黄河水从石门中涌出，向西奔流而去。在这座积石山上，天下万物无所不有。

长留山

【原文】

又西二百里，曰长留之山，其神白帝少昊居之[①]。其兽皆文尾，其鸟皆

文首。是多文玉石。实惟员神魂氏之宫。是神也，主司反景[2]。

【注释】

①少昊：神话中的五方上帝之一，又作少皞、少皓、少颢。

②反景：指太阳西落时的景象。

【译文】

再向西200里有座山，名叫长留山，这里是白帝少昊居住的地方。山中的野兽尾巴上都有花纹，山中的鸟类脑袋上也都有斑纹。山中还有很多带彩色花纹的玉石。这座山其实是员神魂氏的宫殿。这位神掌管太阳落山向东方反照晚霞的事。

章莪山

【原文】

又西二百八十里，曰章莪之山，无草木，多瑶、碧[1]。所为甚怪。有兽焉，其状如赤豹，五尾一角，其音如击石，其名如狰。有鸟焉，其状如鹤，一足，赤文青质而白喙，名曰毕方[2]，其鸣自叫也，见则其邑有譌火[3]。

【注释】

①瑶：像玉一样的石头。碧：青绿色的玉石。

②毕方：传说中的一种怪鸟。

③譌（é）火：野火，怪火。

【译文】

再往西280里有座山，名叫章莪山，山里不长草木，有很多像玉一样的石头和青绿色的玉石。山里的东西十分怪异。山中有一种野兽，它的外形像红色的豹子，长着五条尾巴和一只犄角，发出的声音像敲击石头发出的响声，它的名字叫如狰。山中有一种鸟，它的形状像鹤，但只有一只脚，青色的羽毛之上有红色的斑纹，长着白色的嘴巴，这种鸟名叫毕方，它鸣叫时就好像是在呼喊自己的名字一样，它在哪里出现，哪里就会有野火出现。

阴　山

【原文】

又西三百里，曰阴山。浊浴之水出焉，而南流注于蕃泽，其中多文贝。有兽焉，其状如狸而白首，名曰天狗，其音如榴榴[1]，可以御凶。

【注释】

①榴榴：象声词。

【译文】

再向西300里有座山，名叫阴山。浊浴水发源于这座山，向南注入蕃泽中，水中有很多带花纹的贝壳。山中生活着一种野兽，形状像山猫但长着白色的脑袋，这种野兽名叫天狗，它常常发出榴榴的叫声，人们可用它来防御凶险。

符惕山

【原文】

又西二百里，曰符惕之山，其上多棕、枏，下多金、玉。神江疑居之[1]。是山也，多怪雨，风云之所出也。

【注释】

①江疑：传说中负责调度风雨的神。

【译文】

再往西200里有座山，名叫符惕山，山上生长着许多棕树和楠木，山下蕴藏着很多金玉矿石。天神江疑就居住在这座山上。在这座山中，常常会下怪雨，风和云就是从这里兴起的。

騩　山

【原文】

又西一百九十里，曰騩山，其上多玉而无石。神耆童居之[1]，其音常如钟磬[2]。其下多积蛇。

【注释】

①耆（qí）童：即老童，传说是上古帝王颛顼的儿子。

②钟磬：钟和磬，古代礼乐器。

【译文】

再往西190里有座山，名叫騩山，山上有很多玉却没有石头。这里是神仙耆童居住的地方，他发出的声音像是在敲击钟磬。山下有很多堆积在一起的蛇。

【相关链接】

颛　顼

颛顼，本名乾荒，号高阳氏，是黄帝之孙，我国上古部落联盟的首领，“五帝”之一。相传颛顼出生时，他的母亲梦见一条直贯日月的长虹飞入腹中，由此怀孕而生颛顼，颛顼生下时头戴干戈，并有“圣德”字样。

我国民间流传着“共工氏与颛顼争帝”的传说。事实上，共工和颛顼是原始社会晚期两大部落联盟的首领，他们曾在中原地区展开大战，最终共工因寡不敌众而失败，颛顼统一了华夏。据说颛顼在位78年，去世时已经98岁了，埋葬的位置在今河南濮阳。在位期间曾进行了多次政治改革，有效地改善了社会现状。

传说黄帝在位晚年，九黎部落的百姓崇尚鬼神而废弃人事，一切都靠占卜来决定，人们不再诚敬地祭祀上天，也不安心于农业生产。颛顼即位后，为解决这一问题而进行了宗教改革，他亲自净心诚敬地祭祀天地祖宗，为万民作出榜样，还鼓励人们开垦田地，劝导人们从事农业生产。同时，禁绝民间以占卜通人神的活动，终于使社会恢复了正常秩序。

春秋战国时的楚王是颛顼的后裔，屈原在《离骚》中自称为帝颛顼之后。颛顼在民众中有很高的威信，古籍记载，颛顼所到之处，都受到当地民众的热烈欢迎。

天　山

【原文】

又西三百五十里，曰天山[①]，多金、玉，有青、雄黄。英水出焉，而西南流注于汤谷[②]。有神焉，其状如黄囊，赤如丹火，六足四翼，浑敦无面目，是识歌舞，实为帝江也[③]。

【注释】

①天山：山名。一说是天山山脉东段；一说在今甘肃省境内；一说在昆仑山脉北面。

②汤谷：古代传说中的日出之地，一说是今吐鲁番盆地。

③帝江：传说中能识歌舞的神鸟。

【译文】

再向西350里有座山，名叫天山，山上有很多金矿石和玉矿石，还有石青和雄黄。英水发源于这座山，向西南流入汤谷中。山中有一位神，他的外形像黄色的皮囊，红艳艳像丹火一样，长着六只脚和四只翅膀，混混沌沌看不清面目，他会唱歌跳舞，它其实就是帝江。

泑　山

【原文】

又西二百九十里，曰泑山，神蓐收居之[①]。其上多婴短之玉[②]，其阳多瑾瑜之玉，其阴多青、雄黄。是山也，西望日之所入，其气员，神红光之所司也[3]。

【注释】

①蓐（rù）收：传说中掌管太阳降落的神。

②婴短：一种玉石名。

③红光：传说中的神名。

【译文】

再往西290里有座山，名叫泑山，这里是神蓐收居住的地方。山上有很多婴短玉，山的南面有很多瑾瑜美玉，北面有很多石青和雄黄。说起这座山，从山上向西看太阳落下，真是气象万千，这正是由名叫红光的神掌管的。

翼望山

【原文】

西水行百里，至于翼望之山，无草木，多金玉。有兽焉，其状如狸，一目而三尾，名曰讙[1]，其音如夺百声[2]，是可以御凶，服之已瘅[3]。有鸟焉，其状如乌，三首六尾而善笑，名曰䳜鵌[4]，服之使人不厌[5]，又可以御凶。

凡西次三经之首，崇吾之山至于翼望之山，凡二十三山，六千七百四十四里。其神状皆羊身人面。其祠之礼，用一吉玉瘗[6]，糈用稷米。

【注释】

①讙（huān）：传说中的一种兽。

②夺：同“夺”，这里指压倒、胜过。

③瘅（dàn）：通“疸”，即黄疸病。

④䳜鵌（qí yú）：传说中的一种鸟。

⑤厌：同“魇”，指梦中遇见可怕的事而发出惊叫或呻吟。

⑥吉玉：指彩色的玉。

【译文】

往西走一百里水路，就到了翼望山，山上不长草木，有很多金玉矿石。山中生活着一种野兽，它的形状与山猫相似，长着一只眼睛和三条尾巴，它的名字叫谨，它的叫声好像能盖过百兽齐鸣，可以用它来防御凶险，食用它可以治疗黄疸病。山中有一种鸟，形状像乌鸦，长着三个脑袋和六条尾巴，

经常发出笑声，它的名字叫鹌鸽，人们吃了它的肉就不会有梦魇，还可以用来防御凶险。

总计西次三经中的山，从首座崇吾山起到翼望山为止，共有23座山，绵延6744里。这些山的山神的形象都是羊身人面。祭祀这些山神的仪式是：把一块彩色的玉埋入地下，将稷米作为祀神用的精米。

阴　山

【原文】

西次四经之首，曰阴山，上多穀，无石，其草多茆、蕃[①]。阴水出焉，西流注于洛。

【注释】

①茆（máo）：通“茅”，茅草的意思。蕃：通“薠”，即青薠草。

【译文】

西次四经中的首座山，名叫阴山，山上有很多构树，没有石头，山里面的草多是茅草和青薠。阴水发源于这座山，向西流入洛河中。

劳　山

【原文】

北五十里，曰劳山，多茈草[①]。弱水出焉[②]，而西流注于洛。

【注释】

①茈（zǐ）草：即紫草，一种多年生草本植物，可做燃料，也可做药用。

②弱水：水名。一说是今黄连河；一说是今甘泉河、介子河。

【译文】

往北50里有座山，名字叫劳山，山上有很多紫草。弱水发源于这座山，向西流入洛河中。

罢父山

【原文】

西五十里，曰罢父之山，洱水出焉，而西流注于洛，其中多茈、碧。

【译文】

向西50里有座山，名叫罢父山，洱水发源于这座山，向西而流注入洛河之中，山中有许多紫石及青绿色的玉石。

申　山

【原文】

北七十里，曰申山，其上多穀、柞，其下多杻、橿，其阳多金、玉。区水出焉，而东流注于河。

【译文】

向北70里有座山，名叫申山，山上有很多构树和柞树，山下生长着许多杻树和橿树，山的南面有很多金玉矿石。区水发源于这座山，向东流注入黄河中。

鸟　山

【原文】

北二百里，曰鸟山，其上多桑，其下多楮，其阴多铁，其阳多玉。辱水出焉，而东流注于河。

【译文】

向北200里有座山，名叫鸟山，山上生长着很多桑树，山下有很多构树，山的北面蕴藏着很多铁矿石，山的南面有很多玉石。辱水发源于这座山，向东流入黄河之中。

上申山

【原文】

又北百二十里，曰上申之山，上无草木，而多硌石[①]，下多榛、楛，兽多白鹿。其鸟多当扈[②]，其状如雉，以其髯飞[③]，食之不眴目[④]。汤水出焉，东流注于河。

【注释】

①硌（luò）石：即大石块。

②当扈：传说中的一种鸟。

③髯：指两颊上的胡须。

④眴（xuàn）：通“眩”，头晕目眩的意思。

【译文】

再向北120里有座山，名叫上申山，山上不长草木，却有很多大的石块，山下长着很多榛树和楛树，山里的野兽大多是白鹿。山里的鸟大多是当扈，这种鸟的形状像野鸡，它借助自己两颊上的胡须飞翔，吃了它的肉可以

避免头晕目眩。汤水发源于这座山，向东流注入黄河中。

诸次山

【原文】

又北百八十里，曰诸次之山，诸次之水出焉，而东流注于河。是山也，多木无草，鸟兽莫居，是多众蛇。

【译文】

再往北180里有座山，名叫诸次山，诸次水发源于这座山，向东流入黄河之中。在这座山上，长着很多树但不长草，也没有鸟兽栖居，但有很多不同种类的蛇。

号 山

【原文】

又北百八十里，曰号山，其木多漆、棕，其草多药、虈[①]、芎䓖[②]。多汵石[③]。端水出焉，而东流注于河。

【注释】

①虈（xiāo）：一种香草，即白芷。

②芎䓖（xiōng qióng）：即川芎。

③汵（gàn）石：一种矿石名，在古时用作黑色染料。

【译文】

再向北180里有座山，名叫号山，山里生长的树木大多都是漆树、棕榈，生长的草大多有白芷、川芎。山中有很多云泥石。端水发源于这座山，向东流入黄河。

盂 山

【原文】

又北二百二十里，曰盂山，其阴多铁，其阳多铜，其兽多白狼、白虎，其鸟多白雉、白翟。生水出焉，而东流注于河。

【译文】

再往北220里有座山，名叫盂山，山的北面有很多铁矿石，南面有很多铜矿石，山中的野兽大多是白狼和白虎，山中的鸟类大多是白雉和白色的长尾野鸡。生水发源于这座山，向东而流注入黄河中。

白于山

【原文】

西二百五十里，曰白于之山，上多松、柏，下多栎、檀，其兽多㸲牛、羬羊，其鸟多鸮。洛水出于其阳，而东流注于渭。夹水出于其阴，东流注于生水。

【译文】

向西250里有座山，名叫白于山，山上有很多松树、柏树，山下长着很多栎树、檀树，山里的野兽多为㸲牛、羬羊，山里的鸟大多是鸮鸟。洛水发源于这座山的南面，向东注入渭河；夹水发源于这座山的北面，向东流入生水。

申首山

【原文】

西北三百里，曰申首之山，无草木，冬夏有雪。申水出于其上，潜于其下，是多白玉。

【译文】

向西北300里有座山，名叫申首山，山上寸草不生，无论冬夏都会下雪。申水就发源于这座山的山巅，流到山脚后潜入地下，山里有很多白色玉石。

泾谷山

【原文】

又西五十五里，曰泾谷之山。泾水出焉，东南流注于渭，是多白金、白玉。

【译文】

再往西五十五里有座山，名叫泾谷山。泾水发源于这座山，向东南流入渭水之中，山里有很多白金和白玉。

刚 山

【原文】

又西百二十里，曰刚山，多柒木[①]，多㻬琈之玉。刚水出焉，北流注于渭。是多神𩳁[②]，其状人面兽身，一足一手，其音如钦[③]。

又西二百里，至刚山之尾。洛水出焉，而北流注于河。其中多蛮蛮[④]，其状鼠身而鳖首，其音如吠犬。

【注释】

①柒木：柒通“漆”，即漆树。

②神𩳁（chì）：传说中的一种野兽。

③钦：通“吟”，即呻吟。

④蛮蛮：兽名，一说指水獭。

【译文】

再向西120里有座山，名叫刚山，山中长有很多漆树，还蕴藏着很多㻬琈之玉。刚水发源于这座山，向北流入渭河中。山中有很多神𩳁，它长着人的面孔和野兽的身子，只有一只手和一只脚，叫声像人在呻吟一样。

再往西200里，就到了刚山的尾端。洛水就发源于这一带，向北而流注入黄河。水中有很多蛮蛮，这种动物长着老鼠一样的身子和鳖一样的脑袋，发出的声音如狗吠声一样。

英鞮山

【原文】

又西三百五十里，曰英鞮之山，上多漆木，下多金、玉，鸟兽尽白。涴水出焉，而北流注于陵羊之泽。是多冉遗之鱼[①]，鱼身蛇首六足，其目如马耳，食之使人不眯[②]，可以御凶。

【注释】

①冉遗之鱼：冉遗鱼，传说中的一种鱼。

②眯：梦魇症。

【译文】

再往西350里有座山，名叫英鞮山，山上生长着很多漆树，山下有很多金矿石和玉石，山里鸟兽都是白色的。涴水发源于这座山，向北流入陵羊泽中。涴水中有很多冉遗鱼，长着鱼一样的身子，蛇一样的脑袋，还有六只脚，它的眼睛像马的耳朵一样，吃了这种鱼就不会得梦魇症，还可以用它来防御凶险。

中曲山

【原文】

又西三百里，曰中曲之山，其阳多玉，其阴多雄黄、白玉及金。有兽焉，其状如马而白身黑尾，一角，虎牙爪，音如鼓音，其名曰駮，是食虎豹，可以御兵。有木焉，其状如棠而圆叶赤实，实大如木瓜，名曰櫰木①，食之多力。

【注释】

①櫰（huái）木：櫰槐，一种落叶乔木。

【译文】

再往西300里有座山，名叫中曲山，山的南面有很多玉石，山的北面有很多雄黄、白玉以及金矿石。山中有一种兽，它的形状像马但长着白色的身子和黑色的尾巴，它有一只犄角，还有老虎一样的牙齿和爪子，它发出的叫声就像击鼓一样，它的名字叫駮，是一种以老虎和豹子为食的野兽，人们可用它来抵御兵祸。山中生长着一种树，它的形状像棠梨，长着圆圆的叶子和红色的果实，果实的大小和木瓜差不多，这种树名叫櫰木，吃了它的果实可以增强体力。

邽　山

【原文】

又西二百六十里，曰邽山，其上有兽焉，其状如牛，蝟毛[①]，名曰穷奇，音如獆狗，是食人。濛水出焉，南流注于洋水，其中多黄贝、蠃鱼[②]，鱼身而鸟翼，音如鸳鸯，见则其邑大水。

【注释】

①蝟（wèi）：同“猬”，即刺猬。

②黄贝：一种水生甲虫，形如蝌蚪。

【译文】

再往西260里有座山，名叫邽山。山上生活着一种野兽，形状像牛一样，身上的毛如刺猬一般，它的名字叫穷奇，它的叫声如同狗吠一样，是一种吃人的野兽。濛水发源于这座山，向南流入洋水，水里有很多黄贝和蠃鱼，蠃鱼长着鱼一样的身和鸟一样的翅膀，叫声像鸳鸯一样，只要它一出现就会发生水灾。

【相关链接】

刺　猬

刺猬是一种小型哺乳动物，它体型肥矮、爪子锐利、浑身布满短而密的刺，受惊时头朝腹面弯曲，身体蜷缩成一团，卷成如刺球状，使袭击者无从下手。

刺猬扒洞为窝，白天隐匿在巢内，黄昏后才出来活动。它有非常长的鼻子，嗅觉十分发达，以昆虫和蠕虫为食，偶尔也吃农作物，最喜爱的食物是蚂蚁与白蚁。它的主要天敌是貂、猫头鹰和狐狸等食肉动物。

刺猬是异温动物，它不能稳定地调节自己的体温，使其保持在同一水平，所以到了冬天就会冬眠。刺猬冬眠时体温下降到6℃，呼吸降低到1～10次/分钟。冬眠中的刺猬会偶尔醒来，但不吃东西，很快又入睡了，如果过早地醒来会被饿死的。

刺猬性格温顺，没有传染性疾病，不会随意咬人，一般能存活4～7年，有些品种只比手掌略大，因而在澳大利亚和英国有人将它当宠物来养。

鸟鼠同穴山

【原文】

又西二百二十里，曰鸟鼠同穴之山，其上多白虎、白玉。渭水出焉，而东流注于河，其中多鳋鱼，其状如鳣鱼，动则其邑有大兵。滥水出于其西，西流注于汉水，多䰻魮之鱼[①]，其状如覆铫[②]，鸟首而鱼翼鱼尾，音如磬石之声，是生珠玉。

【注释】

①䰻魮（rú pí）：传说中的一种鱼。

②铫（diào）：一种带柄有嘴的小锅，常用来煎药或烧水。

【译文】

再往西220里有座山，名叫鸟鼠同穴山，山上有很多白虎和白玉。渭水从这座山上发源，向东流入黄河之中。渭水中有许多鳋鱼，它的形状像鳣鱼一样，它在哪个地方出现，哪个地方就会发生大的战争。滥水发源于这座山的西面，向西流入汉水中，水中有很多䰻魮鱼，形状像倒扣着的铫，它长着鸟一样脑袋，还有鱼一样的鳍和尾巴，发出的声音像敲击磬石的响声，它能从体内生出珠玉。

崦嵫山

【原文】

西南三百六十里，曰崦嵫之山，其上多丹木，其叶如穀，其实大如瓜，赤符而黑理，食之已瘅，可以御火。其阳多龟，其阴多玉。苕水出焉，而西流注于海，其中多砥砺[①]。有兽焉，其状马身而鸟翼，人面蛇尾，是好举人，名曰孰湖。有鸟焉，其状如鸮而人面，蜼身犬尾[②]，其名自号也，见则其邑大旱。

凡西次四经，自阴山以下，至于崦嵫之山，凡十九山，三千六百八十里。其神祠礼：皆用一白鸡祈，糈以稻米，白菅为席。

右西经之山，凡七十七山，一万七千五百一十七里。

【注释】

①砥砺（dǐ lì）：即磨刀石。

②蜼（wěi）：传说中一种类似于猕猴的野兽。

【译文】

向西南360里有座山，名叫崦嵫山，山上长着很多丹树，它的叶子像构树一般，它的果实像瓜一样大，有着红色的花萼和黑色的纹理，吃了它可以治疗黄疸病，还可以用它来抵御火灾。山的南面有很多龟，北面有很多玉石。苕水发源于这座山，向西流入大海，水底有很多磨刀石。山里生活着一种野兽，长着马一样的身子和鸟一样的翅膀，还有人一样的面孔和蛇一样的

尾巴，它的爱好是把人举起来，它的名字叫做孰湖。山中栖息着一种鸟，它的形状像猫头鹰但长着人一样的面孔，还长着蜼一样的身子和狗一样的尾巴，它发出的声音就像是在喊自己的名字，它在哪个城邑出现，那里就会发生大的旱灾。

总计西次四经中的山，从第一座阴山算起，一直到崦嵫山，共有 19 座山，绵延 3680 里。祭祀山神的仪式是：都用一只白鸡为祭品来祈祷，以稻米作为祭神用的精米，以白茅作为山神的坐席。

以上就是西山经中所记载的山，总共有 77 座，绵延 17517 里。

第三卷：北山经

《北山经》中主要记载了位于我国北方的一系列山脉，以及发源于这些山脉的河流，生长在山上的神奇动植物，山里出产的矿物等。其涵盖范围东起太行山东麓，西至腾格里沙漠，北抵内蒙古自治区阴山以北。

单狐山

【原文】

北山经之首，曰单狐之山，多机木[1]，其上多华草。逢水出焉，而西流注于泑水，其中多茈石、文石[2]。

【注释】

①机木：即桤木树，一种落叶乔木。

②茈石：紫色的石头，传说古代曾用为货币。文石：带有纹理的石头。

【译文】

北山经中的第一座山，名叫单狐山，山中生长着很多桤木，山上长有许多花草。逢水发源于这座山，向西流入泑水之中，水底有很多紫色的石头和带花纹的石头。

求如山

【原文】

又北二百五十里，曰求如之山，其上多铜，其下多玉，无草木。滑水出焉，而西流注于诸𣙗之水。其中多滑鱼，其状如鱓[①]，赤背，其音如梧[②]，食之已疣[③]。其中多水马[④]，其状如马，文臂牛尾，其音如呼。

【注释】

①鱓（shàn）：即鳝鱼。

②梧：弹琴所发出的声音。

③疣：一种皮肤病。

④水马：传说中生活在水中的怪兽。

【译文】

再向北250里有座山，名叫求如山，山上蕴藏着很多铜矿石，山下有很多玉石，山里面不长草木。滑水发源于这座山，向西流入诸𣙗水。水中有很多滑鱼，外形像鳝鱼一样，背部呈现红色，发出的声音如琴声一般，人吃了它可以治疗疣疾。水中还有很多水马，形状与马相似，前肢上有花纹并且长着牛一样的尾巴，它发出的声音就像人在呼喊一样。

带　山

【原文】

又北二百里，曰带山，其上多玉，其下多青碧。有兽焉，其状如马，一角有错[①]，其名曰𪊨疏[②]，可以辟火。有鸟焉，其状如乌，五采而赤文，名曰鵸䳜，是自为牝牡[③]，食之不疽[④]。彭水出焉，而西流注于芘湖之水，中多儵鱼[⑤]，其状如鸡而赤毛，三尾六足四首，其音如鹊，食之可以已忧。

【注释】

①错：即磨刀石。

②𪊨（huān）疏：一种传说中的野兽。

③牝牡：指动物的雌性和雄性。

④疽（jū）：中医指一种毒疮。

⑤儵（shū）鱼：一种传说中的怪鱼。

【译文】

再往北200里有座山，名叫带山，山上有很多玉石，山下也有很多青色的玉石。山里生活着一种野兽，它的形状像马，长着一只角，角上有磨刀石般坚硬的角质层，它的名字叫臛疏，可以用它来防御火灾。山中有一种鸟，形状像乌鸦一般，身上有五彩的羽毛和红色的斑纹，这种鸟名叫䳜鸰，是一种雌雄同体的动物，吃了它的肉就不会患疽病了。彭水发源于这座山，向西流入芘湖水中，水中有很多儵鱼，它的形状像鸡但长着红色的羽毛，有三条尾巴、六只脚和四个脑袋，它的叫声很像喜鹊，吃了它的肉可以治疗忧郁症。

谯明山

【原文】

又北四百里，曰谯明之山。谯水出焉，西流注于河。其中多何罗之鱼，一首而十身，其音如吠犬，食之已痈[①]。有兽焉，其状如貆而赤豪[②]，其音如榴榴，名曰孟槐，可以御凶。是山也，无草木，多青、雄黄。

【注释】

①痈（yōng）：中医指一种恶性毒疮。

②貆（huán）：豪猪。豪：通“毫”，指动物身上细而尖的毛。

【译文】

再往北四百里有座山，名叫谯明山。谯明水发源于这座山，向西流入黄河中。水中有很多何罗鱼，这种鱼长着一个鱼头和十个身子，它的叫声像狗吠声，吃了它的肉可以治疗痈肿痛。山中生活着一种野兽，形状像豪猪但长着红色的毛，它的叫声像榴榴，这种野兽名叫孟槐，人们可用它来抵御凶灾。说起这谯明山，山上不长草木，但有很多石青、雄黄。

涿光山

【原文】

又北三百五十里，曰涿光之山。嚣水出焉，而西流注于河。其中多鳛鳛之鱼[①]，其状如鹊而十翼，鳞皆在羽端，其音如鹊，可以御火，食之不瘅。其上多松柏，其下多棕橿，其兽多麢羊，其鸟多蕃[②]。

【注释】

①鳛鳛（xí）之鱼：鳛鳛鱼，传说中的一种鱼。

②蕃：鸟名。

【译文】

再向北350里有座山，名叫涿光山。嚻水就发源于这座山，向西流入黄河之中。水中有很多鳛鳛鱼，这种鱼的形状像喜鹊但长着十只翅膀，鳞片都长在羽翼的前端，它发出的叫声与喜鹊相似，可以用来防御火灾，吃了它的肉就不会患黄疸病。山上长着很多松柏，山下有许多棕榈和橿树，山上的野兽多是麢羊，山上的鸟类多是蕃鸟。

虢 山

【原文】

又北三百八十里，曰虢山，其上多漆，其下多桐椐。其阳多玉，其阴多铁。伊水出焉，西流注于河。其兽多橐驼[1]，其鸟多寓[2]，状如鼠而鸟翼，其音如羊，可以御兵。

又北四百里，至于虢山之尾，其上多玉而无石。鱼水出焉，西流注于河，其中多文贝。

【注释】

①橐（tuó）驼：即骆驼。

②寓：一种鸟。

【译文】

再往北380里有座山，名叫虢山，山上生长着很多漆树，山下生长着很多桐树和椐树。山的南面有很多玉石，山的北面有很多铁矿石。伊水发源于这座山，向西流入黄河之中。山里的野兽大多是骆驼，鸟类大多是寓鸟，这种鸟的形状与老鼠相似但长着鸟一样的翅膀，发出的声音像羊一样，可用它来防御兵祸。

再向北四百里，就到了虢山的尾端，山上有很多玉但没有石头。鱼水发源于这里，向西流入黄河，水中有很多带有纹理的贝。

【相关链接】

骆 驼

骆驼是大型偶蹄目动物，它们具有许多其他动物所没有的特殊生理机能，不仅能够耐饥、耐渴，也能耐热、耐寒、耐风沙，因此有“沙漠之舟”的美称。

骆驼每饮足一次水，就可以数日不喝水。它们鼻内有很多极细而曲折

的管道，平时管道被液体湿润着，当体内缺水时，管道立即停止分泌液体，并在管道表面结出一层硬皮，用它吸收呼出的水分而不致散失体外；在吸气时，硬皮内的水分又可被送回体内。水分如此在体内反复循环被利用。

骆驼有单峰驼和双峰驼之分。单峰驼因有一个驼峰而得名，分布于中东和北非，现存仅有家畜，野生的早已灭绝。单峰驼的身体机能非常适应沙漠环境，它们可以连续好几天不喝水能够维持五到七天的生命。为了保留水分，骆驼开始流汗前体温会提高很多，以减少汗量。双峰驼四肢粗短，更适合在沙砾和雪地上行走。在极度缺水时，双峰驼能将驼峰内的脂肪分解，产生水和热量。而一次饮水可达 57 升，以便恢复体内的正常含水量。

我国是世界上双峰驼的主要产地之一，主要分布在内蒙古、新疆、青海、甘肃、宁夏等省区约 110 万平方公里的干旱荒漠草原上，其中以内蒙古自治区数量最多。

丹熏山

【原文】

又北二百里，曰丹熏之山，其上多樗柏，其草多韭薤，多丹雘。熏水出焉，而西流注于棠水。有兽焉，其状如鼠，而菟首麋身①，其音如獆犬②，以其尾飞，名曰耳鼠③，食之不睬④，又可以御百毒。

【注释】

①菟（tù）：通“兔”，即兔子。麋：即麋鹿。

②獆（háo）：同“嗥”，即野兽的吼叫。

③耳鼠：即鼯鼠。

④睬（cǎi）：指肚子胀大的病。

【译文】

再往北 200 里有座山，名叫丹熏山，山上生长着很多臭椿树和柏树，山里的草大多是韭菜和薤菜，山里面还有很多丹雘。熏水发源于这座山，向西流入棠水之中。山中有一种野兽，它的形状像老鼠，但长着兔子一样的脑袋和麋鹿一样的身体，它的叫声与狗吠声相似，凭借自己的尾巴来飞行，这种野兽名叫耳鼠，吃了它的肉可以医治肚子胀大的病，还可以抵御百毒的侵害。

石者山

【原文】

又北二百八十里，曰石者之山，其上无草木，多瑶、碧。泚水出焉，西流注于河。有兽焉，其状如豹而文题白身[①]，名曰孟极，是善伏，其鸣自呼。

【注释】

①题：额头的意思。

【译文】

再往北280里有座山，名叫石者山，山上不长草木，但有很多美玉和青绿色的玉石。泚水发源于这座山，向西流入黄河之中。山中栖息着一种野兽，形状像豹子但额头上有花纹，并且周身都是白色的，它的名字叫孟极，是一种善于潜伏隐藏的动物，它的叫声就像是在喊自己的名字。

边春山

【原文】

又北百一十里，曰边春之山，多葱、葵、韭、桃、李。杠水出焉，而西流注于泑泽。有兽焉，其状如禺而文身，善笑，见人则卧，名曰幽鴳，其鸣自呼。

【译文】

再往北110里有座山，名叫边春山，山上有很多葱、葵、韭菜、桃树、李树。杠水发源于这座山，向西流入泑泽之中。山里栖息着一种野兽，其形状与猕猴相似但身上有花纹，常常发出笑声，一看见人就会躺卧在地上，这种兽名叫幽鴳，它的叫声就像是在呼喊自己的名字。

蔓联山

【原文】

又北二百里，曰蔓联之山，其上无草木。有兽焉，其状如禺而有鬣[①]，牛尾、文臂、马蹏[②]，见人则呼，名曰足訾，其鸣自呼。有鸟焉，群居而朋飞[③]，其毛如雌雉，名曰鵁，其鸣自呼，食之已风[④]。

【注释】

①鬣（liè）：指动物颈上的长毛。

②蹏（tí）：同“蹄”，即马蹄。

③朋：并列、并排的意思。

④风：指中风、痛风等病症。

【译文】

再往北200里有座山，名叫蔓联山，山上不长草木。山里面有一种野兽，它的形状像猕猴但颈部有长毛，有着牛一样的尾巴，带有花纹的前肢，还有马一样的蹄子，它看见人就会大声呼叫，这种兽名字叫足訾，它的叫声就像是在呼喊自己的名字。山中栖息着一种鸟，它们群居在一起，并结队飞行，身上的毛与雌野鸡相似，这种鸟名叫䴔。它的叫声也像是在呼喊自己的名字，吃了它的肉可以治疗中风、痛风等病症。

单张山

【原文】

又北百八十里，曰单张之山，其上无草木。有兽焉，其状如豹而长尾，人首而牛耳，一目，名曰诸犍，善吒[①]，行则衔其尾，居则蟠其尾[②]。有鸟焉，其状如雉，而文首、白翼、黄足，名曰白䳆，食之已嗌痛[③]，可以已痸[④]。栎水出焉，而南流注于杠水。

【注释】

①吒（zhà）：发怒时的吼叫声。

②蟠：盘旋，环绕。

③嗌（yì）：指咽喉阻塞。

④痸（chì）：即癫狂病。

【译文】

再往北180里有座山，名叫单张山，山上草木不生。山里栖息着一种野兽，其身形似豹但长着长长的尾巴，还有着人一样的脑袋和牛一样的耳朵，只有一只眼睛，它的名字叫诸犍，常常大声怒吼，行走时用嘴衔着尾巴，睡觉时就将尾巴盘起

来。山中栖息着一种鸟，形状似野鸡，但头上有花纹，还长着白色的翅膀、黄色的脚，这种鸟名叫白鵺，吃了它的肉可以治疗咽喉肿痛，还可以治疗癫狂症。栎水发源于这座山，向南流入杠水。

灌题山

【原文】

又北三百二十里，曰灌题之山，其上多樗柘，其下多流沙，多砥。有兽焉，其状如牛而白尾，其音如詂[①]，名曰那父。有鸟焉，其状如雌雉而人面，见人则跃，名曰竦斯，其鸣自呼也。匠韩之水出焉，而西流注于泑泽，其中多磁石。

【注释】

①詂：指大声呼喊。

【译文】

再向北320里有座山，名叫灌题山，山上有很多臭椿树和柘树，山下有很多流沙，还有很多磨刀石。山里栖息着一种野兽，它的形状像牛但长着白色的尾巴，它的叫声如同人在大声呼喊，这种兽名叫那父。山中栖息着一种鸟，形状似雌野鸡但长着人一样的脸，一看到人就跳跃，它的名字叫竦斯，它发出的声音像是在呼喊自己的名字。匠韩水发源于这座山，向西流入泑泽之中，水底有很多磁石。

潘侯山

【原文】

又北二百里，曰潘侯之山，其上多松柏，其下多榛楛，其阳多玉，其阴多铁。有兽焉，其状如牛，而四节生毛，名曰旄牛。边水出焉，而南流注于栎泽。

【译文】

再往北200里有座山，名叫潘侯山，山上有很多松柏，山下生有很多榛树和楛树，山的南面有许多玉石，北面蕴藏着许多铁矿石。山中栖息着一种野兽，形状似牛，四条腿的关节部位均长着毛，这种兽名叫牦牛。边水发源于这座山，向南流入栎泽。

小咸山

【原文】

又北二百三十里，曰小咸之山，无草木，冬夏有雪。

【译文】

再往北230里有座山，名叫小咸山，山上草木不生，无论冬天夏天都会下雪。

大咸山

【原文】

北二百八十里，曰大咸之山，无草木，其下多玉。是山也，四方，不可以上。有蛇，名曰长蛇，其毛如彘豪，其音如鼓柝[①]。

【注释】

①鼓：敲击。柝（tuò）：古代打更人所用的梆子。

【译文】

向北280里有座山，名叫大咸山，山上不长草木，山下有很多玉石。这座山呈四方形，人无法攀登上去。山中有一种蛇，名叫长蛇，它身上的毛像猪毛一样，发出的声音像是在敲击梆子。

敦薨山

【原文】

又北三百二十里，曰敦薨之山，其上多棕、枏，其下多茈草。敦薨之水出焉，而西流注于泑泽。出于昆仑之东北隅，实惟河原[①]。其中多赤鲑。其兽多兕、旄牛，其鸟多鸤鸠。

【注释】

①河原：原同“源”，即河水的源头。

【译文】

再向北320里有座山，名叫敦薨山，山上长着很多棕榈和楠木，山下有很多紫草。敦薨水发源于这座山，向西流入泑泽中。敦薨水由昆仑山的东北角流出，它其实是黄河的源头。水中有很多红色的鲑鱼。山中的野兽多为兕、牦牛，鸟类大多是鸤鸠。

少咸山

【原文】

又北二百里，曰少咸之山，无草木，多青碧。有兽焉，其状如牛而赤身，人面马足，名曰窫窳[①]，其音如婴儿，是食人。敦水出焉，东流注于雁门之水，其中多鲱鲱之鱼[2]，食之杀人。

【注释】

①窫窳（yà yǔ）：传说中的一种野兽。

②鲱鲱（pèi）：即江豚，也叫江猪，是一种生活在江河之中的哺乳动物。

【译文】

再向北200里有座山，名叫少咸山，山里面草木不生，有很多青色的玉石。山中栖息着一种野兽，它的形状似牛但长着红色的身子，有人一样的面孔和马一样的脚，这种野兽名叫窫窳，它发出的声音像婴儿啼哭一样，是一种吃人的动物。敦水发源于这座山，向东流入雁门水中，水中有很多江豚，吃了它的肉就会被毒死。

【相关链接】

江　豚

江豚分布在西太平洋、印度洋和中国沿海等热带至暖温带水域，在我国主要集中在渤海、黄海、东海、南海入海口及长江中下游，属于国家二级保护动物。

江豚的外形与海豚相似，但稍小一些，体长在120～190厘米之间，体重约为100～120千克。其身体的中部最粗，横剖面近似圆形。全身呈蓝灰色或瓦灰色，腹部的颜色是浅亮的，唇部和喉部为黄灰色，腹部有一些形状不规则的灰色斑。

江豚喜欢单只或成对活动，即使结成群一般也不会超过4～5只。它们对水温的适应范围很广，从4～20℃度都能够正常地生活。

江豚每胎只能产一只幼崽，授乳时雌豚和幼仔会去较浅、较缓的水域，雌豚身体稍微侧向一边，将一侧鳍肢露出，幼仔则紧贴雌豚的腹部，每次授乳的时间大约为5～10分钟。雌性江豚的母性极强，如果幼崽不幸被捕捉，雌豚往往不离左右，也常常同时被捕获。

狱法山

【原文】

又北二百里，曰狱法之山。瀤泽之水出焉，而东北流注于泰泽。其中多鳈鱼[1]，其状如鲤而鸡足，食之已疣。有兽焉，其状如犬而人面，善投，见人则笑，其名山狎，其行如风，见则天下大风。

【注释】

①鱳（zǎo）鱼：传说中的一种鱼。

【译文】

再往北200里有座山，名叫狱法山。瀤泽发源于这座山，向东北流入泰泽中。水中有很多鱳鱼，这种鱼形状像鲤鱼却长着鸡一样的爪子，吃了它的肉可以治疗瘊子。山中栖息着一种野兽，形状似狗但长着人一样的面孔，擅长投掷，一看见人就笑，它的名字叫山𤟹，这种兽行走时像风一样快。它只要一出现就会刮起大风。

北岳山

【原文】

又北二百里，曰北岳之山，多枳、棘、刚木[①]。有兽焉，其状如牛而四角，人目彘耳，其名曰诸怀，其音如鸣雁，是食人。诸怀之水出焉，而西流注于嚻水，其中多鮨鱼[②]，鱼身而犬首，其音如婴儿，食之已狂[③]。

【注释】

①刚木：指木质坚硬的树木。

②鮨（yì）鱼：一种外形与娃娃鱼相似的鱼。

③狂：颠狂症。

【译文】

再往北200里有座山，名叫北岳山。山上生长着很多枳木、棘木和木质坚硬的树木。山中栖息着一种野兽，它的形状似牛但长着四只角，有着人一样的眼睛和猪一样的耳朵，这种野兽名叫诸怀，它发出的声音像大雁在鸣叫一样，是一种会吃人的动物。诸怀水发源于这座山，向西流入嚻水中，水中有很多鮨鱼，这种鱼长着鱼的身子和狗的脑袋，发出的声音如婴儿一般，吃了它的肉可以治疗癫狂症。

浑夕山

【原文】

又北百八十里，曰浑夕之山，无草木，多铜玉。嚻水出焉，而西北流注于海。有蛇，一首两身，名曰肥遗，见则其国大旱。

【译文】

再往北180里有座山，名叫浑夕山，山中草木不生，有很多铜矿石和玉

石。嚣水发源于这座山，向西北流入大海中。山里有一种蛇，长着一个脑袋两个身子，名字叫肥遗，它在哪个国家出现，哪个国家就会发生大旱灾。

北单山

【原文】

又北五十里，曰北单之山，无草木，多葱韭。

【译文】

再往北50里有座山，名叫北单山，山上面光秃秃的，只长着很多葱和韭菜。

罴差山

【原文】

又北百里，曰罴差之山，无草木，多马。

【译文】

再往北100里有座山，名叫罴差山，山上不长草木，却有很多野马。

北鲜山

【原文】

又北百八十里，曰北鲜之山，是多马。鲜水出焉，而西北流注于涂吾之水。

【译文】

再往北180里有座山，名叫北鲜山，山中有很多野马。鲜水由此处发源，向西北而流一直注入涂吾水中。

隄　山

【原文】

又北百七十里，曰隄山，多马。有兽焉，其状如豹而文首，名曰狕。隄水出焉，而东流注于泰泽，其中多龙龟①。

凡北山经之首，自单狐之山至于隄山，凡二十五山，五千四百九十里。其神皆人面蛇身。其祠之：毛用一雄鸡、彘瘗，吉玉用一珪②，瘗而不糈。其山北人皆生食不火之物。

【注释】

①龙龟：一说指龙和龟；一说指一种大龟。

②珪：古代祭祀所用的一种条状玉器。

【译文】

再往北170里有座山，名叫堤山，山里有很多的野马。山中栖息着一种野兽，它的形状像豹子但脑袋上长有花纹，这种野兽名叫狕。堤水发源于这座山，向东流入泰泽中，水里有很多龙龟。

总计北山一经中的山，从首座山单狐山起到堤山止，总共二十五座山，绵延五千四百九十里。这些山的山神都是人面蛇身的样子。祭祀这些山神的仪式为：把一只雄鸡和一头猪当作祭祀用的带毛的动物，把它们和一块彩色的玉一起埋在地下，祭祀时不用精米。住在山北面的人都吃未经用火烧煮过的生食。

管涔山

【原文】

北次二经之首，在河之东，其首枕汾，其名曰管涔之山。其上无木而多草，其下多玉。汾水出焉，而西流注于河。

【译文】

北次二经中的第一座山，位于黄河的东面，起始于汾河边上，名叫管涔山。山上没有树木但长着很多草，山下蕴藏着很多玉石。汾水发源于这座山，向西流入黄河之中。

少阳山

【原文】

又西二百五十里，曰少阳之山，其上多玉，其下多赤银。酸水出焉，而东流注于汾水，其中多美赭。

【译文】

再往北250里有座山，名叫少阳山，山上蕴藏着很多玉石，山下有很多赤银矿石。酸水发源于这座山，向东流入汾河之中，水中有很多优质的红土。

县雍山

【原文】

又北五十里，曰县雍之山，其上多玉，其下多铜，其兽多闾麋①，其鸟多白翟、白鹤[②]。晋水出焉，而东南流注于汾水。其中多鮆鱼，其状如儵而赤鳞，其音如叱，食之不骄[③]。

【注释】

①闾（lǘ）：一种野兽名，这里指黑色母羊。

②白鹤（yǒu）：白翰鸟，即白雉。

③骄：一作"骚"，指狐臭。

【译文】

再往北五十里有座山，名叫县雍山，山上有很多玉石，山下有很多铜矿石，山中的野兽大多是闾和麋鹿，鸟类大多是白色长尾野鸡和白翰鸟。晋水发源于这座山，向东南流入汾河。水中有很多鮆鱼，形状像小鱼但鳞片是红色的，发出的声音如人的呵斥声，吃了这种鱼可以消除狐臭。

狐岐山

【原文】

又北二百里，曰狐岐之山，无草木，多青碧。胜水出焉，而东北流注于汾水，其中多苍玉。

【译文】

再往北200里有座山，名叫狐岐山，山中草木不生，有很多青色的玉石。胜水发源于这座山，向东北流入汾河之中，水中有很多灰白色的玉石。

白沙山

【原文】

又北三百五十里，曰白沙山，广员三百里，尽沙也，无草木鸟兽。鲔水出于其上，潜于其下，是多白玉。

【译文】

再往北350里有座山，名叫白沙山，这座山方圆三百里，山里面到处都是沙子，既不长草木也没有鸟兽。

鲔水由白沙山的上面发源，在山下潜流，水底有很多白色玉石。

尔是山

【原文】

又北四百里，曰尔是之山，无草木，无水。

【译文】

再向北400里有座山，名叫尔是山，山上没有草木，也没有泉水。

狂　山

【原文】

又北三百八十里，曰狂山，无草木。是山也，冬夏有雪。狂水出焉，而西流注于浮水，其中多美玉。

【译文】

再往北380里有座山，名叫狂山，山里面不长草木。这座山，无论冬天夏天都会下雪。狂水发源于这座山，向西流入浮水，水中有很多美丽的玉石。

诸余山

【原文】

又北三百八十里，曰诸余之山，其上多铜玉，其下多松柏。诸余之水出焉，而东流注于旄水。

【译文】

再往北380里有座山，名叫诸余山，山上有很多铜矿石和玉石，山下有很多松柏。诸余水发源于这座山，向东流入旄水中。

敦头山

【原文】

又北三百五十里，曰敦头之山，其上多金玉，无草木。旄水出焉，而东流注于印泽。其中多騂马，牛尾而白身，一角，其音如呼。

【译文】

再往北350里有座山，名叫敦头山，山上有许多金玉矿石，山上不长草木。旄水发源于这座山，向东流入印泽之中。山中有许多騂马，长着牛一样的尾巴和白色的身子，有一只犄角，发出的声音就像人在呼喊一样。

钩吾山

【原文】

又北三百五十里，曰钩吾之山，其上多玉，其下多铜。有兽焉，其状如羊身人面，其目在腋下，虎齿人爪，其音如婴儿，名曰狍鸮，是食人。

【译文】

再往北350里有座山，名叫钩吾山，山上有很多玉石，山下有很多铜矿石。山里栖息着一种野兽，形状是羊身人面，眼睛长在腋窝下面，有老虎一样的牙齿和人一样的指掌，发出的声音似婴儿的叫声，它的名字叫狍鸮，是一种吃人的野兽。

北嚣山

【原文】

又北三百里，曰北嚣之山，无石，其阳多碧，其阴多玉。有兽焉，其状如虎，而白身犬首，马尾彘鬣，名曰独狢。有鸟焉，其状如乌，人面，名曰鹭鹛[1]，宵飞而昼伏，食之已暍[2]。涔水出焉，而东流注于邛泽。

【注释】

①鹭鹛（pán mào）：传说中的一种鸟。

②暍（yē）：中暑。

【译文】

再往北300里，是北嚣山，山上没有石头，山的南面多出产碧玉，山的北面有很多玉石。山中栖息着一种野兽，形状像普通的老虎，长着白色身子和狗的脑袋，还有马一样的尾巴和猪一样的鬃毛，名叫独狢。山里有一种鸟，体形像乌鸦，长着一副人脸，这种鸟名叫鹭鹛，它夜里飞行白天隐伏，吃了它的肉能治疗中暑。涔水发源于这座山，向东流入邛泽之中。

梁渠山

【原文】

又北三百五十里，曰梁渠之山，无草木，多金玉。修水出焉，而东流注于雁门。其兽多居暨[1]，其状如猬而赤毛，其音如豚。有鸟焉，其状如夸父[2]，四翼、一目、犬尾，名曰嚣，其音如鹊，食之已腹痛，可以止衕[3]。

【注释】

①居暨（jì）：短棘猬。

②夸父：一种长得像猕猴的野兽。

③衕（tòng）：腹泻。

【译文】

再往北350里有座山，名叫梁渠山，山中不长草木，有很多金玉矿石，修水发源于这座山，向东流入雁门水中。山中的野兽多是居暨，它的形状与刺猬相似但长着红色的毛，它的叫声和猪很像。山中栖息着一种鸟，它的形状像夸父一样，长着四只翅膀、一只眼睛，还有狗一样的尾巴，这种鸟名叫嚣，它的叫声像喜鹊一样，人们吃了它的肉可以治疗腹痛，还可以止住腹泻。

姑灌山

【原文】

又北四百里，曰姑灌之山，无草木。是山也，冬夏有雪。

【译文】

再往北400里有座山，名叫姑灌山，山上光秃秃的，没有草木。在这座山上，终年有积雪。

湖灌山

【原文】

又北三百八十里，曰湖灌之山，其阳多玉，其阴多碧、多马。湖灌之水出焉，而东流注于海，其中多䱻[①]。有木焉，其叶如柳而赤理。

【注释】

①䱻：同“鳝”。即鳝鱼，黄鳝。

【译文】

再向北380里有座山，名叫湖灌山，山的南面有很多玉石，北面有许多碧玉，也有很多野马。湖灌水发源于这座山，向东流入大海，水中有许多鳝鱼。山中生长着一种树木，叶子像柳树叶但有着红色的纹理。

洹　山

【原文】

又北水行五百里，流沙三百里，至于洹山，其上多金玉。三桑生之[①]，其树皆无枝，其高百仞[②]。百果树生之。其下多怪蛇。

【注释】

①三桑：三棵扶桑树。扶桑是传说中的一种神树，传说日出于其下。

②仞：古代以七尺或八尺为一仞。

【译文】

再往北行500里水路，经过三百里流沙，就到了洹山，山上蕴藏着很多金玉矿石。山里有三棵桑树，树干上没有枝条，树身高达百仞。山上还生长着各种果树。山下有很多怪蛇。

敦题山

【原文】

又北三百里，曰敦题之山，无草木，多金玉。是錞于北海。

凡北次二经之首，自管涔之山至于敦题之山，凡十七山，五千六百九十里。其神皆蛇身人面。其祠：毛用一雄鸡、彘瘗；用一璧一珪，投而不糈[①]。

【注释】

①投：投掷的意思。

【译文】

再往北300里有座山，名叫敦题山，山中不长草木，蕴藏很多金玉矿石。这座山座落在北海的岸边。

总计北次二经中的山，自第一座管涔山起到敦题山止，总共十七座山，绵延五千六百九十里。这些山的山神都是蛇身而人面。祭祀这些山神的仪式是：带毛的动物选用一只雄鸡和一头猪，把它们作为祭品埋入地下；再用一块璧和一块珪，将它们投到山里面，祭祀时不用精米。

归　山

【原文】

北次三经之首，曰太行之山。其首曰归山，其上有金玉，其下有碧。有兽焉，其状如羚羊而四角，马尾而有距[①]，其名曰䡾，善还[②]，其鸣自訆[③]。有鸟焉，其状如鹊，白身、赤尾、六足，其名曰鷶，是善惊，其鸣自谈。

【注释】

①距：雄鸡爪后面突出像脚趾的部分。

②还：同“旋”，旋转的意思。

③訆（jiào）：同“叫”，大声叫唤的意思。

【译文】

北次三经中的第一道山系，名叫太行山。太行山中的第一座山名叫归山，山上有金玉矿石，山下有青绿色的玉。山中有一种野兽，形状像羚羊但长有四只角，长着马一样的尾巴和鸡一样的爪子，它的名字叫䡾，这种兽善于旋转起舞，发出的声音像是在叫自己的名字。山里栖息着一种鸟，它的形状像喜鹊，身上有白色的羽毛，长着红色的尾巴，还有六只脚，它的名字叫鷶，这种鸟十分容易受到惊吓，它发出的叫声也像是在喊自己的名字。

龙侯山

【原文】

又东北二百里，曰龙侯之山，无草木，多金玉。决决之水出焉，而东流注于河。其中多人鱼，其状如鳑鱼，四足，其音如婴儿，食之无痴疾。

【译文】

再往东北200里有座山，名叫龙侯山，山上草木不生，有很多金玉矿石。决决水发源于这座山，向东流入黄河之中。水中有很多大鲵，它的形状像鳑鱼，长着四只脚，其叫声像婴儿的啼哭声，吃这种鱼可以治痴呆病。

马成山

【原文】

又东北二百里，曰马成之山，其上多文石，其阴多金玉。有兽焉，其状如白犬而黑头，见人则飞，其名曰天马，其鸣自訆。有鸟焉，其状如乌，首白而身青、足黄，是名曰鶌鶋，其鸣自詨[①]，食之不饥，可以已寓[②]。

【注释】

①詨（xiào）：呼叫的意思。

②寓：指失眠健忘之病，即老年健忘症。

【译文】

再往东北200里有座山，名叫马成山，山上有很多带有花纹的石头，山的北面蕴藏着很多金玉矿石。山中栖息着一种野兽，它的形状像白色的狗但长着黑色的脑袋，见到人就马上飞走，它的名字是天马，它的叫声像是在呼喊自己的名字。山里有一种鸟，它的外形像乌鸦，脑袋是白色的但身子是青色的，脚爪是黄色的，这种鸟名叫鶌鶋，它叫起来像是在喊自己的名字，人们吃了它的肉就不会再感到饥饿，还可以治疗失眠健忘的病。

咸　山

【原文】

又东北七十里，曰咸山，其上有玉，其下多铜，是多松柏，草多茈草。条菅之水出焉，而西南流注于长泽。其中多器酸[①]，三岁一成，食之已疠[②]。

【注释】

①器酸：一种酸性食物。

②疠：恶疮。

【译文】

再往东北70里有座山，名叫咸山，山上有很多玉石，山下有很多铜矿石，山里生长着很多松柏树，山中的草大多是紫草。条菅水发源于这座山，向西南流入长泽之中。水中有很多器酸，它三年才成熟一次，吃了它能治疗恶疮。

天池山

【原文】

又东北二百里，曰天池之山，其上无草木，多文石。有兽焉，其状如兔而鼠首，以其背飞，其名曰飞鼠[①]。渑水出焉，潜于其下，其中多黄垩[②]。

【注释】

①飞鼠：即鼯鼠。

②垩：一种有色土，可用做涂饰。

【译文】

再向东北二百里有座山，名叫天池山，山上不长草木，有许多带有花纹的石头。山里面栖息着一种野兽，形状像兔子但头部像老鼠，它能借助背部飞行，这种兽名叫飞鼠。渑水发源于这座山，潜流在山底下，水中有很多可做涂料的黄色土。

【相关链接】

鼯　鼠

鼯鼠也叫飞鼠，成年鼯鼠体长约 25 厘米，尾巴几乎与身体等长。鼯鼠不开飞膜时，外形与松鼠相似，前后肢间有宽而多毛的飞膜，借此起滑翔作用。

北美洲和欧亚大陆的飞鼠属啮齿目松鼠科，大约有 12 ～ 35 种。非洲大陆的飞鼠尾根部有一些鳞片，是用来攀援的器官。北美飞鼠的皮毛呈微红色或灰褐色，身体和四肢细长，有松软的皮毛和大眼睛。中国特产的有三种：复齿鼯鼠、沟牙鼯鼠和低泡飞鼠。21 世纪初以来，由于大量猎杀，鼯鼠面临着灭绝的危机。

鼯鼠的生活习性与蝙蝠类似，白天多躲在悬崖峭壁的岩石洞穴、石隙或树洞中休息，夜晚则外出活动，以坚果、水果、植物嫩芽、昆虫和小型鸟类为食。

鼯鼠平时在树上乱窜时跟松鼠差不多，都有一条毛茸茸的大尾巴，也吃松柏树的种子，但如果它们遇到了危险，就会在树梢上纵身一跃，展开折叠在四肢间的宽大皮膜，姿态优美地滑翔而去，这也是它们被称为飞鼠的缘由。

阳山

【原文】

又东三百里，曰阳山，其上多玉，其下多金铜。有兽焉，其状如牛而赤尾，其颈腎[①]，其状如句瞿[②]，其名曰领胡，其鸣自詨，食之已狂。有鸟焉，其状如雌雉，而五采以文，是自为牝牡，名曰象蛇，其鸣自詨。留水出焉，而南流注于河。其中有䱻父之鱼，其状如鲋鱼，鱼首而彘身，食之已呕。

【注释】

①腎（shèn）：指肉隆起的样子。

②句瞿：像斗的形状。

【译文】

再往东300里有座山，名叫阳山。山上有很多玉石，山下有很多金矿石和铜矿石。山里栖息着一种野兽，形状像牛但长着红色的尾巴，脖子上有块隆起的肉，形状像斗一样，这种野兽名叫领胡，它发出的叫声像是在呼喊自己的名字，吃了它的肉可以治疗癫狂症。山中有一种鸟，形状与雌野鸡相似，身上花纹五彩斑斓，这种鸟雌雄同体，名叫象蛇，它叫起来也像在叫自己的名字。留水发源于这座山，向南流入黄河之中。水中有䱻父鱼，它的形状像鲋鱼，长着鱼一样的头和猪一样的身子，吃了它的肉可以治疗呕吐症。

贲闻山

【原文】

又东三百五十里，曰贲闻之山，其上多苍玉，其下多黄垩，多涅石[①]。

【注释】

①涅石：一种黑矾石，可用做涂料。

【译文】

再向东350里有座山，名叫贲闻山。山上有很多灰白色的玉，山下有很多可做涂料的黄色土，还有许多黑色矾石。

王屋山

【原文】

又北百里，曰王屋之山，是多石。𤃨水出焉[①]，而西北流于泰泽。

【注释】

①溓（lián）水：水名。

【译文】

再往北一百里有座山，名叫王屋山，山中有许多石头。溓水发源于这座山，向西北流入泰泽之中。

【相关链接】

王屋山

王屋山位于河南省西北部的济源市，东依太行山，西接中条山，是我国九大古代名山之一，也是道教十大洞天之首。王屋山主峰海拔 1715.7 米，主峰之巅有一个石坛，相传是轩辕黄帝祭天的地方，故又称天坛山。

王屋山的森林覆盖率达到了 98% 以上，山里有很多珍稀动物，是一处有万年文化积淀、千年道教文化传统的融人文、自然于一体的品位极高的山岳风景名胜区，素有“北国风光最胜处”之美誉，千百年来吸引了无数的帝王将相，文人墨客来此寻幽探胜、陶冶情操，留下许多摩崖石刻和脍炙人口的名篇佳作。

王屋山因“愚公移山”的故事而家喻户晓。《列子·汤问》记载：愚公家门前有两座大山阻塞了交通，他决心把山搬掉，这时有个叫智叟的“聪明人”笑他太傻，认为这是不可能完成的。愚公却说：“我死了有儿子，儿子死了还有孙子，子子孙孙无穷无尽，又何必担心挖不平呢？”天帝被他的诚心所感动，命令大力神夸娥氏的两个儿子将两座山搬走，一座放在朔东，一座放在雍南。从此，冀州的南部到汉水南岸就没有山冈高地阻隔了。后来这个成语用来说明无论遇到什么困难，只要有毅力就可以成功。

教　山

【原文】

又东北三百里，曰教山，其上多玉而无石。教水出焉，西流注于河，是水冬干而夏流，实惟干河。其中有两山，是山也，广员三百步，其名曰发丸之山，其上有金玉。

【译文】

再往东北 300 里有座山，名叫教山，山上有很多玉却没有石头。教水发源于这座山，向西流入黄河之中，教水冬季干枯而夏季有水流，实际上是一条干河。教水流经两座山，方圆只有三百步，名叫发丸山，山上有金玉矿石。

景 山

【原文】

又南三百里，曰景山，南望盐贩之泽，北望少泽。其上多草、薯萸[①]，其草多秦椒[②]；其阴多赭，其阳多玉。有鸟焉，其状如蛇而四翼、六目、三足，名曰酸与，其鸣自詨，见则其邑有恐。

【注释】

①薯萸（yù）：即山药。

②秦椒：这里指辣椒。

【译文】

再向南300里有座山，名叫景山。向南可以望见盐贩泽，向北可以望见少泽。山上生长着很多草、山药，所长的草多为辣椒；山的北面有很多红色土壤，南面有很多玉。山里栖息着一种鸟，形状与蛇相似但长有四只翅膀，六只眼睛，三只脚，名字叫酸与，它发出的叫声像是在喊自己名字，它在哪里出现，哪里就会有使人惊恐的事情发生。

【相关链接】

山 药

山药原名薯蓣，唐代宗名李预，因避讳改为薯药；北宋时因避宋英宗赵曙讳而更名山药，我国食用山药已有三千多年的历史。

山药被誉为是山中之药、食中之药。不仅可做成保健食品，而且具有调理疾病的药用价值。《神农本草经》记载山药“主健中补虚、除寒热邪气、补中益气力、长肌肉、久服耳目聪明”；《本草纲目》认为山药能“益肾

气、健脾胃、止泻痢、化痰涎、润毛皮”。现代医学研究表明，山药的最大特点是含有大量的黏蛋白。黏蛋白是一种多糖蛋白质的混合物，对人体有特殊的保健作用，能保持血管弹性，减少皮下脂肪的堆积，还能预防类风湿性关节炎、硬皮病等胶原病的发生。

现代城市多雾霾天气，空气中的水汽和灰尘容易伤脾伤肺。山药还有生津益肺的功效，对于肺虚咳嗽不止有非常好的食疗效果。而且《本草纲目》中也提到，山药能够封闭皮毛，阻止雾霾从皮肤进入体内，能够在人的身体里建立一道防雾霾的屏障。

孟门山

【原文】

又东南三百二十里，曰孟门之山，其上多苍玉，多金；其下多黄垩，多涅石。

【译文】

再向东南320里有座山，名叫孟门山。山上有许多灰白色的玉，还有很多金矿石；山下有很多可做涂料的黄色土，还有很多黑色矾石。

平 山

【原文】

又东南三百二十里，曰平山。平水出于其上，潜于其下，是多美玉。

【译文】

再往东南320里有座山，名叫平山。平水发源于平山的山顶，一直潜流到山脚下，山里有很多美玉。

京 山

【原文】

又东二百里，曰京山，有美玉，多漆木，多竹。其阳有赤铜，其阴有玄磃①。高水出焉，南流注于河。

【注释】

①磃（sù）：磨刀石。

【译文】

再往东200里有座山，名叫京山。山里有美丽的玉石，长有许多漆树，

还长着许多竹子。山的南面有赤铜，北面盛产黑色的磨刀石。高水由此山发源，向南注入黄河之中。

虫尾山

【原文】

又东二百里，曰虫尾之山，其上多金玉，其下多竹，多青碧。丹水出焉，南流注于河；薄水出焉，而东南流注于黄泽。

【译文】

再往东二百里有座山，名叫虫尾山。山上有很多金玉矿石，山下生长着很多竹子，还有很多青色的玉石。丹水发源于这座山，向南流入黄河之中；薄水也发源于这座山，向东南流入黄泽之中。

彭毗山

【原文】

又东三百里，曰彭毗之山，其上无草木，多金玉，其下多水。蚤林之水出焉，东南流注于河。肥水出焉，而南流注于床水，其中多肥遗之蛇[①]。

【注释】

①肥遗之蛇：肥遗蛇。传说中的一种蛇，一首二身。

【译文】

再向东300里有座山，名叫彭毗山。山上草木不生，有许多金玉矿石，山下有许多泉水。蚤林水发源于这座山，向东南流入黄河之中。肥水也从此处发源，向南流入床水之中，水中有很多肥遗蛇。

小侯山

【原文】

又东百八十里，曰小侯之山。明漳之水出焉，南流注于黄泽。有鸟焉，其状如乌而白文，名曰鸪鹨[①]，食之不灂[②]。

【注释】

①鸪鹨（gū xí）：即鹧鸪鸟。

②灂（jiào）：指眼睛昏朦。

【译文】

再往东180里有座山，名叫小侯山。明漳水发源于这座山，向南流入黄

泽之中。山中有一种鸟，形状似乌鸦但身上有白色的花纹，这种鸟名叫鸪鸐，吃了它的肉眼睛就不会昏花。

泰头山

【原文】

又东三百七十里，曰泰头之山。共水出焉，南注于虖沱。其上多金玉，其下多竹箭①。

【注释】

①竹箭：细小的竹子。

【译文】

再往东370里有座山，名叫泰头山。共水发源于这座山，向南流入虖沱河之中。山上有很多金玉矿石，山下长着很多小竹子。

轩辕山

【原文】

又东北二百里，曰轩辕之山，其上多铜，其下多竹。有鸟焉，其状如枭而白首，其名曰黄鸟，其鸣自詨，食之不妒。

【译文】

再往东北200里有座山，名叫轩辕山。山上有很多铜矿石，山下长着许多竹子。山里栖息着一种鸟，它的形状似猫头鹰但长着白色的脑袋，这种鸟名叫黄鸟，它的叫声像是在喊自己的名字，吃了它的肉就不会再生嫉妒之心。

谒戾山

【原文】

又北二百里，曰谒戾之山，其上多松柏，有金玉。沁水出焉，南流注于河。其东有林焉，名曰丹林。丹林之水出焉，南流注于河。婴侯之水出焉，北流注于汜水。

【译文】

再向北200里有座山，名叫谒戾山，山上有很多松柏，还有金玉矿石。沁水发源于这座山，向南流入黄河之中。这座山的东面有一片树林，名叫丹林。丹林水从这里发源，向南流入黄河之中。婴侯水也由此处发源，向北流入汜水之中。

沮洳山

【原文】

东三百里，曰沮洳之山，无草木，有金玉。濝水出焉，南流注于河。

【译文】

往东三百里有座山，名叫沮洳山。山上没有草木，有金玉矿石。濝水发源于这座山，向南流入黄河之中。

神囷山

【原文】

又北三百里，曰神囷之山，其上有文石，其下有白蛇，有飞虫。黄水出焉，而东流注于洹。滏水出焉，而东流注于欧水。

【译文】

再向北300里有座山，名叫神囷山。山上有带花纹的石头，山下有白蛇，还有会飞的虫子。黄水发源于这座山，向东流入洹水中。滏水也发源于这座山，向东流入欧水之中。

发鸠山

【原文】

又北二百里，曰发鸠之山，其上多柘木。有鸟焉，其状如乌，文首、白喙、赤足，名曰精卫，其鸣自詨。是炎帝之少女①，名曰女娃。女娃游于东海，溺而不返，故为精卫，常衔西山之木石，以堙于东海②。漳水出焉，东流注于河。

【注释】

①炎帝：上古姜姓部落的首领，号神农氏。

②堙（yīn）：填塞。

【译文】

再向北200里有座山，名叫发鸠山，山上生长着很多柘树。山里栖息着一种鸟，形状像乌鸦一样，长着带有花纹的脑袋、白色的嘴、红色的足爪，名字叫精卫，它的叫声像是在呼喊自己的名字。精卫是炎帝的小女儿，名叫女娃。女娃去东海游玩时，溺死在海中不能返回，所以她化身为精卫鸟，常常衔来西山的树枝和石子，想用这种方法把东海填平。漳水发源于发鸠山，

向东流入黄河之中。

少　山

【原文】

又东北百二十里，曰少山，其上有金玉，其下有铜。清漳之水出焉，东流于浊漳之水。

【译文】

再向东北 120 里有座山，名叫少山，山上有金玉矿石，山下有铜矿石。清漳水发源于这座山，向东流入浊漳水中。

锡　山

【原文】

又东北二百里，曰锡山，其上多玉，其下有砥。牛首之水出焉，而东流注于滏水。

【译文】

再往东北 200 里有座山，名叫锡山，山上有很多玉石，山下有可以用来磨刀的石头。牛首水发源于锡山，向东流入滏水之中。

景　山

【原文】

又北二百里，曰景山，有美玉。景水出焉，东南流注于海泽。

【译文】

再向北二百里有座山，名叫景山，山上有很多玉石。景水发源于这座山，向东南流入海泽之中。

题首山

【原文】

又北百里，曰题首之山，有玉焉，多石，无水。

【译文】

再往北一百里有座山，名叫题首山，山里蕴藏有玉，有很多石头，没有泉水。

绣　山

【原文】

又北百里，曰绣山，其上有玉、青碧，其木多栒，其草多芍药、芎䓖[①]。洧水出焉，而东流注于河，其中有鳠、黾[②]。

【注释】

①芎䓖：即川芎，一种中药。

②鳠（hù）：鱼名，体形细长，无鳞。黾：蛙的一种。

【译文】

再往北100里有座山，名叫绣山，山上有玉和青色的玉石，山里的树木大多是栒树，生长的草多为芍药、川芎。洧水发源于这座山，向东流入黄河中，水里栖息着鳠鱼和黾。

【相关链接】

芍　药

芍药是一种多年生草本花卉，被列为我国古代六大名花之一，又被称为“五月花神”，因自古就作为爱情之花，现在已经成为七夕节的代表花卉。

芍药在我国的栽培历史十分悠久，据考证，早在汉朝时期长安地区就有栽培记录。扬州是隋唐以来最著名的芍药产地。刘颁《芍药谱·序》说：“天下名花，洛阳牡丹，广陵（即扬州）芍药，为相牟埒”。周文华《汝南圃史》称述“扬州之芍药冠天下”。古人评花：牡丹第一，芍药第二，谓牡丹为花王，芍药为花相。因为它开花较迟，故又称为“殿春”。

芍药之所以称为“芍药”，这与它的中药价值有很大关系。根据分析，芍药根含有芍药甙和安息香酸，用途因种而异。中医认为：中药里的白芍主要是指芍药的根，它具有镇痉、镇痛、通经作用。对妇女的腹痛、胃痉挛、眩晕、痛风、利尿等病症有效。

松　山

【原文】

又北百二十里，曰松山。阳水出焉，东北流注于河。

【译文】

再往北120里有座山，名叫松山。阳水发源于这座山，向东北流入黄河之中。

敦与山

【原文】

又北百二十里，曰敦与之山，其上无草木，有金玉。溹水出于其阳，而东流注于泰陆之水；泜水出于其阴，而东流注于彭水；槐水出焉，而东流注于泜泽。

【译文】

再向北120里有座山，名叫敦与山，山上不长草木，有金玉矿石。溹水发源于这座山的南面，向东注入泰陆水中；泜水发源于这座山的北面，向东流入彭水之中；槐水也发源于这座山，向东流入泜泽之中。

柘　山

【原文】

又北百七十里，曰柘山，其阳有金玉，其阴有铁。历聚之水出焉，而北流注于洧水。

【译文】

再往北170里有座山，名叫柘山，山的南面有金玉矿石，山的北面有铁矿石。历聚水发源于柘山，向北流入洧水之中。

维龙山

【原文】

又北三百里，曰维龙之山，其上有碧玉，其阳有金，其阴有铁。肥水出焉，而东流注于皋泽，其中多礨石[①]。敞铁之水出焉，而北流注于大泽。

【注释】

①礨石：即巨石。

【译文】

再往北300里有座山，名叫维龙山，山上有青绿色的玉石，山的南面有金矿石，北面有铁矿石。肥水发源于这座山，向东流入皋泽中，水中有很多巨石。敞铁水也发源于这座山，向北流入大泽之中。

白马山

【原文】

又北百八十里，曰白马之山，其阳多石玉，其阴多铁，多赤铜。木马之水出焉，而东北流注于虖沱。

【译文】

再往北180里有座山，名叫白马山，山的南面有很多石头和玉石，北面有很多铁矿石，还有很多红色的铜矿石。木马水发源于这座山，向东北流入滹沱河中。

空桑山

【原文】

又北二百里，曰空桑之山，无草木，冬夏有雪。空桑之水出焉，东流注于滹沱。

【译文】

再往北200里有座山，名叫空桑山，山里不长草木，山上不管冬夏都会下雪。空桑水发源于这座山，向东流入滹沱河中。

泰戏山

【原文】

又北三百里，曰泰戏之山，无草木，多金玉。有兽焉，其状如羊，一角一目，目在耳后，其名曰辣辣，其鸣自訆。滹沱之水出焉，而东流注于溇水。液女之水出于其阳，南流注于沁水。

【译文】

再向北300里有座山，名叫泰戏山，山中草木不生，有很多金玉矿石。山中有一种野兽，形状长得像羊，有一只犄角和一只眼睛，眼睛在耳朵后面，它的名字叫辣辣，发出的叫声就像是在喊自己的名字。滹沱水发源于这座山，向东流入溇水。液女水发源于这座山的南面，向南流入沁水之中。

石　山

【原文】

又北三百里，曰石山，多藏金玉。濩濩之水出焉，而东流注于滹沱；鲜于之水出焉，而南流注于滹沱。

【译文】

再向北300里有座山，名叫石山，山里蕴藏着很多金玉矿石。濩濩水发源于这座山，向东流入滹沱河中；鲜于水也由此处发源，向南流入滹沱河中。

童戎山

【原文】

又北二百里，曰童戎之山。皋涂之水出焉，而东流注于溇液水。

【译文】

再往北200里有座山，名叫童戎山。皋涂水发源于这座山，向东流入溇液水中。

高是山

【原文】

又北三百里，曰高是之山。滋水出焉，而南流注于滹沱。其木多棕，其草多条。滱水出焉，东流注于河。

【译文】

再向北300里有座山，名叫高是山。滋水发源于这座山，向南流入滹沱之中。山中的树木大多是棕树，山中生长的草大多是条草。滱水发源于这座山，向东流入黄河之中。

陆　山

【原文】

又北三百里，曰陆山，多美玉。鄵水出焉，而东流注于河。

【译文】

再往北300里有座山，名叫陆山，山上有很多优质的玉石。姜水发源于这座山，向东流入黄河中。

沂　山

【原文】

又北二百里，曰沂山。般水出焉，而东流注于河。

【译文】

再往北200里有座山，名叫沂山。般水发源于这座山，向东流入黄河之中。

燕　山

【原文】

北百二十里，曰燕山，多婴石[①]。燕水出焉，东流注于河。

【注释】

①婴石：又称燕石，是一种似玉的石头。

【译文】

往北120里有座山，名叫燕山，山中有许多婴石。燕水发源于这座山，向东流入黄河之中。

饶　山

【原文】

又北山行五百里，水行五百里，至于饶山。是无草木，多瑶碧，其兽多橐驼，其鸟多鹠[①]。历虢之水出焉，而东流注于河，其中有师鱼[②]，食之杀人。

【注释】

①鹠（liú）：即鸺鹠，古书中常视为不祥之鸟。

②师鱼：即鲵鱼。

【译文】

再往北走五百里山路，五百里水路，就到了饶山。这座山上不长草木，有很多瑶碧玉，山中的野兽多为骆驼，鸟类多为鸺鹠。历虢水发源于这座山，向东流入黄河中，水中生活着一种师鱼，人吃了它的肉就会中毒而亡。

乾　山

【原文】

又北四百里，曰乾山，无草木，其阳有金玉，其阴有铁而无水。有兽焉，其状如牛而三足，其名曰獂，其鸣自詨。

【译文】

再往北400里有座山，名叫乾山，山中不长草木，山的南面蕴藏着金玉矿石，山的北面有铁矿石但是没有泉水。山中栖息着一种野兽，形状似牛但长着三只脚，它的名字叫做獂，它发出的叫声像是在呼喊自己的名字。

伦　山

【原文】

又北五百里，曰伦山。伦水出焉，而东流注于河。有兽焉，其状如麋，其川在尾上①，其名曰罴。

【注释】

①川：这里指“窍”，即肛门。

【译文】

再往北500里有座山，名叫伦山。伦水发源于这座山，向东流入黄河之中。山里栖息着一种野兽，它的形状与麋鹿相似，它的肛门长在尾巴上，这种兽名叫罴。

碣石山

【原文】

又北五百里，曰碣石之山。绳水出焉，而东流注于河，其中多蒲夷之鱼。其上有玉，其下多青碧。

【译文】

再向北500里有座山，名叫碣石山。绳水发源于这座山，向东流入黄河之中，水中生长着许多蒲夷鱼。山上有玉矿，山下有很多青绿色的玉石。

雁门山

【原文】

又北水行五百里，至于雁门之山，无草木。

【译文】

再往北走五百里水路，就到了雁门山，山中不长草木。

帝都山

【原文】

又北水行四百里，至于泰泽。其中有山焉，曰帝都之山，广员百里，无草木，有金玉。

【译文】

再向北走400里水路，就到了泰泽。泰泽中有一座山，名叫帝都山，方圆百里之广，山中不长草木，有金玉矿石。

錞于毋逢山

【原文】

又北五百里，曰錞于毋逢之山，北望鸡号之山，其风如飚[①]。西望幽都之山，浴水出焉。是有大蛇，赤首白身，其音如牛，见则其邑大旱。

凡北次三经之首，自太行之山以至于錞于毋逢之山，凡四十六山，万二千三百五十里。其神状皆马身而人面者廿神。其祠之：皆用一藻茝瘗之[②]。其十四神状皆彘身而载玉。其祠之：皆玉，不瘗。其十神状皆彘身而八足蛇尾。其祠之：皆用一璧瘗之。大凡四十四神，皆用稌糈米祠之，此皆不火食。

右北经之山志，凡八十七山，二万三千二百三十里。

【注释】

①飚（lì）：形容急风吹动的样子。

②藻：系有五彩丝绳的玉。茝（chǎi）：一种香草。

【译文】

再向北五百里有座山，名叫錞于毋逢山，向北可以望见鸡号山，那里吹来迅疾的风。向西可以望见幽都山，浴水就从那里发源。山中有一种大蛇，长着红色的脑袋和白色的身子，发出的声音像牛的叫声，它在哪里出现，哪里就会有大的旱灾降临。

总计北次三经中的山，自太行山起到錞于毋逢山止，总共有 46 座山，绵延 12350 里。这些山中有 20 座山的山神的形状都是马身人面。祭祀这些山神的仪式是：把一块系着五彩丝绳的玉与茝一起埋入地下。另外 14 位山神都是长着猪一样的身子，身上佩戴着玉饰。祭祀这些山神的仪式为：用玉作祭品，但不埋入地下。还有 10 座山的山神都长着猪一样的身子，有 8 条腿和蛇一样的尾巴。祭祀这些山神的仪式为：用一块璧玉作祭品，将其埋入地下。祭祀这 44 位山神时，都要用糯米作祭祀用的精米，并且都不用火将其烧煮。

以上就是北山经中记载的山，总共有 87 座山，绵延 23230 里。

第四卷：东山经

《东山经》主要介绍了位于我国东部地区的四大山系，它们大致分布在今山东、安徽、江苏、河北境内以及东部海域，详细记录了发源于这些山上的河流，生长在这些山上的动植物名称及作用，还指出了山上的矿物分布状况等。

樕螽山

【原文】

东山经之首，曰樕螽之山，北临乾昧。食水出焉，而东北流注于海。其中多鳙鳙之鱼①，其状如犁牛②，其音如彘鸣。

【注释】

①鳙鳙之鱼（yōng）：鳙鳙鱼。传说中的一种鱼，又名胖头鱼。

②犁牛：杂色的牛。

【译文】

东山经中的第一座山，名叫樕𧑒山，山的北面临近乾昧山。食水发源于这座山，向东北流入大海之中。水中有很多鳙鳙鱼，这种鱼形状像犁牛一样，发出的声音像猪的叫声。

藟　山

【原文】

又南三百里，曰藟山，其上有玉，其下有金。湖水出焉，东流注于食水，其中多活师①。

【注释】

①活师：即蝌蚪。

【译文】

再向南300里有座山，名叫藟山，山上有很多玉石，山下蕴藏有金矿石。湖水发源于这座山，向东流入食水中，水中有很多蝌蚪。

栒状山

【原文】

又南三百里，曰栒状之山，其上多金玉，其下多青碧石。有兽焉，其状如犬，六足，其名曰从从，其鸣自詨。有鸟焉，其状如鸡而鼠毛①，其名曰𪁺鼠，见则其邑大旱。沢水出焉，而北流注于湖水。其中多箴鱼②，其状如儵，其喙如箴，食之无疫疾。

【注释】

①毛：这里指尾巴。

②箴鱼：鱼名，其嘴像针一样。箴，同“针”。

【译文】

再往南三百里有座山，名叫栒状山，山上蕴藏着很多金玉矿石，山下有很多青绿色的玉石。山里栖息着一种野兽，它的形状像狗一样，长着六条腿，它的名字叫从从，它发出的叫声像是在呼喊自己的名字。山里有一种鸟，体形像鸡但长着老鼠一样的尾巴，它的名字叫𪁺鼠，它在哪个地方出现，哪个地方就会发生大旱灾。沢水发源于这座山，向北流入湖水中。水中有很多箴鱼，它们的形状像儵鱼，嘴巴像针一样，吃了它的肉就不会染瘟疫。

勃垒山

【原文】

又南三百里，曰勃垒之山，无草木，无水。

【译文】

再往南300里有座山，名叫勃垒山，山里面不长草木，也没有泉水。

番条山

【原文】

又南三百里，曰番条之山，无草木，多沙。減水出焉，北流注于海，其中多鳡鱼。

【译文】

再向南300里有座山，名叫番条山，山里面不长草木，有很多沙石。減水发源于这座山，向北流入大海中，水里面有很多鳡鱼。

姑儿山

【原文】

又南四百里，曰姑儿之山，其上多漆，其下多桑柘。姑儿之水出焉，北流注于海，其中多鳡鱼。

【译文】

再向南400里有座山，名叫姑儿山，山上生长着许多漆树，山下生长着很多桑树、柘树。姑儿水发源于这座山，向北流入大海之中，水中有许多鳡鱼。

高氏山

【原文】

又南四百里，曰高氏之山，其上多玉，其下多箴石①。诸绳之水出焉，东流注于泽，其中多金玉。

【注释】

①箴（zhēn）石：石针是一种古代的医疗器具，箴石就是指可用以制作石针的石头。

【译文】

再往南四百里有座山，名叫高氏山。山上蕴藏着很多玉石，山下有很多可用来制针的石头。诸绳水发源于这座山，向东流入大泽中，水底有许多金玉矿石。

【相关链接】

针　灸

针灸是一门古老而神奇的科学，在中国有着非常悠久的历史。相传，针灸起源于三皇五帝时期，东汉医学家皇甫谧在《帝王世纪》中记载，伏羲发明了针灸，曾“尝百药而制九针”。

根据目前我国各地出土的历史文物来看，“针灸疗法”在石器时代就已经存在。那时候，人们偶然会被一些尖硬物体，如石头、荆棘等碰撞身体表面的某个部位，结果出现了病症被减轻的现象。渐渐地，古人摸索出了一些规律，并开始有意识地用一些尖利的石块来刺身体的某些部位，以达到减轻病痛的作用。后来，当人们掌握了挖制、磨制技术以后，就制作出一些比较精致的、锋锐的石器，这种石器就是最古老的医疗工具——砭石。随着社会的不断发展，制作针具的工艺也在进步，逐渐发展成青铜针、铁针、金针、银针，直到现在流行的不锈钢针。

由于针灸疗法具有神奇的疗效和广泛的适用性，因此远在唐代就已经传播到日本、朝鲜、印度、阿拉伯等国家。迄今为止，针灸已经传播到世界一百四十多个国家和地区，为保障全人类的生命健康发挥了巨大的作用。1987年，世界针灸联合会在北京正式成立，这使得针灸这种医疗方法作为世界通行医学的地位在世界医林中得以确立。

岳　山

【原文】

又南三百里，曰岳山，其上多桑，其下多樗。泺水出焉，东流注于泽，其中多金玉。

【译文】

再往南三百里有座山，名叫岳山。山上生长着很多桑树，山下生长着很多臭椿树。泺水发源于这座山，向东流入大泽中，水底有很多金玉矿石。

犲　山

【原文】

又南三百里，曰犲山，其上无草木，其下多水，其中多堪孖之鱼。有兽焉，其状如夸父而彘毛①，其音如呼，见则天下大水。

【注释】

①夸父：一种野兽，属猴类。

【译文】

再向南300里有座山，名叫犲山，山里面不长草木，山下有很多泉水，水中有许多堪孖鱼。山里栖息着一种野兽，形状像夸父但长着猪一样的毛，发出的声音像是人的呼喊声，它在哪里出现，哪里就会发生洪涝灾害。

独　山

【原文】

又南三百里，曰独山，其上多金玉，其下多美石。末涂之水出焉，而东南流注于沔，其中多偹蛹①，其状如黄蛇，鱼翼，出入有光，见则其邑大旱。

【注释】

①鲦蛹（tiáo róng）：传说中的一种动物。

【译文】

再往南300里有座山，名叫独山。山上蕴藏着很多金玉矿石，山下有许多美丽的石头。末涂水发源于这座山，向东南流入沔水之中，水中有许多鲦蛹，它们形状似黄色的蛇，长着一对鱼鳍，从水中出入闪闪发光，它在哪里出现，哪里就会发生大旱灾。

泰 山

【原文】

又南三百里，曰泰山[①]，其上多玉，其下多金。有兽焉，其状如豚而有珠，名曰狪狪[②]，其鸣自訆。环水出焉，东流注于江[③]，其中多水玉[④]。

【注释】

①泰山：今泰山。

②狪狪（tóng）：传说中的一种兽。

③江：应为“汶”。

④水玉：即水晶。

【译文】

再向南300里有座山，名叫泰山，山上有很多玉石，山下有许多金矿石。山里面栖息着一种野兽，它形状像猪一样但体内有珠子，这种兽名叫狪狪，它发出的叫声像是在喊自己的名字。环水发源于这座山，向东流入汶水之中，水底有很多水晶石。

【相关链接】

泰 山

泰山位于山东省泰安市中部，是山东丘陵中最高大的山脉，主峰玉皇顶海拔1540米，气势雄伟磅礴，有“天下第一山”的美誉。

自古以来，泰山就备受人们的追捧和崇拜，甚至有“泰山安，四海皆安”的说法。在汉族传统文化中，泰山一直有着“五岳独尊”的称号。自秦始皇封禅泰山后，历朝历代的帝王纷纷在泰山进行封禅和祭祀活动，借助泰山的神威巩固自己的统治，这使泰山的神圣地位被抬到了无以复加的程度。

泰山还是黄河流域古代文化的发祥地之一，在很早之前，泰山周围就被

人类所开发，泰山南麓的大汶口文化，北麓的龙山文化遗存，就是最好的证据。历代文化名人纷至泰山进行诗文著述，留下了数以千计的诗文刻石，使泰山成为一座名副其实的文化艺术宝库，为研究中国古代绘画、雕刻、书法艺术提供了重要的实物资料。

传说，盘古开天辟地之后，他的头变成了东岳，腹变成了中岳，左臂变成了南岳，右臂变成了北岳，两脚变成了西岳，眼睛变成了日月，毛发变成了草木，汗水变成了江河。因为盘古开天辟地，造就了世界，后人尊其为人类祖先，而他的头部变成泰山，所以泰山就被称为至高无上的“天下第一山”，成了五岳之首。

竹　山

【原文】

又南三百里，曰竹山，錞于江，无草木，多瑶碧。激水出焉，而东流注于娶檀之水，其中多茈蠃[①]。

凡东山经之首，自樕蟲之山以至于竹山，凡十二山，三千六百里。其神状皆人身龙首。祠：毛用一犬祈，聃用鱼[②]。

【注释】

①茈蠃：即紫色螺。

②聃（èr）：指用牲血涂器祭神。

【译文】

再往南300里有座山，名叫竹山，蹲踞在江边，山里面不长草木，有许多美玉和青绿色的玉石。激水发源于这座山，向东南流入娶檀水中，水里有很多紫色螺。

总计东山经首经中的山，自樕蟲山起到竹山止，总共12座山，绵延3600里。这些山的山神的形状都是人身而龙头。祭祀山神的仪式是：取一只狗作为祭祀用的有毛动物进行祈祷，并且取鱼血涂抹在祭器上。

空桑山

【原文】

东次二经之首，曰空桑之山，北临食水，东望沮吴，南望沙陵，西望湣泽[①]。有兽焉，其状如牛而虎文，其音如钦[②]，其名曰軨軨[③]，其鸣自訆，见则天下大水。

【注释】

①湣（mǐn）泽：水名。

②钦：通“吟”，呻吟。

③軨軨（líng）：传说中的一种野兽。

【译文】

东次二经中的第一座山，名叫空桑山，山的北面临近食水，向东可以望见沮吴山，向南可以看到沙陵，向西可以望到湣泽。山里栖息着一种野兽，形状像牛但身上长着老虎一样的斑纹，它的叫声像是在呻吟一样，这种兽名叫軨軨，它的叫声像是在呼喊自己的名字，它在哪里出现，哪里就会发生大水灾。

曹夕山

【原文】

又南六百里，曰曹夕之山，其下多穀而无水，多鸟兽。

【译文】

再往南600里有座山，名叫曹夕山。山下长着很多构树，但没有泉水，还有很多鸟兽。

峄皋山

【原文】

又西南四百里，曰峄皋之山，其上多金玉，其下多白垩。峄皋之水出焉，东流注于激女之水，其中多蜃珧[①]。

【注释】

①蜃：大蛤蜊。珧（yáo）：江珧，一种软体动物。

【译文】

再向西南400里有座山，名叫峄皋山。山上有很多金玉矿石，山下有许多可用作涂料的白土。峄皋水发源于这座山，向东流入激女水中，水中有很多大蛤蜊和江珧。

葛　山

【原文】

又南水行五百里，流沙三百里，至于葛山之尾，无草木，多砥砺。

又南三百八十里，曰葛山之首，无草木。澧水出焉，东流注于余泽，其中多珠鳖鱼[1]，其状如胇而有目[2]，六足，有珠，其味酸甘，食之无疠。

【注释】

①珠鳖（biē）鱼：传说中的一种鱼。

②胇（fèi）：通“肺”。

【译文】

再往南走500里水路，跨越三百里的流沙，就到了葛山的尾端。山里面不长草木，有许多磨刀石。

再向南380里，就是葛山的首端，山里面不长草木。澧水发源于这座山，向东流入余泽之中，水中有很多珠鳖鱼，它形状如肺但长有眼睛，长着六只脚，体内有珠子，这种鱼味道酸甜，吃了它的肉就不会感染瘟疫。

余峨山

【原文】

又南三百八十里，曰余峨之山，其上多梓楠，其下多荆芑。杂余之水出焉，东流注于黄水。有兽焉，其状如莬而鸟喙[1]，鸱目蛇尾[2]，见人则眠，名曰犰狳[3]，其鸣自訆，见则螽蝗为败[4]。

【注释】

①莬：通“兔”，兔子。

②鸱：鹞鹰。

③犰狳（qiú yú）：传说中的一种野兽。

④螽（zhōng）：螽斯，一种对农作物有害的昆虫。蝗：蝗虫。

【译文】

再往南380里有座山，名叫余峨山。山上生长着许多梓树和楠木，山下生长着许多荆棘和枸杞。杂余水发源于这座山，向东流入黄水之中。山里栖息着一种野兽，形状像兔子但长着鸟一样的嘴，有着鸱鹰一样的眼睛和蛇一样的尾巴，见到人就躺下装死，这种兽名叫犰狳，它的叫声像是在自呼其名，它在哪里出现，哪里就会遭遇蝗灾。

杜父山

【原文】

又南三百里，曰杜父之山，无草木，多水。

【译文】

再往南300里有座山，名叫杜父山，山里面不长草木，有很多泉水。

耿　山

【原文】

又南三百里，曰耿山，无草木，多水碧，多大蛇。有兽焉，其状如狐而鱼翼，其名曰朱獳，其鸣自訆，见则其国有恐。

【译文】

再向南300里有座山，名叫耿山，山里面不长草木，有许多水晶，还有很多大蛇。山里栖息着一种野兽，它的形状与狐狸相似但长着鱼一样的鳍，这种兽名叫朱獳，它的叫声像是在呼喊自己的名字。它在哪个国家出现，哪个国家就会有令人恐慌的事情发生。

卢其山

【原文】

又南三百里，曰卢其之山，无草木，多沙石。沙水出焉，南流注于涔水，其中多鵹鹕[①]，其状如鸳鸯而人足，其鸣自訆，见则其国多土功[②]。

【注释】

①鵹鹕（lí hú）：鸟名，即鹈鹕。

②土功：指治水、筑城、建造宫殿等工程。

【译文】

再往南300里有座山，名叫卢其山，山里面不长草木，有很多沙子和石

头。沙水发源于这座山，向南流入涔水中，水中有很多鴛鹕，这种鸟形状与鸳鸯相似但长着人一样的脚，它的叫声像是在自呼其名。这种鸟在哪个国家出现，哪个国家就会大兴土木。

姑射山

【原文】

又南三百八十里，曰姑射之山，无草木，多水。

【译文】

再向南380里有座山，名叫姑射山，山上光秃秃的，草木不生，但有很多泉水。

北姑射山

【原文】

又南水行三百里，流沙百里，曰北姑射之山，无草木，多石。

【译文】

再往南走300里水路，越过一百里的流沙，就到了北姑射山，山里面不长草木，但石头很多。

南姑射山

【原文】

又南三百里，曰南姑射之山，无草木，多水。

【译文】

再往南300里有座山，名叫南姑射山。山里面不长草木，有很多泉水。

碧　山

【原文】

又南三百里，曰碧山，无草木，多大蛇，多碧、水玉。

【译文】

再往南300里有座山，名叫碧山，山里面不长草木，有很多大蛇，还有许多青绿色的玉石、水晶。

缑氏山

【原文】

又南五百里，曰缑氏之山，无草木，多金玉。原水出焉，东流注于沙泽。

【译文】

再往南500里有座山，名叫缑氏山，山上光秃秃的，草木不生，有很多金玉矿石。原水发源于这座山，向东流入沙泽之中。

姑逢山

【原文】

又南三百里，曰姑逢之山，无草木，多金玉。有兽焉，其状如狐而有翼，其音如鸿雁，其名曰獙獙[①]，见则天下大旱。

【注释】

①獙獙（bì）：传说中的一种野兽。

【译文】

再向南300里有座山，名叫姑逢山，山里面不长草木，有很多金玉矿石。山中栖息着一种野兽，它的形状像狐狸但生有翅膀，叫声似大雁的鸣叫声，这种野兽名叫獙獙，它在哪里出现，哪里就会发生大旱灾。

凫丽山

【原文】

又南五百里，曰凫丽之山，其上多金玉，其下多箴石。有兽焉，其状如狐而九尾、九首、虎爪，名曰蠪蛭，其音如婴儿，是食人。

【译文】

再往南500里有座山，名叫凫丽山，山上蕴藏着很多金玉矿石，山下有很多可用来制成针的石头。山里面栖息着一种野兽，体形与狐狸相似但生有九条尾巴，九个脑袋，长着老虎一样的爪子，这种兽名叫蠪蛭，它的叫声像是婴儿一样，是一种吃人的野兽。

䃌山

【原文】

又南五百里，曰䃌山，南临䃌水，东望湖泽。有兽焉，其状如马而羊目、四角、牛尾，其音如獆狗[①]，其名曰峳峳，见则其国多狡客。有鸟焉，其状如凫而鼠尾，善登木，其名曰絜钩[②]，见则其国多疫。

凡东次二经之首，自空桑之山至于䃌山，凡十七山，六千六百四十里。其神状皆兽身人面载觡[③]。其祠：毛用一鸡祈，婴用一璧瘗。

【注释】

①獆（háo）：指野兽吼叫。

②絜（jié）钩：传说中的一种鸟。

③载：同“戴”。觡（gé）：骨角，兽角。

【译文】

再往南500里有座山，名叫䃌山，山的南面临近䃌水，向东可看到湖泽。山里面栖息着一种野兽，形状与马相似但长着羊一样的眼睛，有四只角，还有一条牛一样的尾巴，发出的声音像狗的吼叫声一样，这种兽名叫峳峳，它出现在哪个国家，哪个国家就会出现很多奸猾的人。山里栖息着一种鸟，形状与野鸭相似但长着老鼠一样的尾巴，擅长在树上攀爬，它的名字叫絜钩。它出现在哪个国家，哪个国家就会出现很多瘟疫。

总计东次二经中的山，自首座山空桑山起到䃌山止，总共有17座山，绵延6640里。这些山的山神都长着野兽的身子和人的面孔，头上长有骨角。祭祀山神的仪式是：用一只鸡作为祭祀用的有毛动物进行祈祷，用一块玉璧作为系在山神颈部的饰物，祭祀完毕后将其埋到地下。

尸胡山

【原文】

又东次三经之首，曰尸胡之山，北望㲋山[①]，其上多金玉，其下多棘[②]。有兽焉，其状如麋而鱼目，名曰妴胡[③]，其鸣自訆。

【注释】

①㲋（xiáng）山：山名。

②棘：即酸枣树。

③妴（yuàn）胡：即白唇鹿。

【译文】

东次三经中的第一座山，名叫尸胡山。向北可以望见殍山，山上有很多金玉矿石，山下生长着很多酸枣树。山里栖息着一种野兽，形状与麋鹿相似但长着鱼一样的眼睛，这种野兽名叫妴胡，它发出的叫声像是在呼喊自己的名字。

岐　山

【原文】

又南水行八百里，曰岐山，其木多桃李，其兽多虎。

【译文】

再往南行八百里水路有座山，名叫岐山，山里的树木多为桃树和李树，山里的野兽多为老虎。

诸钩山

【原文】

又南水行五百里，曰诸钩之山，无草木，多沙石。是山也，广圆百里，多寐鱼[①]。

【注释】

①寐鱼：鱼名，形状与鲤鱼相似。

【译文】

再往南行500里水路有座山，名叫诸钩山，山里面不长草木，有很多沙子和石头。这座山方圆百里之广，山里有很多寐鱼。

中父山

【原文】

又南水行七百里，曰中父之山。无草木，多沙。

【译文】

再向南走700里水路有座山，叫中父山，山里面不长草木，有很多沙子。

胡射山

【原文】

又东水行千里，曰胡射之山，无草木，多沙石。

【译文】

再往东走一千里水路有座山，名叫胡射山，这座山很荒凉，不长草木，有很多沙子和石头。

孟子山

【原文】

又南水行七百里，曰孟子之山，其木多梓桐，多桃李，其草多菌蒲[1]，其兽多麋鹿。是山也，广圆百里。其上有水出焉，名曰碧阳，其中多鳣鲔[2]。

【注释】

①菌：真菌，一种寄生植物。蒲：即香蒲。

②鳣（zhān）：鲟鳇鱼的古称。鲔（wěi）：即白鲟。

【译文】

再往南走700里水路有座山，名叫孟子山，山里生长的树木多为梓树和桐树，还有很多桃树和李树，山上的草多为菌类和香蒲，野兽多是麋鹿。这座山方圆百里。有一条河发源于这座山的山顶，名叫碧阳，水中有很多鲟鳇鱼和白鲟。

【相关链接】

白　鲟

白鲟，又称作中华匙吻鲟，是一种古老的鲟鱼类，生活于我国长江流域中上游，有“水中大熊猫”之称，是国家一级保护动物。

白鲟在我国古代被称为鲔，古书上有“鲔口在颔下，长鼻软骨者也”的记载，将白鲟的生态特征作了精练的概括。白鲟为半溯河洄游性鱼类。栖息于长江干流的中下层，偶亦进入沿江大型湖泊中，大的个体多栖息于干流的深

水河槽，善于游泳，常游弋于长江各江段广阔的水层中；幼鱼则常到支流、港道、甚至长江口的半咸水区觅食。

白鲟是长江中仅次于中华鲟的大型古老鱼类，由于生态环境恶化，其数量在逐年减少，个体也变得越来越小，如今白鲟濒危状况已不亚于大熊猫，若不采取有效措施加以保护，在不久的将来就可能永远消失。

跂踵山

【原文】

又南水行五百里，曰流沙，行五百里，有山焉，曰跂踵之山，广圆二百里，无草木，有大蛇，其上多玉。有水焉，广圆四十里皆涌，其名曰深泽，其中多蠵龟①。有鱼焉，其状如鲤而六足鸟尾，名曰鮯鮯之鱼②，其名自訆。

【注释】

①蠵（xī）龟：赤海龟，一种体型较大的龟。

②鮯鮯（gé）之鱼：努拾鱼，传说中的一种鱼。

【译文】

再往南走500里水路，有一片流沙，再走五百里路，就到了一座山，名叫跂踵山。这座山方圆200里，山上不长草木，山里有大蛇，山上蕴藏着很多玉石。山里有一片水泽，方圆四十里都是从地下喷涌而出的水，这个水泽名叫深泽，水里有很多蠵龟。水中还有一种鱼，它的形状与鲤鱼相似但长着六只脚和鸟一样的尾巴，这种鱼名叫鮯鮯鱼，它叫起来像是在呼喊自己的名字。

踇隅山

【原文】

又南水行九百里，曰踇隅之山，其上多草木，多金玉，多赭。有兽焉，其状如牛而马尾，名曰精精，其鸣自訆。

【译文】

再往南走九百里水路有座山，名叫踇隅山。山上生长着很多草木，蕴藏有很多金玉矿石，还有许多红土。山里面栖息着一种野兽，它的形状像牛却长着马一样的尾巴，这种野兽名叫精精，它发出的叫声像是在呼喊自己的名字。

无皋山

【原文】

又南水行五百里，流沙三百里，至于无皋之山，南望幼海，东望搏木[①]，无草木，多风。是山也，广圆百里。

凡东次三经之首，自尸胡之山至于无皋之山，凡九山，六千九百里。其神状皆人身而羊角。其祠：用一牡羊，米用黍。是神也，见则风雨水为败。

【注释】

①搏木：即扶桑。

【译文】

再向南行500里水路，经过三百里流沙，就到了无皋山。向南可以望见幼海，向东可以看到扶桑，山里面不长草木，经常刮风。这座山方圆达百里之广。

总计东次三经的山系，自首座山尸胡山起到无皋山止，共有九座山，绵延6900里。这些山的山神形貌都是人身，头上长着羊角。祭祀山神的礼仪是：在带毛的牲畜中选一只公羊作祭品，用黄米做祀神的米。这些山神代表凶兆，只要他们一出现，就会发生大风、暴雨、洪涝等灾害。

北号山

【原文】

又东次四经之首，曰北号之山，临于北海。有木焉，其状如杨，赤华，其实如枣而无核，其味酸甘，食之不疟。食水出焉，而东北流注于海。有兽焉，其状如狼，赤首鼠目，其音如豚，名曰猲狚[①]，是食人。有鸟焉，其状如鸡而白首，鼠足而虎爪，其名曰鬿雀[2]，亦食人。

【注释】

①猲狙（xiē jū）：传说中的一种野兽。

②鬿（qí）雀：传说中的一种鸟。

【译文】

东次四经中的第一座山，名叫北号山，山的北面临近北海。山里面生长着一种树木，形状像杨树，开着红色花，它的果实与枣相似但里面没有核，它的味道是酸甜的，吃了这种果子就不会患疟疾。食水发源于这座山，向东北流入大海。山里栖息着一种野兽，它的形状与狼相似，长着红色的脑袋和老鼠一样的眼睛，发出的声音与猪相似，这种兽名叫猲狙，是一种吃人的野兽。山里还有一种鸟，它形状像鸡但长着白色的脑袋，还有老鼠一样的脚和老虎一样的爪子，这种鸟名叫鬿雀，也是能吃人的。

旄　山

【原文】

又南三百里，曰旄山，无草木。苍体之水出焉，而西流注于展水，其中多鱃鱼，其状如鲤而大首，食者不疣。

【译文】

再往南300里有座山，名叫旄山，山上寸草不生。苍体水发源于这座山，向西流入展水中，水里面有很多鱃鱼，这种鱼形状与鲤鱼相似但头很大，吃了它的肉就可以不长赘疣。

东始山

【原文】

又南三百二十里，曰东始之山，上多苍玉。有木焉，其状如杨而赤理，其汁如血，不实，其名曰芑[1]，可以服马[2]。泚水出焉，而东北流注于海，其中多美贝，多茈鱼，其状如鲋，一首而十身，其臭如麋芜[3]，食之不糟[4]。

【注释】

①芑（qǐ）：植物名，指枸杞。

②服马：使马驯服的意思。

③臭（xiù）：气味。麋芜：蘼芜。

④糟（pì）：同“屁”，即放屁。

【译文】

再往南三百二十里有座山，名叫东始山，山上有很多灰白色的玉。山上生长着一种树，形状与杨树相似但长着红色的纹理，这种树的汁液像血一样，它不结果实，它的名字叫芑，可以用它的汁液来使马驯服。泚水发源于这座山，向东北流入大海之中，水里有很多美丽的贝类生物，还有很多茈鱼，这种鱼形状像鲫鱼，有一个脑袋和十个身子，它发出的气味像蘼芜一样，吃了它的肉就不放屁了。

女烝山

【原文】

又东南三百里，曰女烝之山，其上无草木。石膏水出焉，而西注于鬲水，其中多薄鱼，其状如鳣鱼而一目①，其音如欧②，见则天下大旱。

【注释】

①鳣：通“鳝”，即鳝鱼。

②欧：通“呕”，即呕吐。

【译文】

再往东南300里有座山，名叫女烝山，山上不长草木。石膏水发源于这座山，向西流入鬲水之中，水中有许多薄鱼，这种鱼形状与鳝鱼相似但只有一只眼睛，发出的声音像人在呕吐一样。它在哪里出现，哪里就会发生大旱灾。

钦　山

【原文】

又东南二百里，曰钦山，多金玉而无石。师水出焉，而北流注于皋泽，其中多鱃鱼，多文贝。有兽焉，其状如豚而有牙，其名曰当康，其鸣自訆，见则天下大穰①。

【注释】

①穰（ráng）：丰收的意思。

【译文】

再往东南200里有座山，名叫钦山，山里蕴藏着许多金玉矿石，没有石头。师水发源于这座山，向北流入皋泽中，水中游荡着许多鱃鱼，还有许多带花纹的贝壳。山中栖息着一种野兽，形状与猪相似但长着獠牙，这种兽名

叫当康，它发出的叫声像是在呼喊自己的名字，它在哪里出现，哪里就会获得大丰收。

子桐山

【原文】

又东南二百里，曰子桐之山。子桐之水出焉，而西流注于余如之泽。其中多鲋鱼，其状如鱼而鸟翼，出入有光，其音如鸳鸯，见则天下大旱。

【译文】

再往东南走200里有座山，名叫子桐山。子桐水发源于这座山，向西注入余如泽中。水中有很多鲋鱼，它的形状像鱼但长着鸟一样的翅膀，在水中出入时闪闪发光，发出的叫声与鸳鸯相似。它在哪里出现，哪里就会有大旱灾发生。

剡　山

【原文】

又东北200里，曰剡山，多金玉。有兽焉，其状如彘而人面，黄身而赤尾，其名曰合窳[1]，其音如婴儿，是兽也，食人，亦食虫蛇，见则天下大水。

【注释】

①合窳（yǔ）：传说中的一种野兽。

【译文】

再往东北二百里有座山，名叫剡山，山里面蕴藏着很多金玉矿石。山中栖息着一种野兽，它的形状像猪但长着人一样的面孔，有着黄色的身子和红色的尾巴，这种兽名叫合窳，它发出的声音如同婴儿的啼哭声。这是一种能吃人的野兽，也能吃昆虫和蛇。它在哪里出现，哪里就会发生大水灾。

太　山

【原文】

又东二百里，曰太山，上多金玉、桢木。有兽焉，其状如牛而白首，一目而蛇尾，其名曰蜚，行水则竭，行草则死，见则天下大疫。钩水出焉，而北流注于涝水，其中多鱃鱼。

凡东次四经之首，自北号之山至于太山，凡八山，一千七百二十里。

右东经之山志，凡四十六山，万八千八百六十里。

【译文】

再往东200里有座山，名叫太山，山上有丰富的金玉矿石，还长有许多桢树。山里栖息着一种野兽，形状像牛但脑袋是白色的，长着一只眼睛和蛇一样的尾巴，它的名字叫做蜚，它在水中行走，河水就会干涸，它在草丛中行走，草就会枯死，它出现在哪里，哪里就会有大的瘟疫发生。钩水发源于这座山，向北流入涝水中，水中长着很多鳝鱼。

总计东次四经中的山，自首座山北号山起到太山止，共有八座山，绵延1720里。

以上是东山经中记载的山，总共有46座山，绵延18860里。

第五卷：中山经

《中山经》是整个《山海经》中篇幅最长的一经，就全书篇幅而言，占据三分之一，范围包括中原豫州和西南巴蜀一带。其中详细介绍了位于我国中部地区的十二大山系，记录了发源于这些山的河流，描写了生长在这些山上动植物的形状、特点，以及山里蕴藏的矿物质等。

甘枣山

【原文】

中山经薄山之首，曰甘枣之山。共水出焉，而西流注于河。其上多杻木。其下有草焉，葵本而杏叶[①]，黄华而荚实[②]，名曰箨，可以已瞢。有兽焉，其状如鼣鼠而文题[③]，其名曰𪊨[④]，食之已瘿。

【注释】

①本：指草木的根干。

②荚：豆科植物的长形果实。

③鼣（huī）鼠：一种大型的灰色老鼠。题：额头。

④𪊨（nài）：兽名，狗熊的一种。

【译文】

中山经薄山山系的第一座山，名叫甘枣山。共水发源于这座山，向西流入黄河之中。山上生长着很多杻树，山下生长着一种草，这种草的茎干与葵很像但叶子像杏叶一样，开的花是黄色的而结荚果，这种草名叫箨，它能治疗眼睛昏花的病。山中栖息着一种野兽，形状与猷鼠相似但额头上有花纹，这种兽名叫䨼，吃了它的肉能治疗颈部长大瘤子的病症。

历儿山

【原文】

又东二十里，曰历儿之山，其上多橿，多杤木，是木也，方茎而员叶，黄华而毛，其实如楝，服之不忘。

【译文】

再往东20里有座山，名叫历儿山，山上长着很多橿树，还有很多杤木，这种树的茎干是方形而叶子是圆形的，开黄色花并且花瓣上有绒毛，结出的果实与楝树结的果实相似，吃了这种果子可以治疗健忘症。

渠猪山

【原文】

又东十五里，曰渠猪之山，其上多竹。渠猪之水出焉，而南流注于河。其中是多豪鱼，状如鲔，赤喙尾赤羽，可以已白癣[①]。

【注释】

①白癣：由皮肤感染真菌引起的一种疾病。

【译文】

再往东15里有座山，名叫渠猪山。山上生长着许多竹子。渠猪水发源于这座山，向南流入黄河之中。水中有很多豪鱼，这种鱼形状像白鲟，长着红色的嘴，尾巴上长着红色的羽毛，吃了这种鱼可以治疗白癣。

葱聋山

【原文】

又东三十五里，曰葱聋之山，其中多大谷，是多白垩，黑、青、黄垩。

【译文】

再向东35里有座山，名叫葱聋山。山里面沟谷纵深，还有很多可做涂料的白垩、黑垩、青垩、黄垩。

浽山

【原文】

又东十五里，曰浽山，其上多赤铜，其阴多铁。

【译文】

再往东15里有座山，名叫浽山。山里蕴藏着丰富的赤铜矿石，山的北面蕴藏有丰富的铁矿石。

脱扈山

【原文】

又东七十里，曰脱扈之山。有草焉，其状如葵叶而赤华，荚实，实如棕荚，名曰植楮，可以已癙[①]，食之不眯[②]。

【注释】

①癙（shǔ）：指忧郁症。

②眯（mì）：梦魇的意思。

【译文】

再往东70里有座山，名叫脱扈山。山里生长着一种草，它的形状像葵叶一样但开红色的花，结荚果，果实和棕树的荚很像，这种草名叫植楮，可以用来治疗抑郁症，吃了这种果实就不会梦魇。

金星山

【原文】

又东二十里，曰金星之山，多天婴[①]，其状如龙骨[②]，可以已痤[③]。

【注释】

①天婴：植物名。

②龙骨：一说指植物；一说指某些哺乳动物的化石。

③痤：即痤疮，俗称粉刺。

【译文】

再往东20里有座山，名叫金星山。山里生长着很多天婴，它的形状与龙骨相似，可以用来治疗痤疮。

【相关链接】

龙骨

龙骨是指古代哺乳动物如象类、犀类、牛类、三趾马等的骨骼化石，或象类门齿的化石。前一种习称“龙骨”，后一种习称“五花龙骨”。龙骨的主要产地在山西、内蒙古、陕西、甘肃、河北等省区。

龙骨有生用、煅用的区别。生龙骨有平肝潜阳、镇静安神的作用；煅龙骨有固涩收敛的作用。由于阴虚阳亢所致的烦躁、失眠、头目眩晕等症可用生龙骨平肝潜阳。由于受惊而心神不宁，或心虚而易惊、心悸，失眠、睡时易惊醒等症，也可用生龙骨镇静安神。而煅龙骨固涩收敛的效果大于生龙骨，常用于治疗多汗、遗精、崩漏、白带过多、遗尿、久痢等症。

龙齿为上述动物的牙齿化石，采挖龙骨时即可采集。龙齿质地坚硬，断面粗糙不平，无臭无味，青灰色者称“青龙齿”，黄白色者称“白龙齿”，其中“青龙齿”品质较佳。龙齿和龙骨的作用大致相同，但龙齿在安神镇静方面的作用大于龙骨，而龙骨在固涩下焦精气方面的作用大于龙齿。

泰威山

【原文】

又东七十里，曰泰威之山。其中有谷，曰枭谷，其中多铁。

【译文】

再往东70里有座山，名叫泰威山。山里面有一条深谷，名叫枭谷，谷中蕴藏着很多铁矿石。

橿谷山

【原文】

又东十五里，曰橿谷之山，其中多赤铜。

【译文】

再往东15里有座山，名叫橿谷山，山里蕴藏着很多赤铜矿石。

吴林山

【原文】

又东百二十里，曰吴林之山，其中多葌草①。

【注释】

①菅（jiān）草：即兰草。

【译文】

再向东 120 里有座山，名叫吴林山。山里生长着许多兰草。

牛首山

【原文】

又北三十里，曰牛首之山。有草焉，名曰鬼草，其叶如葵而赤茎，其秀如禾[①]，服之不忧。劳水出焉，而西流注于潏水。是多飞鱼，其状如鲋鱼，食之已痔衕[②]。

【注释】

①秀：指植物吐穗开花。禾：古代指粟。

②痔：即痔疮。衕（tòng）：指腹泻。

【译文】

再往北 30 里有座山，名叫牛首山。山中生长着一种草，名叫鬼草，这种草的叶子与葵叶相似但茎是红色的，像粟一样抽穗开花，吃了它能消除忧郁症。劳水发源于这座山，向西流入潏水中。水里有许多飞鱼，鱼的形状与鲫鱼相似，吃了这种鱼可以治疗痔疮和腹泻。

霍　山

【原文】

又北四十里，曰霍山，其木多榖。有兽焉，其状如貍而白尾有鬣[①]，名曰朏朏，养之可以已忧。

【注释】

①貍：即山猫，野猫，形状似狐狸但稍小。

【译文】

再往北 40 里有座山，名叫霍山。山中

的树木大多是构树。山里栖息着一种野兽，它的形状似山猫但长着白色的尾巴，颈部有长毛，这种兽名叫朏朏。人们饲养它可以消除忧愁。

合谷山

【原文】

又北五十二里，曰合谷之山，是多薝棘[①]。

【注释】

①薝棘：即天棘草，也叫天门冬。

【译文】

再向北 52 里有座山，名叫合谷山，山中长着很多天棘草。

阴　山

【原文】

又北三十五里，曰阴山，多砺石[①]、文石。少水出焉，其中多雕棠[②]，其叶如榆叶而方，其实如赤菽[③]，食之已聋。

【注释】

①砺：质地粗糙的磨刀石。

②雕棠：植物名。

③菽（shū）：豆类的总称。

【译文】

再往北 35 里有座山，名叫阴山，山里面有很多磨刀石和带花纹的石头。少水发源于这座山，山里生长着许多雕棠，它的叶子很像榆树但叶子呈四方形，所结的果实像红豆一般，吃了它可以治疗耳聋。

鼓镫山

【原文】

又东北四百里，曰鼓镫之山，多赤铜。有草焉，名曰荣草，其叶如柳，其本如鸡卵，食之已风。

凡薄山之首，自甘枣之山至于鼓镫之山，凡十五山，六千六百七十里。历儿[①]，冢也[②]，其祠礼：毛，太牢之具，县以吉玉[③]。其余十三山者，毛用一羊，县婴用桑封，瘗而不糈。桑封者，桑主也，方其下而锐其上，而中穿之加金。

【注释】

①历儿：指历儿山。

②冢：大，这里指大的山神。

③县：同“悬”，悬挂的意思。

【译文】

再往东北四百里有座山，名叫鼓镫山，山里蕴藏着很多铜。山中生长着一种草，名叫荣草，这种草的叶子似柳叶，茎干像鸡蛋一样，用这种草入药能治疗中风病。

总计薄山山系中的山，自第一座甘枣山起到鼓镫山止，共计15座山，绵延6670里。历儿山，大的山神居住地，祭祀这座山山神的仪式是：毛物猪、牛、羊三牲作祭品，上面悬挂吉玉献祭。祭祀余下的13位山神的仪式是：用一只羊作为祭祀用的毛物，用带有彩色花纹的圭作为悬挂在山神颈上的饰品，祭礼完毕后，把它们一起埋入地下，祭祀时不用精米。所谓藻硅，就是指藻玉，它下端呈方形而上端呈尖状，中间穿孔后再用金加以装饰。

辉诸山

【原文】

中次二经济山之首，曰辉诸之山，其上多桑，其兽多闾麋[①]，其鸟多鹖[②]。

【注释】

①闾：即山驴。

②鹖（hé）：鸟名，雉类。

【译文】

中次二经中济山山系的第一座山，名叫辉诸山，山上生长着许多桑树，山中的野兽多为山驴和麋鹿，鸟类大多是鹖。

发视山

【原文】

又西南二百里，曰发视之山，其上多金玉，其下多砥砺。即鱼之水出焉，而西流注于伊水。

【译文】

再往西南200里有座山，名叫发视山。山上蕴藏着很多金玉矿石，山下

有很多磨刀石。即鱼水发源于这座山，向西流入伊河之中。

豪山

【原文】

又西三百里，曰豪山，其上多金玉而无草木。

【译文】

再往西300里有座山，名叫豪山，山上蕴藏着很多金玉矿石但不长草和树。

鲜山

【原文】

又西三百里，曰鲜山，多金玉，无草木。鲜水出焉，而北流注于伊水。其中多鸣蛇，其状如蛇而四翼，其音如磬，见则其邑大旱。

【译文】

再往西300里有座山，名叫鲜山。山上蕴藏着很多金玉矿石，不长草也不长树木。鲜水发源于这座山，向北流入伊河之中。水中有许多鸣蛇，它的形状似蛇但长着四只翅膀，发出的声音像是敲磬一样。它出现在哪个地方，哪个地方就会发生大旱灾。

阳山

【原文】

又西三百里，曰阳山，多石，无草木。阳水出焉，而北流注于伊水。其中多化蛇，其状如人面而豺身，鸟翼而蛇行[①]，其音如叱呼[②]，见则其邑大水。

【注释】

①蛇行：像蛇一样蜿蜒前行。

②叱：大声呵斥的意思。

【译文】

再往西300里有座山，名叫阳山，山里面有很多石头，不长草木。阳水发源于这座山，向北流入伊河中。水中有许多化蛇，它的形状是长着人一样的脸和豺一样的身子，有鸟一样的翅膀却像蛇一般爬行，发出的声音像是人在大声呵斥，它出现在哪个城邑，哪个城邑就会发生洪涝灾害。

昆吾山

【原文】

又西二百里，曰昆吾之山，其上多赤铜。有兽焉，其状如彘而有角，其音如号，名曰蠪蚳[①]，食之不眯。

【注释】

①蠪（lóng）蚳：传说中的一种野兽。

【译文】

再往西200里有座山，名叫昆吾山，山上蕴藏很多赤铜矿石。山里栖息着一种野兽，它的形状与猪相似但头上长着角，发出的声音像是人的号哭声，这种兽名叫蠪蚳，吃了它的肉就不会梦魇。

葌 山

【原文】

又西百二十里，曰葌山。葌水出焉，而北流注于伊水。其上多金玉，其下多青、雄黄。有木焉，其状如棠而赤叶，名曰芒草，可以毒鱼。

【译文】

再向西120里有座山，名叫葌山。葌水发源于这座山，向北流入伊河之中，山上蕴藏着许多金玉矿石，山下有许多石青和雄黄。山中生长着一种树，它的形状似棠树，长着红色的叶子，这种树名叫芒草，可以用来毒杀鱼。

独苏山

【原文】

又西一百五十里，曰独苏之山，无草木而多水。

【译文】

再往西150里有座山，名叫独苏山。山里面不长草木但有很多泉水。

蔓渠山

【原文】

又西二百里，曰蔓渠之山，其上多金玉，其下多竹箭。伊水出焉，而东流注于洛。有兽焉，其名曰马腹，其状如人面虎身，其音如婴儿，是食人。

凡济山经之首，自辉诸之山至于蔓渠之山，凡九山，一千六百七十里。其神皆人面而鸟身。祠用毛，用一吉玉，投而不糈。

【译文】

再往西200里有座山，名叫蔓渠山，山上蕴藏着很多金玉矿石，山下生长着许多小竹子。伊河发源于这座山，向东流入洛水之中。山里栖息着一种兽，名叫马腹，这种兽长着人面虎身，发出的声音与婴儿啼哭声相似，是一种能吃人的动物。

总计济山山系中的山，自首座山辉诸山起到蔓渠山止，共有九座山，绵延一千六百七十里。每座山的山神的形状都是人面鸟身。祭祀这些山神时都要用带毛的动物，并且用一块彩色的玉，把它投入山中，不用精米。

敖岸山

【原文】

中次三经萯山之首，曰敖岸之山，其阳多㻬琈之玉，其阴多赭、黄金。神熏池居之[①]。是常出美玉。北望河林，其状如茜如举[②]。有兽焉，其状如白鹿而四角，名曰夫诸，见则其邑大水。

【注释】

①熏池：传说中的神名。

②茜：茜草，可做染料，也可入药。举：榉树，木质坚实，可作为建筑材料。

【译文】

中次三经中萯山山系的第一座山，名叫敖岸山，山的南面有很多㻬琈玉，山的北面有许多红土、黄金。有一位名叫熏池的神居住在这座山里。山中常常出产美玉。向北可以望见黄河岸边的树林，看

上去就像是茜草或榉树。山里面栖息着一种野兽，它的形状像白鹿但头上有四只角，名叫夫诸。它在哪个城邑出现，哪个城邑就会发生洪涝灾害。

【相关链接】

茜　草

茜草，又名染绯草、血见愁，是一种多年生攀缘草本植物，分布于中国、印度、朝鲜、日本、俄罗斯、澳大利亚等国家和地区。

茜草是一种历史悠久的植物染料，古时称茹蘆、地血，早在商周的时候就已经是主要的红色染料。在已经出土的大量的丝织品文物中，茜草染色占了相当大的比重。《史记》载“千亩卮茜，其人与千户侯”，说明茜草在当时已有很高的经济价值。

茜草还是一种中药材，可以用来凉血活血，祛瘀，通经，用于吐血、崩漏下血、外伤出血、经闭淤阻、关节痹痛等症，有着止血而不留瘀的神奇功效。

茜草耐寒，但怕积水，适宜在凉爽而湿润的环境中生长，地势高燥、土壤贫瘠以及低洼易积水之地都不宜种植茜草。

青要山

【原文】

又东十里，曰青要之山，实惟帝之密都。北望河曲，是多驾鸟。南望墠渚，禹父之所化[①]，是多仆累、蒲卢[②]。魋武罗司之[③]，其状人面而豹文，小要而白齿[④]，而穿耳以鐻[⑤]，其鸣如鸣玉。是山也，宜女子。畛水出焉，而北流注于河。其中有鸟焉，名曰䲹，其状如凫，青身而朱目赤尾，食之宜子。有草焉，其状如葌而方茎、黄华、赤实，其本如藁本，名曰荀草，服之美人色[⑥]。

【注释】

①禹父：大禹的父亲，即鲧。

②仆累：即蜗牛。蒲卢：即田螺。

③魋（shén）：即山神。

④要：即“腰”。

⑤鐻（jù）：金属制的耳饰。

⑥美人色：使人的肤色变美。

【译文】

再往东十里有座山，名叫青要山，这里其实是黄帝的秘密行宫。向北可以望见河流的弯曲处，那里有许多驾鸟。向南可以看到墠渚，那里是大禹之父鲧死后所化之处，那里有很多蜗牛和田螺。山神武罗掌管着这座山，武罗长着人一样的脸却有着豹子一样的斑纹，有着纤细的腰肢和洁白的牙齿，耳朵上戴着金属耳饰，发出的声音像玉石碰撞一样。青要山非常适合女子居住。畛水发源于这座山，向北流入黄河之中。山里面栖息着一种鸟，名字叫鴢，它的形状与野鸭相似，身子是青色的，眼睛是红色的，尾巴也是红色的，吃了它的肉有利于生育。山中有一种草，形状与兰草相似但茎干呈方形，开黄色的花，结红色的果实，这种草茎干像藁本，名叫荀草，吃了它可以使肤色变得美丽。

騩　山

【原文】

又东十里，曰騩山，其上有美枣，其阴有㻬琈之玉。正回之水出焉，而北流注于河。其中多飞鱼，其状如豚而赤文，服之不畏雷，可以御兵。

【译文】

再往东 10 里有座山，名叫騩山，山上有很多味道鲜美的野枣，山的北面有很多㻬琈玉。正回水发源于这座山，向北流入黄河之中。水中有许多飞鱼，它们的形状与猪相似但身上长着红色的斑纹，食用它的肉就不怕遭雷击了，还能防止兵器的伤害。

宣苏山

【原文】

又东四十里，曰宣苏之山，其上多金玉，其下多蔓居之木。滽滽之水出焉，而北流注于河，是多黄贝[①]。

【注释】

①黄贝：水虫名，或指黄色的贝类。

【译文】

再往东四十里有座山，名叫宣苏山，山上蕴藏着很多金玉矿石，山下生长着许多蔓居木。滽滽水发源于这座山，向北流入黄河之中，水底有很多黄色的贝壳。

和 山

【原文】

又东二十里，曰和山，其上无草木而多瑶碧，实惟河之九都。是山也，五曲，九水出焉，合而北流注于河，其中多苍玉。吉神泰逢司之，其状如人而虎尾，是好居于萯山之阳，出入有光。泰逢神动天地气也[①]。

凡萯山之首，自敖岸之山至于和山，凡五山，四百四十里。其祠：泰逢、熏池、武罗皆一牡羊副，婴用吉玉。其二神用一雄鸡瘗之，糈用稌。

【注释】

①动天地气：指改变天气。

【译文】

再往东二十里有座山，名叫和山，光秃秃的，寸草不生，但有许多美玉和青绿色的玉石，这里其实是黄河九条支流的发源地。这座山有五个大的弯曲处，九条水流发源于此，汇聚一起后向北流入黄河之中，水底有许多灰白色的玉。吉神泰逢掌管着这座山，他形状似人但长着老虎一样的尾巴，喜欢住在萯山的南面，出入时身上闪闪发光。泰逢神能兴云布雨变换天地之气。

总计萯山山系中的山，自首座山敖岸山起到和山止，共有五座山，绵延四百四十里。祭祀这些山的山神的仪式是：祭祀泰逢、熏池、武罗三位山神都是用一只剖开的公羊，用彩色的玉作为挂在山神颈部的饰物。祭祀其余两位山神的仪式是用一只雄鸡，祭祀时将雄鸡埋入地下，用糯米作祭祀用的精米。

鹿蹄山

【原文】

中次四经厘山之首，曰鹿蹄之山，其上多玉，其下多金。甘水出焉，而北流注于洛，其中多泠石[①]。

【注释】

①泠（líng）石：一种质地柔软如泥的石头。

【译文】

中次四经中的厘山山系的第一座山，名叫鹿蹄山，山上蕴藏着许多玉石，山下蕴藏着许多金矿石。甘水发源于这座山，向北流入洛水之中，水底有许多泠石。

扶猪山

【原文】

西五十里，曰扶猪之山，其上多礝石[①]。有兽焉，其状如貉而人目[②]，其名曰䴦。虢水出焉，而北流注于洛，其中多礝石。

【注释】

①礝（ruǎn）：一种似玉的石头。

②貉（hé）：兽名。形似狐狸。

【译文】

向西五十里有座山，名叫扶猪山，山上有很多像玉一样的美石。山里栖息着一种野兽，它的形状与貉相似但长着人一样的眼睛，这种兽名叫䴦。虢水发源于这座山，向北流入洛水中，水底有很多似玉一般的美石。

厘 山

【原文】

又西一百二十里，曰厘山，其阳多玉，其阴多蒐[①]。有兽焉，其状如牛，苍身，其音如婴儿，是食人，其名曰犀渠。滽滽之水出焉，而南流注于伊水。有兽焉，名曰獅[②]，其状如獳犬而有鳞[③]，其毛如彘鬣。

【注释】

①蒐（sōu）：即茜草。

②獅（xié）：兽名。一说即獭，分为水獭和旱獭。

③獳（nòu）犬：发怒的狗。

【译文】

再向西120里有座山，名叫厘山，山的南面有很多玉，北面有许多茜草。山里面栖息着一种野兽，它形状与牛相似，有着青灰色的身子，发出的叫声像婴儿的啼哭声，是一种会吃人的动物，这种兽名叫犀渠。滽滽水发源于这座山，向南流入伊河之中。水里有一种野兽，名叫獅，它的形状像发怒时的狗但身上长着鳞，身上的毛像猪颈部的长毛。

箕尾山

【原文】

又西二百里，曰箕尾之山，多穀，多涂石，其上多瑻琈之玉。

【译文】

再往西二百里有座山，名叫箕尾山，山上生长着许多构树，也有许多涂石，山上有许多瑻琈玉。

柄　山

【原文】

又西二百五十里，曰柄山，其上多玉，其下多铜。滔雕之水出焉，而北流注于洛。其中多羬羊。有木焉，其状如樗，其叶如桐而荚实，其名曰茇[①]，可以毒鱼。

【注释】

①茇（bá）：木名，一种落叶灌木，花蕾可入药，根茎有毒。

【译文】

再往西250里有座山，名叫柄山，山上有很多玉石，山下蕴藏着很多铜矿石。滔雕水发源于这座山，向北流入洛河之中。山里栖息着许多羬羊。山上还长着一种树，其形状像臭椿树，叶子像梧桐叶但结荚果，这种树名叫茇，可以用来毒杀鱼类。

白边山

【原文】

又西二百里，曰白边之山，其上多金玉，其下多青[①]、雄黄。

【注释】

①青：石青。

【译文】

再向西200里有座山，名叫白边山，山上蕴藏着许多金玉矿石，山下有许多石青和雄黄。

熊耳山

【原文】

又西二百里，曰熊耳之山，其上多漆，其下多棕。浮濠之水出焉，而西流注于洛，其中多水玉，多人鱼。有草焉，其状如苏而赤华[1]，名曰葶薴，可以毒鱼。

【注释】

①苏：紫苏，一年生草本植物。

【译文】

再往西200里有座山，名叫熊耳山，山上生长着许多漆树，山下生长着许多棕榈。浮濠水发源于这座山，向西流入洛水之中，水底有很多水晶，还有许多娃娃鱼。山中长着一种草，形状像紫苏但开红色的花，这种草名叫葶苧，可以毒死鱼。

牡　山

【原文】

又西三百里，曰牡山，其上多文石，其下多竹箭、竹䉋[1]。其兽多牸牛、羬羊，鸟多赤鷩[2]。

【注释】

① 竹䉋（mèi）：即䉋竹。

② 鷩（bì）：锦鸡。

【译文】

再向西300里有座山，名叫牡山，山上有许多带有花纹的石头，山下长着许多小竹、䉋竹。山中的野兽多为牸牛、羬羊，鸟类多为红色的锦鸡。

讙举山

【原文】

又西三百五十里，曰讙举之山。雒水出焉，而东北流注于玄扈之水。其中多马肠之物[1]。此二山者，洛间也。

凡厘山之首，自鹿蹄之山至于讙举之山，凡九山，千六百七十里。其神状皆人面兽身。其祠之：毛用一白鸡，祈而不糈，以采衣之[2]。

【注释】

①马肠之物：一说即“马腹”，传说中的野兽；一说指蛙类所产成堆的呈带状的卵。

②采：有彩色花纹的丝织物。

【译文】

再往西350里有座山，名叫讙举山。雒水发源于这座山，向东北流入玄扈水。山中有很多马腹之类的东西。雒水就夹在这两座山之间。

总计厘山山系的群山，自第一座鹿蹄山起到讙举山止，共有九座山，绵延1670里。每座山的山神的形貌皆是人面兽身。祭祀这些山神的礼仪为：用一只白鸡作为毛物，祭祀时不用精米，须把彩色丝织物裹在鸡的身上。

苟床山

【原文】

中次五经薄山之首，曰苟床之山，无草木，多怪石。

【译文】

中次五经中的薄山山系的第一座山，名叫苟床山，山里面不长草木，有许多奇形怪状的石头。

首　山

【原文】

东三百里，曰首山，其阴多穀、柞，其草多茉、芫[①]；其阳多㻬琈之玉，木多槐。其阴有谷，曰机谷，多䳜鸟，其状如枭而三目，有耳，其音如录[②]，食之已垫[③]。

【注释】

①茉（zhú）：白术、苍术等的泛称。芫（yuán）：即香菜。

②录：即鹿。

③垫：湿邪、湿病，一种因潮湿引起的疾病。

【译文】

向东三百里有座山，名叫首山。山的北面生长着许多构树和柞树，山上的草多为茉和香菜；山的南面有许多㻬琈玉，山上的树木多为槐树，山的北面有一条山谷，名叫机谷，谷中有许多䳜鸟，这种鸟形状与猫头鹰相似但长有三只眼睛，有耳朵，声音像是鹿的鸣叫之声，食用它的肉可以治疗湿病。

县𧰼（zhú）山

【原文】

又东三百里，曰县𧰼之山，无草木，多文石。

【译文】

再往东300里有座山，名叫县𧰼山，山上没有草木，有很多带有花纹的石头。

葱聋山

【原文】

又东三百里，曰葱聋之山，无草木，多䍙石[①]。

【注释】

①䍙（bàng）：即玤石，一种次于玉的美石。

【译文】

再往东300里有座山，名叫葱聋山，山上不长草木，有很多质地次于玉的美石。

条谷山

【原文】

东北五百里，曰条谷之山，其木多槐桐，其草多芍药、虋冬[①]。

【注释】

①虋（mén）冬：指门冬草。

【译文】

再向东北500里有座山，名叫条谷山，山上生长着槐树和桐树，山上的草大多是芍药和门冬草。

超　山

【原文】

又北十里，曰超山，其阴多苍玉，其阳有井，冬有水而夏竭。

【译文】

再往北10里有座山，名叫超山，山的北面有许多灰白色的玉，山的南面有水井，井里冬天有水而夏天干枯。

成侯山

【原文】

又东五百里，曰成侯之山，其上多櫄木[1]，其草多芃[2]。

【注释】

①櫄木：即椿树。

②芃（péng）：即秦芃（jiāo），一种多年生草本植物，其根可入药。

【译文】

再往东500里有座山，名叫成侯山，山上长着许多椿树，草类多是秦芃。

朝歌山

【原文】

又东五百里，曰朝歌之山，谷多美垩。

【译文】

再往东500里有座山，名叫朝歌山，山谷里有很多可做涂料的彩色土。

槐　山

【原文】

又东五百里，曰槐山，谷多金、锡。

【译文】

再往东五百里有座山，名叫槐山，山谷里蕴藏着很多金矿石和锡矿石。

历　山

【原文】

又东十里，曰历山，其木多槐，其阳多玉。

【译文】

再往东10里有座山，名叫历山，山中的树木多为槐树，山的南面有很多玉石。

尸　山

【原文】

又东十里，曰尸山，多苍玉，其兽多麖[1]。尸水出焉，南流注于洛水，

其中多美玉。

【注释】

①麖（jīng）：即马鹿，体形高大，栗棕色，耳大而直立，四脚细长，性机警，善奔跑。

【译文】

再往东10里有座山，名叫尸山，山上有许多灰白色的玉，山中的野兽多为马鹿。尸水发源于这座山，向南流入洛水之中，水中有许多美丽的玉石。

良余山

【原文】

又东十里，曰良余之山，其上多穀、柞，无石。余水出于其阴，而北流注于河；乳水出于其阳，而东南流注于洛。

【译文】

再往东10里有座山，名叫良余山。山上生长着很多构树和柞树，山上没有石头。余水发源于这座山的北面，向北流入黄河之中；乳水发源于这座山的南面，向东南流入洛水之中。

蛊尾山

【原文】

又东南十里，曰蛊尾之山，多砺石、赤铜。龙余之水出焉，而东南流注于洛。

【译文】

再向东南10里有座山，名叫蛊尾山，山上有很多磨刀石和赤铜矿石。龙余水发源于这座山，向东南流入洛水之中。

升　山

【原文】

又东北二十里，曰升山，其木多穀、柞、棘，其草多藷藇、蕙[①]，多寇脱[②]。黄酸之水出焉，而北流注于河，其中多璇玉[③]。

【注释】

①藷藇（zhū yù）：即“薯蓣”，山药。蕙：蕙兰。

②寇脱：即通草，通脱木的别名，中医可入药。

③璇玉：美玉。

【译文】

再往东北20里有座山，名叫升山，山上的树木多为构树、柞树和酸枣树，山上的草多是山药和蕙草，还长着许多通脱木。黄酸水发源于这座山，向北流入黄河之中，水底有许多璇玉。

阳虚山

【原文】

又东十二里，曰阳虚之山，多金，临于玄扈之水。

凡薄山之首，自苟林之山至于阳虚之山，凡十六山，二千九百八十二里。升山，冢也，其祠礼：太牢，婴用吉玉。首山，䰠也，其祠用稌、黑牺太牢之具、蘖酿[1]；干儛[2]，置鼓；婴用一璧。尸水，合天也，肥牲祠之；用一黑犬于上，用一雌鸡于下，刉一牝羊[3]，献血。婴用吉玉，采之，飨之。

【注释】

①蘖（niè）酿：即美酒。

②干儛：手持盾牌起舞。干，即盾牌。

③刉（jī）：割断的意思。

【译文】

再向东二十里有座山，名叫阳虚山，山上蕴藏着许多金矿石，此山临近玄扈水。

总计自薄山的首峰苟林山起止于阳虚山，共十六座大山，约2982里。升山，是诸山之宗，祭祀的礼法是：太牢，祈神的玉用一块吉玉。首山，是神灵显应的地方，这里的祭祀要用稻米，太牢所需的一应器具且三牲必须是纯黑的，另外还有美酒；要跳起盾舞并以鼓声应合；祀神的玉要用玉璧。尸水，是可以通达天上的，要用最肥美的牲畜来祭祀，用一只黑狗作为祭品供奉在上面，一只母鸡供在下面，杀一头羊，献上鲜血；祀神的玉要用吉玉，并用彩色的布帛包裹起来，请神灵来享用。

平逢山

【原文】

中次六经缟羝山之首，曰平逢之山，南望伊、洛，东望谷城之山，无草木，无水，多沙石。有神焉，其状如人而二首，名曰骄虫，是为螫虫[1]，实惟蜂蜜之庐[②]。其祠之，用一雄鸡，禳而勿杀[③]。

【注释】

①螫（shì）虫：尾部有毒针可刺人的虫。

②庐：房舍。这里指蜜蜂的巢穴。

③禳（ráng）：祈祷消除灾殃。

【译文】

中央第六列山系缟羝山山系的第一座山，名叫平逢山，向南可以看见伊河和洛水，向东可以望见谷城山，山中不长草木，没有泉水，有很多沙子和石头。山上住着一位神，他的形状与人相似但长着两个脑袋，名叫骄虫，属于螫虫一类，这里其实是各种蜂包括蜜蜂的巢穴所在。祭祀这位神的方法是：用一只雄鸡作为祭品，祈祷时不要把它杀死。

【相关链接】

蜜　蜂

蜜蜂的原产地是亚洲和欧洲，由英国人与西班牙人带到了美洲。全世界已知的蜜蜂约有 1.5 万种，中国约有 1000 种。蜜蜂是勤劳的象征，它们总是在不停地工作，白天采蜜，晚上酿蜜，同时替果树完成授粉任务，是农作物授粉的重要媒介。

蜜蜂一生要经过卵、幼虫、蛹和成虫四个虫态，它们过着群居生活，群体中有蜂王、工蜂和雄蜂三种类型，并且各自的分工十分明确。蜂王的任务就是产卵，它的寿命一般在 3 ～ 5 年，最长的可活八九年；雄蜂的职责是和蜂后繁殖后代，它们一生只有一次与蜂王的交配，交配结束后几分钟内死亡；工蜂的任务主要是采集食物、哺育幼虫、泌蜡造脾、泌浆清巢、建造蜂巢、保巢攻敌等工作。

蜂蜜是一种营养丰富的天然滋养食品。据分析，蜂蜜中含有与人体血清浓度相近的多种无机盐和维生素、铁、钙、铜、锰、钾、磷等多种有机酸和有益人体健康的微量元素，是人们常用的滋补品，素有“老年人的牛奶”的美誉。

缟羝山

【原文】

西十里，曰缟羝之山，无草木，多金玉。

【译文】

向西十里有座山，名叫缟羝山，山上面不长草木，蕴藏有很多金玉矿石。

廆 山

【原文】

又西十里，曰廆山，其阴多㻬琈之玉。其西有谷焉，名曰雚谷，其木多柳、楮，其中有鸟焉，状如山鸡而长尾，赤如丹火而青喙，名曰鸰鹦，其鸣自呼，服之不眯。交觞之水出于其阳，而南流注于洛；俞随之水出于其阴，而北流注于谷水。

【译文】

再向西10里有座山，名叫廆山，山的北面有很多㻬琈玉。山的西面有一条山谷，名叫雚谷，谷中的树木大多是柳树和构树。山里栖息着一种鸟，形状像山鸡但尾巴很长，身上火红火红的，嘴呈青色，这种鸟名叫鸰鹦，它的叫声像是在呼喊自己的名字，吃了它的肉就不会有梦魇了。交觞水发源于这座山的南面，向南流入洛水之中；俞随水发源于此山的北面，向北流入谷水中。

瞻诸山

【原文】

又西三十里，曰瞻诸之山，其阳多金，其阴多文石。谢水出焉[①]，而东南流注于洛；少水出其阴，而东流注于谷水。

【注释】

①谢（xié）水：水名，源出今河南新安县。

【译文】

再往西30里有座山，名叫瞻诸山，山的南面有很多金矿石，山的北面有许多带有花纹的石头。谢水发源于这座山，向东南流入洛水之中；少水发源于这座山的北面，向东流入谷水之中。

娄涿山

【原文】

又西三十里，曰娄涿之山，无草木，多金玉。瞻水出于其阳，而东流注于洛；陂水出于其阴，而北流注于谷水，其中多茈石、文石。

【译文】

再往西30里有座山，名叫娄涿山，山里面不长草木，有很多金玉矿石。瞻水发源于这座山的南面，向东流入洛水之中；陂水发源于这座山的北面，向北流入谷水之中，水底有许多紫色的石头和带花纹的石头。

白石山

【原文】

又西四十里，曰白石之山。惠水出于其阳，而南流注于洛，其中多水玉。涧水出于其阴，西北流注于谷水，其中多麋石[①]、栌丹[②]。

【注释】

①麋石：即画眉石。麋，通“眉”，眉毛的意思。

②栌（lú）丹：一种黑色丹石。

【译文】

再往西40里有座山，名叫白石山。惠水发源于这座山的南面，向南流入洛水之中，水底有许多水晶。涧水发源于这座山的北面，向西北流入谷水之中，水底有很多画眉石和栌丹。

榖　山

【原文】

又西五十里，曰榖山，其上多榖，其下多桑。爽水出焉，而西北流注于谷水，其中多碧绿[①]。

【注释】

①碧绿：即碧玉。

【译文】

再向西50里有座山，名叫榖山，山上生长着许多构树，山下生长着许多桑树。爽水发源于这座山，向西北流入谷水之中，水底有很多碧玉。

密　山

【原文】

又西七十二里，曰密山，其阳多玉，其阴多铁。豪水出焉，而南流注于洛，其中多旋龟，其状鸟首而鳖尾，其音如判木[①]，无草木。

【注释】

①判：分开，劈开的意思。

【译文】

再往西72里有座山，名叫密山，山的南面蕴藏着很多玉石，山的北面蕴藏着很多铁矿石。豪水发源于这座山，向南流入洛水之中，水中有很多旋龟，长着鸟一样的头和鳖尾一样的尾巴，它发出的叫声像劈木头的声音，山里不长草木。

长石山

【原文】

又西百里，曰长石之山，无草木，多金玉。其西有谷焉，名曰共谷，多竹。共水出焉，西南流注于洛，其中多鸣石[①]。

【注释】

①鸣石：指撞击后能传声很远的石头。

【译文】

再向西100里有座山，名叫长石山，山中不长草木，蕴藏有很多金玉矿石。山的西面有条山谷，名叫共谷，谷中生长着许多竹子。共水发源于这座山，向西南注入洛水之中，水底有许多鸣石。

傅　山

【原文】

又西一百四十里，曰傅山，无草木，多瑶、碧。厌染之水出于其阳，而南流注于洛，其中多人鱼。其西有林焉，名曰墦冢。谷水出焉，而东流注于洛，其中多珚玉。

【译文】

再往西140里有座山，名叫傅山，山里面不长草木，有许多美玉和青绿色的玉石。厌染水发源于这座山的南面，向南流入洛水之中，水中有很多娃蛙鱼。山的西面有一片树林，名叫墦冢。谷水就从这里发源，向东流入洛水之中，水底有很多珚玉。

橐　山

【原文】

又西五十里，曰橐山，其木多樗，多楠木，其阳多金玉，其阴多铁，多萧[1]。橐水出焉，而北流注于河，其中多脩辟之鱼，状如黾而白喙[2]，其音如鸱，食之已白癣。

【注释】

①萧：即艾蒿。

②黾（mǐn）：蛙的一种。

【译文】

再向西50里有座山，名叫橐山，山上的树木多为臭椿树和楠树，山的南面蕴藏着很多金玉矿石，山的北面蕴藏着很多铁矿石，还长着很多艾蒿。橐水发源于这座山，向北流入黄河之中。水中游荡着许多脩辟鱼，这种鱼形状像黾但长着白色的嘴巴，发出的叫声像是鹞鹰的鸣叫声，吃了它的肉可以治疗白癣。

常烝山

【原文】

又西九十里，曰常烝之山，无草木，多垩。潐水出焉，而东北流注于河，其中多苍玉。菑水出焉，而北流注于河。

【译文】

再往西90里有座山，名叫常烝山，山里面不长草木，有很多有色土。潐水发源于这座山，向东北流入黄河之中，水中有许多灰白色的玉。菑水发源于这座山，向北流入黄河之中。

夸父山

【原文】

又西九十里，曰夸父之山，其木多棕、枏，多竹箭，其兽多㸲牛、羬羊，其鸟多鷩，其阳多玉，其阴多铁。其北有林焉，名曰桃林，是广员三百里，其中多马。湖水出焉，而北流注于河，其中多珚玉。

【译文】

再向西90里有座山，名叫夸父山。山里的树木大多是棕榈和楠木，还长着很多小竹子。山中的野兽大多是犇牛和羬羊，鸟类多为锦鸡。山的南面有许多玉，北面蕴藏着许多铁矿石。山的北面有一片树林，名叫桃林，这是一片方圆300里的树林，林中有许多野马。湖水发源于这座山，向北流入黄河，水中有很多珚玉。

阳华山

【原文】

又西九十里，曰阳华之山，其阳多金玉，其阴多青、雄黄，其草多藷藇，多苦辛，其状如橚[①]，其实如瓜，其味酸甘，食之已疟。杨水出焉，而西南流注于洛。其中多人鱼。门水出焉，而东北流注于河，其中多玄礵，绀姑之水出于其阴，向东流注于门水，其上多铜。门水出于河，七百九十里入雒水。

凡缟羝山之首，自平逢之山至于阳华之山，凡十四山，七百九十里。岳在其中[②]。以六月祭之，如诸岳之祠法，则天下安宁。

【注释】

①橚（sù）：同“楸”，一种落叶乔木。

②岳：指高大的山峰。

【译文】

再往西90里有座山，名叫阳华山，山的南面蕴藏着很多金玉矿石，山的北面有许多石青和雄黄，山上生长的草多为山药，还有许多苦辛，形状与楸木相似，结的果实形状像瓜一样，味道酸中带甜，吃了这种果子可以治疗疟疾。杨水发源于这座山，向西南流入洛水之中，水中有很多娃娃鱼。门水也发源于这座山，向东北流入黄河之中，水底有许多黑色的磨刀石。绀姑水发源于这座山的北面，向东流入门水之中，岸上有许多铜矿石。门水发源于

黄河，经790里流入雒水。

总计缟羝山山系中的山，从第一座山平逢山起到阳华山止，共十四座山，绵延七百九十里。很多高大的山峰就在这道山系中。每年的六月要祭祀山神，方法与祭祀其他山岳的山神相同，这样天下就会安宁太平了。

休与山

【原文】

中次七经苦山之首，曰休与之山。其上有石焉，名曰帝台之棋[1]，五色而文，其状如鹑卵。帝台之石，所以祷百神者也，服之不蛊[2]。有草焉，其状如蓍[3]，赤叶而本丛生，名曰夙条，可以为簳[4]。

【注释】

①帝台：神名。棋：棋子、棋石。

②蛊：毒热恶气。

③蓍（shī）：蓍草，俗名锯齿草、蚰蜒草，古时候多用它的茎来占卜吉凶。

④簳（gān）：一种小竹子，可以用来做箭杆。

【译文】

中次七经山系苦山山系的第一座山，名叫休与山。山上有一种石头，名叫帝台的棋子，它们有着五颜六色的花纹，形状与鹌鹑蛋很像。所谓帝台的石头，是人们用来向百神祈祷的，佩戴它可以不受毒热恶气的侵袭。山上长着一种草，形状像蓍草，叶子是红色的，且茎干丛生，这种草名叫夙条，可以用来制作箭杆。

鼓钟山

【原文】

东三百里，曰鼓钟之山，帝台之所以觞百神也[1]。有草焉，方茎而黄华，员叶而三成[2]，其名曰焉酸[3]，可以为毒。其上多砺，其下多砥。

【注释】

①觞（shāng）：向人敬酒，这里是设酒席招待客人的意思。

②三成：即三重，这里是三层叶子的意思。

③焉酸：草名。一作“马酸”。

【译文】

向东300里有座山，名叫鼓钟山，这是天神帝台宴请百神的地方。山里

生长着一种草，有着方形的茎干并开黄色的花朵，叶子呈圆形而有三重，它的名字叫做焉酸，可用来疗毒。山上有许多粗磨刀石，山下则有许多细磨刀石。

姑媱山

【原文】

又东二百里，曰姑媱之山。帝女死焉，其名曰女尸，化为䔄草[1]，其叶胥成[2]，其华黄，其实如菟丘[3]，服之媚于人。

【注释】

①䔄（yáo）草：草名。一说指香蒲。

②胥成：相互重叠。

③菟（tù）丘：即菟丝子，一年生草本植物，茎细长，常缠绕在豆科植物上，对农作物有害。

【译文】

再往东200里有座山，名叫姑媱山。天帝的女儿就死在这里，她名叫女尸，死后化为䔄草，这种草的叶子都是相互重叠的，它的花朵为黄色，结出的果实与菟丝子的果实相似，吃了它会使人变得妩媚而讨人喜爱。

苦　山

【原文】

又东二十里，曰苦山。有兽焉，名曰山膏，其状如逐[1]，赤若丹火，善詈[2]。其上有木焉，名曰黄棘，黄华而员叶，其实如兰，服之不字[3]。有草焉，员叶而无茎，赤华而不实，名曰无条，服之不瘿。

【注释】

①逐：同“豚”，小猪的意思。

②詈（lì）：骂。

③字：生育，怀孕。

【译文】

再向东20里有座山，名叫苦山。山里栖息着一种野兽，名字叫山膏，它的形状与小猪相似，周身像火一样通红，喜欢骂人。山上生长着一种树木，名叫黄棘，开的花是黄色的而叶子是圆的，结出的果实与兰的果实相像，吃了它就不能生育了。山里生长着一种草，叶子圆圆的没有茎干，开红色的花但不结果实，名叫无条，吃了它颈部就不会长大瘤子了。

堵　山

【原文】

又东二十七里，曰堵山，神天愚居之，是多怪风雨。其上有木焉，名曰天楄，方茎而葵状，服者不哽[1]。

【注释】

①哽（yē）：噎食。

【译文】

再向东27里有座山，名叫堵山，天愚神就居住在这里，山里常常会刮怪风、下怪雨。山上生长着一种树，名叫天楄，它的茎干是方形的，和葵很像，吃了它就不会噎食。

放皋山

【原文】

又东52里，曰放皋之山。明水出焉，南流注于伊水，其中多苍玉。有木焉，其叶如槐，黄华而不实，其名曰蒙木，服之不惑。有兽焉，其状如蜂，枝尾而反舌[1]，善呼，其名曰文文。

【注释】

①枝尾：尾巴有分叉。反舌：舌头倒长着。

【译文】

再往东52里有座山，名叫放皋山。明水发源于这座山，向南流入伊河之中，水中有许多灰白色的玉。山里生长着一种树，它的叶子与槐树相似，

开黄色的花但不结果实，这种树名叫蒙木，吃了它就不会受到蛊惑。山里栖息着一种野兽，它的形状像蜂，尾巴有分叉并且舌头倒生，喜欢呼叫，它的名字叫文文。

大𫶒山

【原文】

又东五十七里，曰大𫶒之山，多㻬琈之玉，多麋玉[①]。有草焉，其状如榆，方茎而苍刺[②]，其名曰牛伤，其根苍文，服者不厥[③]，可以御兵。其阳狂水出焉，西南流注于伊水，其中多三足龟，食者无大疾，可以已肿。

【注释】

①麋玉：一种像玉的石头。

②苍刺：青色的棘刺。

③厥：昏厥，指突然昏倒，手足冰冷的病症。

【译文】

再往东57里有座山，名叫大𫶒山，山中有很多㻬琈玉，还有许多麋玉。山里生长着一种草，叶子似榆树叶，有着方形的茎干和青色的刺，它的名字叫牛伤，它根部有青色的纹理，吃了它就不会昏厥，还能抵御兵器的伤害。狂水发源于这座山的南面，向西南流入伊河水中，水中有许多三足龟，吃了它的肉就不会生大病，还能治疗毒疮。

半石山

【原文】

又东七十里，曰半石之山。其上有草焉，生而秀[①]，其高丈余，赤叶赤华，华而不实，其名曰嘉荣，服之者不霆[②]。来需之水出于其阳，而西流注于伊水，其中多鯩鱼，黑文，其状如鲋，食者不睡。合水出于其阴，而北流注于洛，多䲢（téng）鱼，状如鳜，居逵[③]，苍文赤尾，食者不痈[④]，可以为瘘[⑤]。

【注释】

①秀：植物吐穗开花，多指庄稼。

②不霆：不怕惊雷。霆，疾雷、霹雳。

③逵：原指四通八达的路，这里指相互连通的水滴洞穴。

④痈（yōng）：恶性毒疮。

⑤瘘（lòu）：一种颈部肿大的病。

【译文】

再往东70里有座山，名叫半石山。山上生长着一种草，刚生出芽就吐穗开花，它高达一丈多，长着红色的叶子并且开红色的花，虽然开花但不结果实，这种草名叫嘉荣，人吃了它就不怕雷霆。来需水发源于这座山的南面，向西流入伊河水中，水中游荡着很多鯩鱼，这种鱼身上有黑色的斑纹，形状与鲫鱼相似，吃了它的肉就不瞌睡了。合水发源于这座山的北面，向北流入洛水中，水中游荡着许多螣鱼，形状像鳜鱼，居住在水底相互连通的孔穴中，身上有青色的斑纹，长着红色的尾巴，吃了它的肉就不会长毒疮，还能治疗瘘病。

少室山

【原文】

又东五十里，曰少室之山，百草木成囷[①]。其上有木焉，其名曰帝休，叶状如杨，其枝五衢[②]，黄华黑实，服者不怒。其上多玉，其下多铁。休水出焉，而北流注于洛，其中多鯑鱼，状如盩蜼而长距[③]，足白而对，食者无蛊疾，可以御兵。

【注释】

①囷（qūn）：古代一种圆形谷仓。

②衢（qú）：指树枝交错分叉。

③盩蜼（zhōu wěi）：一种形似猕猴的动物。

【译文】

再往东五十里有座山，名叫少室山。山里的草木长势茂盛像圆形的谷仓一样。山上生长着一种树，名叫帝休，叶子形状与杨树叶相似，它的树枝交错伸展，开黄色的花但结黑色的果实，吃了它的果实就不会生气发怒了。山上蕴藏有很多玉石，山下蕴藏有很多铁矿石。休水发源于这座山，向北流入洛水之中，水中游荡着很多鯑鱼，它的形状与猕猴相似，长着像公鸡一样长长的足爪，有着一对白色的脚，吃

了它的肉就能不受毒热恶气的侵袭，还能抵御兵器的伤害。

泰室山

【原文】

又东三十里，曰泰室之山。其上有木焉，叶状如梨而赤理，其名曰栯（yù）木，服者不妒。有草焉，其状如茶，白华黑实，泽如蘡薁[①]，其名曰䔄草，服之不昧[②]。上多美石。

【注释】

①蘡薁（yīng yùn）：山葡萄。

②昧：眼目不明的意思。

【译文】

再往东三十里有座山，名叫泰室山。山上生长着一种树，它的叶子与梨树叶相似但有着红色的纹理，这种树名叫栯木，吃了这种树的叶子就不会心生嫉妒了。山中长着一种草，形状与茶相似，开白色的花但结黑色的果实，果实的光泽如山葡萄一般，这种草名叫䔄草，吃了它就不会两眼昏花了。山上有许多美丽的石头。

讲　山

【原文】

又北三十里，曰讲山，其上多玉，多柘，多柏。有木焉，名曰帝屋，叶状如椒[①]，反伤赤实[②]，可以御凶。

【注释】

①椒：这里指胡椒或花椒。

②反伤：倒长着刺。

【译文】

再向北30里有座山，名叫讲山，山上蕴藏着很多玉石，还生长着很多柘树和柏树。山中长着一种树，名叫帝屋，叶子形状与花椒叶相似，长有倒刺并结红色的果实，可以用来防御凶灾。

婴梁山

【原文】

又北三十里，曰婴梁之山，上多苍玉，錞于玄石。

【译文】

再往北30里有座山，名叫婴梁山。山上有很多灰白色的玉，这种玉附在黑色的石头上。

浮戏山

【原文】

又东三十里，曰浮戏之山。有木焉，叶状如樗而赤实，名曰亢木，食之不蛊。汜水出焉，而北流注于河。其东有谷，因名曰蛇谷，上多少辛[1]。

【注释】

①少辛：即细辛，一种多年生植物，可入药。

【译文】

再向东30里有座山，名叫浮戏山。山里生长着一种树，树叶形状与臭椿树的叶子相似但有着红色的果实，它的名字叫亢木，吃了它就可以免受毒热恶气的侵袭。汜水发源于这座山，向北流入黄河之中。山的东面有一条山谷，因为谷中多蛇而取名为蛇谷，谷的上面生长着许多细辛。

【相关链接】

细　辛

细辛又名细参、烟袋锅花，属马兜铃科，是一种多年生草本植物，也是一种常用中药，在《神农本草经》里被列为上品。

细辛以根色灰黄、叶色绿、干燥、气辛香、嚼之辛辣麻舌者为佳，全草皆可入药，具有祛风散寒、通窍止痛、温肺化饮的功效。另外，细辛经水蒸气蒸馏可得精油，在化妆品、医药等行业用途较广泛。

细辛耐寒怕高温，畏强光，在遮阴条件下生长良好，以选疏林地、腐殖多、土层深厚、疏松、肥沃的土壤为宜，或带有轻沙性阴凉湿润的背阴坡栽培为佳。细辛虫害主要有小地老虎、黑毛虫、蝗虫、细辛凤蝶等，其中地老虎为害最重，常常咬食幼芽，截断叶柄和根茎。

少陉山

【原文】

又东四十里，曰少陉之山。有草焉，名曰岗草[1]，叶状如葵而赤茎白华，实如蘡薁，食之不愚。器难之水出焉，而北流注于役水。

【注释】

①茵（gāng）草：草名，苗似小麦，但体形比小麦更小。

【译文】

再向东40里有座山，名叫少陉山。山上生长有一种草，名叫茵草，它的叶子与葵的叶子相似，茎干是红色的，开白色的花，结出的果实与山葡萄相似，吃了它会使人变得更加聪明。器难水发源于这座山，向北流入役水之中。

太 山

【原文】

又东南十里，曰太山。有草焉，名曰梨，其叶状如荻而赤华[1]，可以已疽[2]。太水出于其阳，而东南流注于役水。承水发于其阴，而东北流注于役水。

【注释】

①荻：多年生草本植物，生在水边，似芦苇，秋天开紫花。

②疽：一种毒疮。

【译文】

再向东南10里有座山，名叫太山。山上生长着一种草，名叫梨，它叶子的形状与荻叶相似但花朵是红色的，这种草可以用来治疗痈疽。太水发源于这座山的南面，向东南流入役水；承水发源于这座山的北面，向东北流入役水。

末 山

【原文】

又东二十里，曰末山，上多赤金。末水出焉，北流注于役水。

【译文】

再往东20里有座山，名叫末山，山上蕴藏着很多赤金矿石。末水发源于这座山，向北流入役水之中。

役 山

【原文】

又东二十五里，曰役山，上多白金，多铁。役水出焉，北注于河。

【译文】

再往东25里有座山，名叫役山，山上蕴藏着很多白金矿石，还蕴藏着很多铁矿石。役水发源于这座山，向北流入黄河之中。

敏　山

【原文】

又东三十五里，曰敏山。上有木焉，其状如荆，白华而赤实，名曰蓟柏[1]，服者不寒。其阳多㻬琈之玉。

【注释】

①蓟（jì）柏：即蓟柏，也叫翠柏，一种丛生灌木，果实球形。

【译文】

再向东35里有座山，名叫敏山。山上生长着一种树，它的形状与荆相似，开白色的花但结红色的果实，这种树名叫蓟柏，吃了它就不怕寒冷了。山的南面有很多㻬琈玉。

大騩山

【原文】

又东三十里，曰大騩之山，其阴多铁、美玉、青垩。有草焉，其状如蓍而毛，青华而白实，其名曰䓘，服之不夭，可以已腹病。

凡苦山之首，自休与之山至于大騩之山，凡十有九山，千一百八十四里。其十六神者，皆豕身而人面。其祠：毛牷用一羊羞[1]，婴用一藻玉瘗。苦山、少室、太室皆冢也。其祠之，太牢之具，婴以吉玉。其神状皆人面而三首，其余属皆豕身人面也。

【注释】

①毛牷：带毛的纯色的全牲。羞：进献食品。

【译文】

再向东30里有座山，名叫大騩山，山的北面蕴藏着很多铁矿石、美玉和青垩。山上生长着一种草，它的形状与蓍草相似但叶子上有毛，开青色的花但结白色的果实，它的名字叫䓘，吃了这种果子就不会夭折而亡，还可以治疗腹部的疾病。

总计苦山山系中的山，自第一座休与山起到大騩山止，共有十九座山，绵延1184里。其中有十六座山的山神都是猪身而人面。祭祀这些山神的仪

式是：用一只纯色的全羊作为毛物献祭，用一块带有彩色花纹的玉作为悬挂在山神颈部的饰物，将其埋入地下。苦山、少室山、太室山均是大的山神的居住之所。祭祀这三座山的山神的仪式是：用牛、羊、猪三牲齐备的太牢之礼，以彩色的玉作为悬挂在山神颈部的饰物。这三位山神都长着人一样的脸，有三个脑袋，其余十六位山神皆是猪身人面。

景　山

【原文】

中次八经荆山之首，曰景山，其上多金玉，其木多杼檀。睢水出焉，东南流注于江，其中多丹粟，多文鱼。

【译文】

中次八经荆山山系中的第一座山，名叫景山，山上蕴藏着很多金玉矿石，山上的树木多为杼树和檀树。睢水发源于这座山，向东南注入长江之中，水底有很多丹砂，还游荡着许多石斑鱼。

荆　山

【原文】

东北百里，曰荆山，其阴多铁，其阳多赤金，其中多犛牛[①]，多豹虎，其木多松柏，其草多竹，多橘、櫾[②]。漳水出焉，而东南流注于睢，其中多黄金，多鲛鱼。其兽多闾麋[③]。

【注释】

①犛（máo）牛：即牦牛。

②櫾（yòu）：同“柚”，即柚子。

③闾：指黑色的母羊。

【译文】

向东北100里有座山，名叫荆山，山的北面蕴藏着很多铁矿石，山的南面蕴藏着许多赤金矿石，山中有很多牦牛，也有很多豹子和老虎，山中生长的树木多为松、柏，草类多是丛生的小竹子，还长着许多橘子和柚子。漳水发源于这座山，向东南流入睢水之中，水底蕴藏着很多黄金，还有很多鲛鱼。山里的野兽多是闾和麋鹿。

骄　山

【原文】

又东北百五十里，曰骄山，其上多玉，其下多青雘，其木多松柏，多桃枝、钩端。神䰠围处之，其状如人面，羊角虎爪，恒游于雎、漳之渊，出入有光。

【译文】

再向东北150里有座山，名叫骄山，山上蕴藏着很多玉石，山下有很多可做颜料的青色矿石，山中的树木大多是松树和柏树，还长着许多桃枝和钩端。䰠围神就住在这座山上，他的脸与人相似但头上的角像羊角，爪子跟虎爪相似，常常在雎水和漳水的深潭中巡游，在水中出入时身上闪闪发光。

女几山

【原文】

又东北百二十里，曰女几之山，其上多玉，其下多黄金，其兽多豹、虎，多闾、麋、麖、麂[①]，其鸟多白鷮[②]，多翟，多鸩[③]。

【注释】

①麂（jǐ）：一种小型鹿，善跳跃。

②白鷮（jiāo）：雉的一种，尾巴很长，可用来做装饰品。

③鸩：传说中的一种毒鸟。

【译文】

再往东北120里有座山，名叫女几山，山上蕴藏着很多玉石，山下蕴藏着很多黄金，山里的野兽多是豹子和老虎，还有许多山驴、麋鹿、马鹿、小鹿，山里的鸟类多为白鷮，还有很多长尾的野鸡和鸩鸟。

宜诸山

【原文】

又东北二百里，曰宜诸之山，其上多金玉，其下多青雘。洈水出焉，而南流注于漳，其中多白玉。

【译文】

再向东北200里有座山，名叫宜诸山。山上蕴藏着许多金玉矿石，山下有许多可做颜料的青色矿物。洈水发源于这座山，向南流入漳水中，水底有

许多白色玉石。

纶 山

【原文】

又东北三百五十里，曰纶山，其木多梓、枏，多桃枝，多柤[1]、栗、橘、櫾，其兽多闾、麈[2]、麢[3]、臭[4]。

【注释】

①柤：同“楂”，指山楂树。

②麈（zhǔ）：鹿一类的动物，其尾可做拂尘。

③麢（líng）：古同“羚”，即羚羊。

④臭：兽名。

【译文】

再向东北350里有座山，名叫纶山，山里生长的树多为梓树和楠木，也有许多桃枝，还有很多山楂、栗树、橘树、柚树，山里的野兽大多是山驴、麈、羚羊和臭。

陆郈山

【原文】

又东二百里，曰陆郈之山，其上多㻬琈之玉，其下多垩，其木多杻橿。

【译文】

再向东200里有座山，名叫陆郈山，山里面有很多㻬琈玉，山下有许多可做涂料的有色土，山中的树木大多是杻树和橿树。

光 山

【原文】

又东百三十里，曰光山，其上多碧，其下多木。神计蒙处之，其状人身而龙首，恒游于漳渊，出入必有飘风暴雨[1]。

【注释】

①飘风：旋风。

【译文】

再向东130里有座山，名叫光山，山上有很多青绿色的玉石，山下生长着许多树木。计蒙神就居住在这座山上，他的形状为人身而龙首，经常在漳水的深潭中巡游，在水中出入时一定会伴有旋风和暴雨。

岐 山

【原文】

又东百五十里，曰岐山，其阳多赤金，其阴多白珉[1]，其上多金、玉，其下多青雘，其木多樗。神涉䰠处之，其状人身而方面，三足。

【注释】

①珉（mín）：一种像玉的石头。

【译文】

再向东150里有座山，名叫岐山。山的南面蕴藏着很多赤金矿石，山的北面有许多像玉一样的白色石头，山上蕴藏着许多金玉矿石，山下有许多可做颜料的矿物，山中生长的树木多为臭椿树。涉䰠神就住在这座山上，他长着人的身子和方形的面孔，有三只脚。

铜 山

【原文】

又东百三十里，曰铜山，其上多金、银、铁，其木多穀、柞、柤、栗、橘、櫾，其兽多犳[1]。

【注释】

①犳（zhuó）：传说中的一种兽。

【译文】

再向东130里有座山，名叫铜山，山上有很多金、银、铁，山里生长的树木多为构树、柞树、山楂树、栗树、橘树、柚树，山中的野兽多是犳。

美　山

【原文】

又东北一百里，曰美山，其兽多兕、牛，多闾、麈，多豕、鹿，其上多金，其下多青雘。

【译文】

再向东北100里有座山，名叫美山。山中野兽多为兕和牛，也有很多山驴、麈、猪、鹿，山上蕴藏着许多金矿石，山下有很多可做颜料的青色矿物。

大尧山

【原文】

又东北百里，曰大尧之山，其木多松、柏，多梓、桑，多机[①]，其草多竹，其兽多豹、虎、麢、㚟。

【注释】

①机：机树。

【译文】

再向东北100里有座山，名叫大尧山，山上生长的树木大多是松树、柏树，有很多梓树、桑树，还有很多机树；草类多为竹丛；山中的野兽多为豹、虎、羚羊和㚟。

灵　山

【原文】

又东北三百里，曰灵山，其上多金、玉，其下多青雘，其木多桃、李、梅、杏。

【译文】

再向东北300里有座山，名叫灵山，山上蕴藏着很多金玉矿石，山下有很多可做颜料的青雘，山里生长的树木大多是桃树、李树、梅树和杏树。

龙　山

【原文】

又东北七十里，曰龙山，上多寓木[①]，其上多碧，其下多赤锡，其草多桃枝、钩端。

【注释】

①寓木：一种寄生在树木上的植物。

【译文】

再向东北70里有座山，名叫龙山，山上生长着许多寄生在别的树上的植物，还有许多青绿色的玉石，山下蕴藏着赤锡矿石，山里的草类多为桃枝竹和钩端竹。

【相关链接】

寄生树

寄生树是指一棵树的根扎在另一棵树的躯体内的现象，类似的寄生现象还有桑寄生、槲寄生等，它们是喜欢在其他树木的枝丫上安家的半寄生植物。

在我国的众多旅游景点中，有不少寄生树的存在。

北京市中山公园社稷坛南门外有七棵巨大的古柏树，其中最东边的一棵非常奇特，其躯干的裂缝中长出一棵高大的国槐，两棵树都是枝繁叶茂，成为一处好景致，有“槐柏合抱”的美称。根据有关专家考证，它们已经这样共生了三百多年，是植物界罕见的现象。

在福建省莆田市仙游县，有一处“樟抱榕”的奇观。在一棵年代久远的古樟树体内，竟生长着一棵两人才能环抱的大榕树，而整个“樟抱榕”要十个人才能环抱，这处景观被植物学家称为“南国珍奇”。

四川大足县境内有一棵粗壮的黄桷树，在它的怀中生长着一棵银杏树，当地人为这两棵树编出古代一对男女为追求自由婚姻殉情化成此树的故事。近年两树之间又生长出了一棵火炮树，堪称其乐融融的三口之家了。

衡 山

【原文】

又东南五十里，曰衡山，上多寓木、榖、柞，多黄垩、白垩。

【译文】

再向东南50里有座山，名叫衡山，山上生长着许多寄生在别的树上的植物，以及构树和柞树，还有很多可做涂料的黄色土和白色土。

石 山

【原文】

又东南七十里，曰石山，其上多金，其下多青雘，多寓木。

【译文】

再往东南七十里有座山，名叫石山，山上蕴藏着很多金矿石，山下有很多可做颜料的青色矿物，还生长着许多寄生在别的树上的植物。

若 山

【原文】

又南百二十里，曰若山，其上多㻬琈之玉，多赭，多邽石[1]，多寓木，多柘。

【注释】

①邽（guī）：通“圭”，宝玉的名字。

【译文】

再向南120里有座山，名叫若山，山上有很多㻬琈玉，也有很多红色土，还有很多邽石，山中生长着很多寄生在别的树上植物，也有很多柘树。

彘 山

【原文】

又东南一百二十里，曰彘山，多美石，多柘。

【译文】

再向东南120里有座山，名叫彘山，山里有许多美丽的石头，还生长着许多柘树。

玉 山

【原文】

又东南一百五十里，曰玉山，其上多金玉，其下多碧、铁，其木多柏。

【译文】

再向东南150里有座山，名叫玉山，山上蕴藏着很多金玉矿石，山下有许多青绿色的玉石和铁矿石，山上生长的树大多是柏树。

讙 山

【原文】

又东南七十里，曰讙山，其木多檀，多邽石，多白锡。郁水出于其上，潜于其下，其中多砥砺。

【译文】

再往东南70里有座山，名叫讙山，山上生长的树大多是檀树，山上还有很多邽石，有很多白色锡矿石，郁水发源于这座山的山顶，在山下潜流，山里有很多磨刀石。

仁举山

【原文】

又东北百五十里，曰仁举之山，其木多榖、柞，其阳多赤金，其阴多赭。

【译文】

再向东北150里有座山，名叫仁举山，山上生长的树木多是构树和柞树，山的南面蕴藏着许多赤金矿石，北面有许多红土。

师每山

【原文】

又东五十里，曰师每之山，其阳多砥砺，其阴多青雘。其木多柏，多檀，多柘，其草多竹。

【译文】

再往东50里有座山，名叫师每山，山的南面有很多磨刀石，山的北面有许多可做颜料的青雘。山上的树木大多是柏树，还有很多檀树和柘树；草类多是竹丛。

琴鼓山

【原文】

又东南二百里，曰琴鼓之山，其木多榖、柞、椒、柘，其上多白珉，其下多洗石，其兽多豕、鹿，多白犀，其鸟多鸩。

凡荆山之首，自景山至琴鼓之

山，凡二十三山，二千八百九十里。其神状皆鸟身而人面。其祠：用一雄鸡祈瘗，用一藻圭，糈用稌。骄山，冢也。其祠：用羞酒少牢祈瘗，婴毛一璧。

【译文】

再向东南200里有座山，名叫琴鼓山，山上生长的树木大多是构树、柞树、椒树和柘树；山上有许多似玉的白色珉石，山下有许多洗石；山中的野兽大多是野猪、鹿、白色的犀牛；鸟类大多是鸩鸟。

总计荆山山系中的山，自首座山景山起到琴鼓山止，共有23座山，绵延2890里。这些山的山神的形状都是鸟身而人面。祭祀山神的仪式是：以一只雄鸡作为祭品，祈祷完毕后埋入地下，用一块带彩色花纹的圭，祭神时的精米要用糯米。骄山，是大的山神居住之地。祭祀该山神的仪式是：用美酒、猪、羊为祭品，祈祷后埋入地下，以一块璧作为饰物悬挂在山神的颈部。

女几山

【原文】

中次九经岷山之首，曰女几之山，其上多石涅①，其木多杻、橿，其草多菊、苿。洛水出焉，东注于江。其中多雄黄，其兽多虎、豹。

【注释】

①石涅：即石墨。

【译文】

中次九经岷山山系的第一座山，名叫女几山，山上蕴藏着很多石墨，山里的树木大多是杻树、橿树，草类多为菊、苿。洛水发源于这座山，向东流入长江之中。山里有很多雄黄，山里的兽类大多是虎和豹。

岷　山

【原文】

又东北三百里，曰岷山。江水出焉，东北流注于海，其中多良龟①，多鼍②。其上多金玉，其下多白珉。其木多梅、棠，其兽多犀、象，多夔牛，其鸟多翰③、鷩。

【注释】

①良龟：指品种优良的龟。

②鼍（tuó）：即扬子鳄。

③翰：即白翰，白雉。

【译文】

再往东北300里有座山，名叫岷山。长江发源于这座山，向东北流入大海之中，水里有很多品种优良的龟，还有很多扬子鳄。山上蕴藏着很多金玉矿石，山下有许多似玉的白色珉石。山中的树木大多是梅树和棠树，山里的野兽类大多是犀牛、象，还有很多夔牛，鸟类大多是白翰和锦鸡。

崃　山

【原文】

又东北一百四十里，曰崃山。江水出焉，东流注于大江。其阳多黄金，其阴多麋、麈，其木多檀、柘，其草多䪥、韭[①]，多药[②]、空夺[③]。

【注释】

①䪥（xiè）：同“薤”，一种多年生草本植物，地下有鳞茎，鳞茎和嫩叶可食。

②药：指白芷，一种香草。

③空夺：一种草药，俗名通草。

【译文】

再往东北140里有座山，名叫崃山。江水发源于这座山，向东流入长江之中。山的南面蕴藏着很多黄金矿石，北面有许多麋鹿、麈。山中的树大多是檀树、柘树，山里的草类多是薤、韭菜，还有很多白芷和空夺。

崌　山

【原文】

又东一百五十里，曰崌山。江水出焉，东流注于大江，其中多怪蛇，多鰲鱼。其木多楢[①]、杻，多梅、梓，其兽多夔牛、麢、㚟、犀、兕。有鸟焉，状如鸮而赤身白首，其名曰窃脂，可以御火。

【注释】

①楢（yóu）：木名。质地刚硬，可以用来制造车辆。

【译文】

再向东150里有座山，名叫崌山。江水发源于这座山，向东流入长江之中，水里有许多怪蛇，也有很多鰲鱼。山上生长的树木多是楢树、杻树，有

很多梅树和梓树，山里的野兽大多是夔牛、羚羊、㚟、犀牛、兕。山里栖息着一种鸟，形状与猫头鹰相似，身子是红色的而脑袋是白色的，这种鸟名叫窃脂，可以用来防御火灾。

高梁山

【原文】

又东三百里，曰高梁之山，其上多垩，其下多砥砺，其木多桃枝、钩端。有草焉，状如葵而赤华、荚实、白柎，可以走马。

【译文】

再往东300里有座山，名叫高梁山，山上有许多可做涂料的有色土，山下有许多磨刀石，山里的树木多是桃枝和钩端。山里生长着一种草，它的形状与葵相似，开红色的花，结荚果，长着白色的花朵，用它喂马可使马跑得更快。

蛇　山

【原文】

又东四百里，曰蛇山，其上多黄金，其下多垩，其木多栒，多豫章。其草多嘉荣、少辛。有兽焉，其状如狐而白尾长耳，名㸚狼，见则国内有兵。

【译文】

再向东400里有座山，名叫蛇山，山上蕴藏着许多黄金矿石，山下有许多可做涂料的有色土，山上生长的树木多为栒树，也有很多豫章树。山上的草类多为嘉荣、细辛。山里栖息着一种野兽，它的形状与狐狸相似但长着白色的尾巴和长长的耳朵，这种兽名叫㸚狼，它在哪个国家出现，哪个国家就会发生战争。

鬲　山

【原文】

又东五百里，曰鬲山，其阳多金，其阴多白珉。蒲鶇之水出焉，而东流注于江，其中多白玉。其兽多犀、象、熊、罴，多猿、蜼①。

【注释】

①蜼（wěi）：一种长尾猿。

【译文】

再向东500里有座山，名叫鬲山，山的南面蕴藏着很多金矿石，山的北面有许多似玉的白色珉石。蒲鶇（hōng）水发源于这座山，向东流入长江之

中，水底有许多白色玉石。山中的野兽多是犀牛、象、熊和罴，山中有许多猿和蜼。

隅阳山

【原文】

又东北三百里，曰隅阳之山，其上多金、玉，其下多青雘，其木多梓、桑，其草多茈。徐之水出焉，东流注于江，其中多丹粟。

【译文】

再向东北300里有座山，名叫隅阳山，山上蕴藏着很多金玉矿石，山下有许多可做颜料的青雘，山上生长的树木多是梓树、桑树，山上的草类多是紫草。徐之水发源于这座山，向东流入长江之中，水底有许多丹砂。

岐　山

【原文】

又东二百五十里，曰岐山，其上多白金，其下多铁，其木多梅、梓，多杻、楢。減水出焉，东南流注于江。

【译文】

再往东250里有座山，名叫岐山，山上蕴藏着很多白色金矿石，山下蕴藏着许多铁矿石，山上的树木大多是梅树、梓树、杻树、楢树。減水发源于这座山，向东南流入长江之中。

勾檷山

【原文】

又东三百里，曰勾檷之山，其上多玉，其下多黄金，其木多栎、柘，其草多芍药。

【译文】

再往东300里有座山，名叫勾檷山，山上有许多玉石，山下蕴藏着许多黄金矿石，山里生长的树木多是栎树和柘树，山上生长的草类多是芍药。

风雨山

【原文】

又东一百五十里，曰风雨之山，其上多白金，其下多石涅，其木多椒、

椫，多杨。宣余之水出焉，东流注于江，其中多蛇。其兽多闾、麋，多麈、豹、虎，其鸟多白鷮。

【译文】

再往东150里有座山，名叫风雨山，山上蕴藏着许多白色金矿石，山下有许多石墨，山上生长的树木多是棷树、椫树，也有许多杨树。宣余水发源于这座山，向东流入长江之中，水中有很多水蛇。山里的兽类多是野驴、麋鹿，也有很多麈、豹、虎，鸟类多是白色鷮鸟。

玉　山

【原文】

又东北二百里，曰玉山，其阳多铜，其阴多赤金，其木多豫章、楢、杻，其兽多豕、鹿、麢、㚟，其鸟多鸩。

【译文】

再向东二百里有座山，名叫玉山，山的南面蕴藏着许多铜矿石，山的北面有许多赤金矿石，山上生长的树木多是豫章树、楢树和杻树，山里的野兽多为野猪、鹿、羚羊和㚟，鸟类多是鸩鸟。

熊　山

【原文】

又东一百五十里，曰熊山。有穴焉，熊之穴，恒出神人，夏启而冬闭。是穴也，冬启乃必有兵。其上多白玉，其下多白金，其木多樗、柳，其草多寇脱。

【译文】

再往东150里有座山，名叫熊山。山里面有一个洞穴，是熊的巢穴，但也经常有神人出入，夏天开启，冬天关闭。这个洞如果在冬天开启，就一定会有战争发生。山上有许多白色玉石，山下蕴藏着许多白色金矿石。山中生长的树多是臭椿树和柳树，草类大多是通草。

騩　山

【原文】

又东一百四十里，曰騩山，其阳多美玉、赤金，其阴多铁，其木多桃枝、荆、芑①。

【注释】

①芭：即芭蕉。

【译文】

再往东140里有座山，名叫騩山，山的南面有很多美玉和赤金，山的北面蕴藏着丰富的铁矿石，山上生长的树木多为桃枝、荆以及芭蕉。

葛　山

【原文】

又东二百里，曰葛山，其上多赤金，其下多瑊石，其木多柤、栗、橘、櫾、楢、杻，其兽多麢、㚟，其草多嘉荣。

【译文】

再向东200里有座山，名叫葛山，山上蕴藏着许多赤金矿石，山下有许多瑊石，山上的树木多是山楂树、果树、橘树、柚树、楢树、杻树，兽类多为羚羊、㚟，草类多为嘉荣。

贾超山

【原文】

又东一百七十里，曰贾超之山，其阳多黄垩，其阴多美赭，其木多柤、栗、橘、櫾，其中多龙脩[①]。

凡岷山之首，自女几山至于贾超之山，凡十六山，三千五百里。其神状皆马身而龙首。其祠：毛用一雄鸡瘗，糈用稌。文山、勾檷、风雨、騩之山，是皆冢也。其祠之：羞酒，少牢具，婴毛一吉玉。熊山，席也。其祠：羞酒，太牢具，婴毛一璧。干儛，用兵以禳；祈，璆冕舞[②]。

【注释】

①龙脩（xiū）：即龙须草。

②璆（qiú）：同“球”，指美玉。冕：古代帝王、诸侯及卿大夫的礼帽。

这里泛指礼帽。

【译文】

再往东170里有座山，名叫贾超山，山的南面有很多可做涂料的黄色土，山的北面有很多美丽的红土，山上生长的树木大多是山楂树、栗子树、橘树和柚树，还长着许多龙须草。

总计岷山山系的首尾，从女几山起到贾超山止，总共有16座山，绵延3500里。这些山神的形状都是马身而龙头。祭祀这些山神的方法是：用一只雄鸡作为毛物，埋入地下作为祭品，用糯米作为祭祀用的精米。文山、勾檷山、风雨山、騩山，都是大山神的居住之所。祭祀这几位山神的仪式是：把美酒敬献给他们，再进献猪、羊二牲，把一块彩色的玉作为悬挂在山神颈部的饰物。熊山山神，是诸山神的首领。祭祀这位山神的仪式是：先向他敬酒，再进献猪、羊、牛三牲之礼，把一块玉璧作为悬挂在山神颈部的饰物。祭祀时，手持盾牌起舞，以求消除战争灾祸；祈祷时，手持美玉、头戴礼帽跳舞。

首阳山

【原文】

中次十经之首，曰首阳之山，其上多金玉，无草木。

【译文】

中次十经中的第一座山，名叫首阳山，山上蕴藏着很多金玉矿石，不长草木。

虎尾山

【原文】

又西五十里，曰虎尾之山，其木多椒、椐[①]，多封石[②]，其阳多赤金，其阴多铁。

【注释】

①椐（jū）：又叫灵寿木，古人常用以作手杖。

②封石：一种可作药用的矿物，味甜。

【译文】

再向西50里有座山，名叫虎尾山，山上生长的树木大多是椒树和椐树，也有许多封石，山的南面蕴藏着很多赤金矿石，山的北面蕴藏着许多铁矿石。

繁缋山

【原文】

又西南五十里，曰繁缋之山，其木多楢、杻，其草多枝勾[1]。

【注释】

①枝勾：即桃枝和钩端。

【译文】

再向西南50里有座山，名叫繁缋山，山上生长的树木大多是楢树和杻树，山上生长的草类大多是桃枝和钩端。

勇石山

【原文】

又西南二十里，曰勇石之山，无草木，多白金，多水。

【译文】

再向西南20里有座山，名叫勇石山，山上面不长草木，蕴藏着许多白色金矿石，还有许多泉水。

复州山

【原文】

又西二十里，曰复州之山，其木多檀，其阳多黄金。有鸟焉，其状如鸮而一足、彘尾，其名曰跂踵，见则其国大疫。

【译文】

再往西20里有座山，名叫复州山，山上生长的树木多是檀树，山的南面蕴藏着许多黄金矿石。山里栖息着一种鸟，它的形状与猫头鹰相似，长着一只脚，还有猪一样的尾巴，这种鸟名叫跂踵，它出现在哪个国家，哪个国家就会发生大的瘟疫。

楮　山

【原文】

又西三十里，曰楮山，多寓木，多椒、椐，多柘，多垩。

【译文】

再往西30里有座山，名叫楮山，山上生长着许多寄生在别的树上的植

物，也有许多花椒树、椐树和柘树，还有许多可做涂料的有色土。

【相关链接】

花　椒

花椒别名川椒、蜀椒、大红袍，为芸香科植物花椒的果皮。花椒为高大灌木或小乔木，常生于山坡灌木丛中或向阳地、路旁，适宜温暖湿润及土层深厚肥沃壤土、沙壤土，是一种耐寒、耐旱、喜光的植物，抗病能力很强。

中医认为，花椒性温，味辛，有温中散寒、健胃除湿、止痛杀虫、解毒理气、止痒祛腥的功效；其果皮可作为调味料，用于去除各种肉类的腥气；种子可食用，也可加工制作肥皂。

花椒一词最早见于《诗经》当中，这说明我国人民于2000多年～3000年前已经利用花椒了。古代人认为花椒的香气具有辟邪的功效，所以有些朝代的宫廷用花椒渗入涂料以糊墙壁，这种房子称为“椒房”，是给宫女住的，所以后人常以椒房比喻宫女。

到了收获季节，花椒树常常结实累累，异常繁茂，所以是子孙繁衍的象征。如班固的《西都赋》记载：“后宫则有掖庭椒房，后妃之室”，意思是皇帝的妻妾用花椒泥涂墙壁，称之为椒房，是希望皇室子孙能够像花椒树一样繁荣旺盛。

又原山

【原文】

又西二十里，曰又原之山，其阳多青雘，其阴多铁，其鸟多鸜鹆[①]。

【注释】

①鸜鹆：鸟名，即八哥。

【译文】

再向西20里有座山，名叫又原山。山的南面有许多可做颜料的青色矿物，山的北面蕴藏着许多铁矿石，山中的鸟多是八哥。

涿　山

【原文】

又西五十里，曰涿山，其木多榖、柞、杻，其阳多㻬琈之玉。

【译文】

再往西50里有座山，名叫涿山，山上生长的树大多是构树、柞树和杻树，山的南面有许多瓀琈玉。

丙山

【原文】

又西七十里，曰丙山，其木多梓、檀，多弞杻①。

凡首阳山之首，自首阳山至于丙山，凡九山，二百六十七里。其神状皆龙身而人面。其祠之：毛用一雄鸡瘗，糈用五种之糈。堵山，冢也，其祠之：少牢具，羞酒祠，婴毛一璧瘗。騩山，帝也，其祠：羞酒，太牢具；合巫、祝二人儛②，婴一璧。

【注释】

①弞（shěn）杻：杻树的枝干多是弯曲的，而弞杻的树干是直的。

②巫：古代以求神、占卜为职业的人。祝：祭祀时主持祭礼的人。

【译文】

再向西70里有座山，名叫丙山，山上生长的树木多为梓树和檀树，也有许多弞杻树。

总计首阳山山系中的山，从第一座山首阳山起到丙山止，一共有九座山，绵延二百六十七里。这些山的山神形状都是龙身人面。祭祀这些山神的仪式是：用一只雄鸡作为毛物，埋到地下作为祭品，用去壳的黍、稻、稷、麦、粱五种米作为祭祀用的精米。堵山，是大的山神的居住之所，祭祀的仪式是：进献猪、羊两种牲口，并向其敬献美酒来祭祀，把一块璧作为悬挂在山神颈部的饰物，并将其埋入地下。騩山的山神，是诸山神的首领，祭祀这位山神的仪式是：向其敬献美酒，用猪、牛、羊三牲齐备的太牢之礼，让巫和祝二人一起跳舞，以一块璧作为挂在山神颈部的饰物。

翼望山

【原文】

中次一十一山经荆山之首，曰翼望之山。湍水出焉，东流注于济；贶水出焉，东南流注于汉，其中多蛟，其上多松、柏，其下多漆、梓，其阳多赤金，其阴多珉。

【译文】

中次十一经荆山山系的第一座山，名叫翼望山。湍水发源于这座山，向东流入济水之中；贶水也发源于这座山，向东南流入汉水之中，水中潜游着许多蛟龙。山上生长着许多松柏，山下生长着许多漆树、梓树，山的南面蕴藏着许多赤金矿石，北面有许多像玉一样的美石。

朝歌山

【原文】

又东北一百五十里，曰朝歌之山。潕水出焉，东南流注于荥，其中多人鱼。其上多梓、柟，其兽多麢、麋。有草焉，名曰莽草，可以毒鱼。

【译文】

再向东北150里有座山，名朝歌山。潕水发源于这座山，向东南流入荥水中，水里游荡着许多娃娃鱼。山上生长着许多梓树、楠树，山里的野兽大多是羚羊、麋鹿。山中有一种草，名叫莽草，可以毒死鱼类。

帝囷山

【原文】

又东南二百里，曰帝囷之山，其阳多㻬琈之玉，其阴多铁。帝囷之水出于其上，潜于其下，多鸣蛇。

【译文】

再往东南200里有座山，名叫帝囷山，山的南面有许多㻬琈玉，山的北面蕴藏着许多铁矿石。帝囷水发源于这座山的山顶，在山下潜流，水中有许多鸣蛇。

视　山

【原文】

又东南五十里，曰视山，其上多韭。有井焉[①]，名曰天井，夏有水，冬

竭。其上多桑，多美垩、金、玉。

【注释】

①井：一种低洼的水泉。

【译文】

再往东南50里有座山，名叫视山，山上生长着许多韭菜。山里有一口低洼的水泉，叫做天井，夏天时有水，冬天就会枯竭。山上生长着许多桑树，也有很多美丽的垩土，还有许多金玉矿石。

前　山

【原文】

又东南二百里，曰前山，其木多槠[1]，多柏，其阳多金，其阴多赭。

【注释】

①槠（zhū）：一种常绿乔木，叶长椭圆形，果实球形。木材坚硬，可以用来制做器具。

【译文】

再向东南200里有座山，名叫前山，山上生长的树木多为槠树、柏树，山的南面蕴藏着许多金矿石，北面有许多红色土。

丰　山

【原文】

又东南三百里，曰丰山。有兽焉，其状如蝯[1]，赤目、赤喙、黄身，名曰雍和，见则国有大恐。神耕父处之，常游清泠之渊[2]，出入有光，见则其国为败。有九钟焉，是知霜鸣。其上多金，其下多穀、柞、杻、橿。

【注释】

①蝯（yuán）：即猿猴。

②清泠之渊：即清泠渊，在今河南南阳市。

【译文】

再向东南走300里有座山，名叫丰山。山里栖息着一种野兽。它的形状与猿相似，长着红色的眼睛、红色的嘴、黄色的身子，它的名字叫雍和，它出现在哪个国家，哪个国家就会有非常恐怖的事情发生。神仙耕父就居住在这座山里，他常常在清泠渊里游荡，出入时发出闪闪的光亮，他出现在哪个国家，哪个国家就会走向衰亡。山上有九口钟，只要有霜降落就会发出鸣

响。山上蕴藏着许多金矿石，山下生长着许多构树、柞树、杻树和橿树。

兔床山

【原文】

又东北八百里，曰兔床之山，其阳多铁，其木多藷藇，其草多鸡谷，其本如鸡卵，其味酸甘，食者利于人。

【译文】

再向东北 800 里有座山，名叫兔床山，山的南面蕴藏着许多铁矿石，山上生长的树木大多是薯蓣，山上的草类多为鸡谷，这种草的根与鸡蛋相似，味道酸甜，吃了对健康有益。

皮　山

【原文】

又东六十里，曰皮山，多垩，多赭，其木多松、柏。

【译文】

再向东六十里有座山，名叫皮山，山里有许多可做涂料的有色土，也有许多红色土，山上生长的树木多为松、柏。

瑶碧山

【原文】

又东六十里，曰瑶碧之山，其木多梓、柟，其阴多青雘，其阳多白金。有鸟焉，其状如雉，恒食蜚[①]，名曰鸩。

【注释】

①蜚：一种有害的小昆虫。

【译文】

再往东六十里有座山，名叫瑶碧山，山上生长的树木多是梓树和楠木，山的北面有许多可做颜料的青色矿物，山的南面蕴藏着许多白色金矿石。山里栖息着一种鸟，它的形状与野鸡相似，常常吃蜚虫，这种鸟名叫鸩。

支离山

【原文】

又东四十里，曰支离之山。济水出焉，南流注于汉。有鸟焉，其名曰婴勺，其状如鹊，赤目、赤喙、白身，其尾若勺，其鸣自呼。多㸲牛，多羬羊。

【译文】

再向东四十里有座山，名叫支离山。济水发源于这座山，向南流入汉江之中。山里栖息着一种鸟，名叫婴勺，它的形状与喜鹊相似，长着红色的眼睛、红色的嘴巴和白色的身子，它的尾巴形状像勺子一样，它的鸣叫声就像是在呼叫自己的名字。山里有很多㸲牛，也有很多羬羊。

祑筒山

【原文】

又东北五十里，曰祑筒之山，其上多松、柏、机、桓。

【译文】

再向东北50里有座山，名祑筒山，山上生长着许多松树、柏树、机树、桓树。

堇理山

【原文】

又西北一百里，曰堇理之山，其上多松、柏，多美梓，其阴多丹雘，多金，其兽多豹、虎。有鸟焉，其状如鹊，青身白喙，白目白尾，名曰青耕，可以御疫，其鸣自呼。

【译文】

再向西北100里有座山，名叫堇理山，山上生长着许多松、柏，还有许多美丽的梓树，山的北面蕴藏着许多可做颜料的红色矿物，也有许多金矿石，山里的野兽多是豹、虎。山里栖息着一种鸟，形状与喜鹊相似，有青色的身子和白色的嘴，还有白色的眼睛和白色的尾巴，这种鸟名叫青耕，可以用来抵御瘟疫，它的叫声像是在呼喊自己的名字。

依轱山

【原文】

又东南三十里，曰依轱之山，其上多杻、橿，多苴[①]。有兽焉，其状如犬，虎爪有甲，其名曰獜，善駚坌[②]，食者不风[③]。

【注释】

①苴（chá）：通“柤”，即柤树。

②駚（yǎng）坌（fèn）：跳跃扑击。

③风：指中风、痛风等病症。

【译文】

再向东南30里有座山，名叫依轱山，山上生长着很多杻树、橿树，也有许多山楂树。山里栖息着一种野兽，它的形状与狗相似，长着老虎一样的爪子并且身上长着鳞甲，这种兽名叫獜，它擅长跳跃腾扑，吃了它的肉就不会患中风、痛风之类的病。

即谷山

【原文】

又东南三十五里，曰即谷之山，多美玉，多玄豹，多闾、麈，多麢、臭。其阳多珉，其阴多青雘。

【译文】

再往东南35里有座山，名叫即谷山，山里有很多美玉，也有许多黑豹、野驴、麈、羚羊、臭。山的南面有很多像玉一样的美石，山的北面有许多可做颜料的青色矿物。

鸡　山

【原文】

又东南四十里，曰鸡山，其上多美梓，多桑，其草多韭。

【译文】

再往东南40里有座山，名叫鸡山，山上生长着许多美丽的梓树，也有许多桑树，山上生长的草类多是韭菜。

高前山

【原文】

又东南五十里，曰高前之山。其上有水焉，甚寒而清，帝台之浆也，饮之者不心痛。其上有金，其下有赭。

【译文】

再往东南50里有座山，名叫高前山。山顶有一处泉水，水冰凉而清澈，这是帝台神饮用的水，喝了这种水就不会得心痛的病。山上蕴藏着许多金矿石，山下有许多红色土壤。

游戏山

【原文】

又东南三十里，曰游戏之山，多杻、橿、穀，多玉，多封石。

【译文】

再向东南30里有座山，名叫游戏山，山上生长着许多杻树、橿树、构树，有很多玉石，也有很多封石。

从　山

【原文】

又东南三十五里，曰从山，其上多松、柏，其下多竹。从水出于其上，潜于其下，其中多三足鳖，枝尾，食之无蛊疫。

【译文】

再向东南35里有座山，名叫从山，山上生长着许多松树、柏树，山下生长着许多竹子。从水发源于这座山的山顶，在山下潜流，水中有很多三只脚的鳖，尾巴上有分叉，吃了它的肉就不会受毒恶热气和瘟疫的侵扰。

乐马山

【原文】

又东南二十里，曰乐马之山。有兽焉，其状如彙[①]，赤如丹火，其名曰狭，见则其国大疫。

【注释】

①彙（huì）：指刺猬。

【译文】

再往东南20里有座山，名叫乐马山。山里栖息着一种野兽，它的形状与刺猬相似，全身通红如火，这种兽名叫狼，它出现在哪个国家，哪个国家就会有大瘟疫发生。

葴 山

【原文】

又东南二十五里，曰葴山，视水出焉，东南流注于汝水，其中多人鱼，多蛟，多颉①。

【注释】

①颉（jié）：即“獭”，即水獭。

【译文】

再往东南25里有座山，名叫葴山，视水发源于这座山，向东南流入汝水之中，水中有许多娃娃鱼，还有许多蛟龙和水獭。

婴 山

【原文】

又东四十里，曰婴山，其下多青雘，其上多金、玉。

【译文】

再向东40里有座山，名叫婴山，山下有许多可做颜料的青色矿物，山上蕴藏着很多金玉矿石。

虎首山

【原文】

又东三十里，曰虎首之山，多苴、椆、椐。

【译文】

再往东30里有座山，名叫虎首山，山上生长着许多山楂树、椆树、椐树。

婴矦山

【原文】

又东二十里，曰婴矦之山，其上多封石，其下多赤锡。

【译文】

再往东20里有座山，名叫婴矦山，山上有很多封石，山下蕴藏着许多赤锡矿石。

大孰山

【原文】

又东五十里，曰大孰之山。杀水出焉，东北流注于潩水，其中多白垩。

【译文】

再往东50里有座山，名叫大孰山。杀水发源于这座山，向东北流入潩水之中，水底有许多可做涂料的白色泥土。

卑　山

【原文】

又东四十里，曰卑山，其上多桃、李、苴、梓，多纍[1]。

【注释】

①累（léi）：即紫藤，一种蔓生植物。

【译文】

再向东40里有座山，名叫卑山，山上生长着许多桃树、李树、山楂树、梓树，也有许多紫藤。

倚帝山

【原文】

又东三十里，曰倚帝之山，其上多玉，其下多金。有兽焉，其状如鼣鼠，白耳白喙，名曰狙如，见则其国有大兵。

【译文】

再向东30里有座山，名叫倚帝山。山上有很多玉石，山下蕴藏着许多金矿石。山里栖息着一种野兽，它形状与鼣鼠相似，有白色的耳朵和白色的嘴，这种兽名叫狙如。它在哪个国家出现，哪个国家就会发生大的战争。

鲵　山

【原文】

又东三十里，曰鲵山。鲵水出于其上，潜于其下，其中多美垩。其上多金，其下多青雘。

【译文】

再往东三十里有座山，名叫鲵山。鲵水发源于这座山的山顶，在山下潜流，水底有许多美丽的可做涂料的有色土。山上蕴藏着很多金矿石，山下有很多可做颜料的青色矿物。

雅　山

【原文】

又东三十里，曰雅山。澧水出焉，东流注于瀙水，其中多大鱼。其上多美桑，其下多苴，多赤金。

【译文】

再往东30里有座山，名叫雅山。澧水发源于这座山，向东流入瀙水之中，水里游荡着很多大鲵。山上生长着许多美丽的桑树，山下生长着许多山楂树，还有许多赤金矿石。

宣　山

【原文】

又东五十五里，曰宣山。沦水出焉，东南流注于瀙水，其中多蛟。其上有桑焉，大五十尺，其枝四衢，其叶大尺余，赤理、黄华、青柎，名曰帝女之桑。

【译文】

再往东55里有座山，名叫宣山。沦水发源于这座山，向东南流入瀙水之中，水中潜游着许多蛟龙。山上生长着一棵桑树，树围有五丈宽，树枝向四方交错伸展，它的树叶有一尺多长，有着红色的纹理、黄色的花和青色的花萼，它的名字叫帝女桑。

衡　山

【原文】

又东四十五里，曰衡山，其上多青雘，多桑，其鸟多鸜鹆。

【译文】

再往东45里有座山，名叫衡山，山上有很多可做颜料的青色矿物，也有许多桑树，山上的鸟多为八哥。

【相关链接】

八　哥

八哥主要栖息于海拔两千米以下的低山丘陵和山脚平原地带的次生阔叶林、竹林之中，在我国南方的种群数量比较普遍。它们既是重要的农林益鸟，也是颇受欢迎的笼养鸟，因为它能模仿其他鸟的鸣叫，甚至可以模仿简单的人语。

八哥食性比较杂，平时以蝗虫、蚱蜢、金龟子、蛇、毛虫、地老虎、蝇、虱等昆虫为食，也吃谷粒、果实和种子等植物性食物，还常常追随农民和耕牛后边啄食犁翻出土面的蚯蚓、昆虫、蠕虫等。

八哥性喜结群，常立水牛或山羊的背上，帮助它们啄食身上的寄生虫；也经常集结于大树上，或成行站在屋脊上。另外又喜鸣叫，尤其在傍晚时分叫得最欢。它们每天晚上宿于竹林、大树或芦苇丛中，并与其他鸟类混群栖息。

丰　山

【原文】

又东四十里，曰丰山，其上多封石，其木多桑，多羊桃，状如桃而方茎，可以己皮张①。

【注释】

①皮张：一种皮肤浮肿的病症。张，通“胀”。

【译文】

再向东40里有座山，名叫丰山，山上有许多封石，山上生长着的树木大多是桑树，也有许多羊桃树，这种树形状与桃树相似而茎干是方形的，可以用来治愈皮肤浮肿的病症。

妪 山

【原文】

又东七十里，曰妪山，其上多美玉，其下多金，其草多鸡谷。

【译文】

再往东70里有座山，名叫妪山，山上有许多美玉，山下蕴藏着许多金矿石，山上生长的草类多是鸡谷。

鲜 山

【原文】

又东三十里，曰鲜山，其木多楢、杻、苴，其草多蘴冬，其阳多金，其阴多铁。有兽焉，其状如膜大[①]，赤喙、赤目、白尾，见则其邑有火，名曰狢即。

【注释】

①膜大：兽名。一说应作“膜犬”，西膜之犬，一种体形高大的犬，长着浓密的毛，性情凶悍，力量极大。

【译文】

再向东30里有座山，名叫鲜山，山上生长的树木多为楢树、杻树、山楂树，山上的草类多为天门冬，山的南面蕴藏着许多金矿石，山的北面蕴藏着许多铁矿石。山里栖息着一种野兽，它的形状与膜大相似，长着红色的嘴、红色的眼睛、白色的尾巴，它在哪里出现，哪里就会发生火灾，这种兽的名字叫狢即。

章 山

【原文】

又东三十里，曰章山，其阳多金，其阴多美石。皋水出焉，东流注于澧水，其中多脆石[①]。

【注释】

①脆石：一种质地松软容易碎裂的石头。

【译文】

再往东30里有座山，名叫章山，山的南面蕴藏着很多金矿石，北面有许多美丽的石头。皋水发源于这座山，向东流入澧水之中，水底有许多脆石。

大支山

【原文】

又东二十五里，曰大支之山，其阳多金，其木多榖、柞，无草木。

【译文】

再向东25里有座山，名叫大支山，山的南面蕴藏着很多金矿石，山上生长的树多是构树和柞树，山上光秃秃的不长草木。

区吴山

【原文】

又东五十里，曰区吴之山，其木多苴。

【译文】

再往东50里有座山，名叫区吴山，山上生长的树多是山楂树。

声匈山

【原文】

又东五十里，曰声匈之山，其木多榖，多玉，上多封石。

【译文】

再往东50里有座山，名叫声匈山，山上生长的树多是构树，有许多玉石，山顶上有许多封石。

大騩山

【原文】

又东五十里，曰大騩之山，其阳多赤金，其阴多砥石。

【译文】

再往东50里有座山，名叫大騩山，山的南面蕴藏着很多赤金矿石，山的北面有很多细磨刀石。

踵臼山

【原文】

又东十里，曰踵臼之山，无草木。

【译文】

再往东10里有座山，名叫踵臼山，山上光秃秃的不长草木。

历石山

【原文】

又东北七十里，曰历石之山，其木多荆、芑[①]，其阳多黄金，其阴多砥石。有兽焉，其状如狸而白首虎爪，名曰梁渠，见则其国有大兵。

【注释】

①芑（qǐ）：应作“杞”，即枸杞。

【译文】

再往东北70里有座山，名叫历石山，山上生长的树多为荆树和枸杞，山的南面蕴藏着许多黄金矿石，山的北面有许多细磨刀石。山里栖息着一种野兽，它的形状与山猫相似，脑袋是白色的，长着老虎一样的爪子，这种野兽名叫梁渠，它在哪个国家出现，哪个国家就会发生大的战争。

【相关链接】

枸　杞

枸杞既是一种名贵的中药材，又是一种营养滋补品，具有滋补肝肾、益精明目、润肺的功效，与灵芝搭配可防止百病。

从《诗经》“集于苞杞”时起，枸杞便用于医药，迄今已有3000余年的历史，自古就有晋朝葛洪单用枸杞子捣汁滴目，治疗眼科疾患的故事。枸杞子之名始见于《神农本草经》，并被列为上品，千百年来一直深受人们的喜爱。

相传在盛唐时期，一个西域商贾沿着丝绸之路来到中土，傍晚在客栈住宿，见有一女子十分严厉的斥责一名老者。商人看不下去，就上前责问：“你为何要这样责骂一个老人？”那女子叉着腰说：“我训自己的孙子，与你何干？”商人听了大吃一惊。原来，此女子已200多岁，那个老汉虽然年逾90，却真的是他的孙子。他受责打是因为不肯遵守族规服用草药，弄得未老先衰、两眼昏花。商人惊诧之余忙向女寿星讨教高寿的秘诀，女寿星见他一片真诚，便告诉他自己四季服用枸杞。后来枸杞传入中东和西方，被誉为“东方神草”。

求　山

【原文】

又东南一百里，曰求山。求水出于其上，潜于其下，中有美赭。其木多苴，多䉋。其阳多金，其阴多铁。

【译文】

再向东南一百里有座山，名叫求山。求水发源于这座山的山顶，在山下潜流，水中有许多优质的红土。山上生长的树多是山楂树，另外还有许多䉋竹。山的南面蕴藏着许多金矿石，山的北面蕴藏着许多铁矿石。

丑阳山

【原文】

又东二百里，曰丑阳之山，其上多椆、椐。有鸟焉，其状如乌而赤足，名曰䳐鵌，可以御火。

【译文】

再向东200里有座山，名叫丑阳山，山上生长着许多椆树和椐树。山里栖息着一种鸟，它的形状与乌鸦相似，长着红色的脚，这种鸟名叫䳐鵌，可以用来抵御火灾。

奥　山

【原文】

又东三百里，曰奥山，其上多柏、杻、橿，其阳多㻬琈之玉。奥水出焉，东流注于视水。

【译文】

再向东300里有座山，名叫奥山，山上生长着许多柏树、杻树、橿树。山的南面有很多㻬琈玉。奥水发源于这座山，向东流入视水之中。

服　山

【原文】

又东三十五里，曰服山，其木多苴，其上多封石，其下多赤锡。

【译文】

再向东三十五里有座山，名叫服山，山上生长的树大多是山楂树，山上有许多封石，山下蕴藏着许多赤锡矿石。

杳　山

【原文】

又东百十里，曰杳山，其上多嘉荣草，多金玉。

【译文】

再往东 110 里有座山，名叫杳山，山上生长着许多嘉荣草，还蕴藏着许多金玉矿石。

凡　山

【原文】

又东三百五十里，曰凡山，其木多楢、檀、杻，其草多香。有兽焉，其状如彘，黄身、白头、白尾，名曰闻獜，见则天下大风。

凡荆山之首，自翼望之山至于凡山，凡四十八山，三千七百三十二里。其神状皆彘身人首。其祠：毛用一雄鸡祈瘗，用一珪，糈用五种之精。禾山，帝也，其祠：太牢之具，羞瘗，倒毛[①]；用一璧，牛无常[②]。堵山、玉山，冢也，皆倒祠[③]，羞毛少牢，婴毛吉玉。

【注释】

①倒毛：在祭礼举行完毕后，把毛物倒转着身体埋掉。

②牛无常：这里的意思是不一定用牛作为祭品。无常，变化不定的意思。

③倒祠：即倒毛。

【译文】

再往东 350 里有座山，名叫凡山，山上生长的树多是楢树、檀树和杻树，山上的草类是香草。山里栖息着一种野兽，它的形状与猪相似，长着黄色的身子、白色的脑袋、白色的尾巴，这种兽名叫闻獜。只要它一出现，天下就会刮起大风。

总计荆山山系中的山，从第一座山翼望山起到凡山止，共有 48 座山，绵延 3732 里。这些山的山神的形状都是猪身而人首。祭祀这些山神的仪式是：用一只雄鸡作为毛物，将它埋入地下作为祭品，用一块珪作为悬挂在山神颈上的饰物，以去皮后的黍、稷、稻、粱、麦作为祭祀时的精米。禾山山神，是诸山神的首领，祭祀这位山神的仪式是：进献猪、牛、羊三牲，然后将它们倒着身子埋入地下；要用一块璧玉，但不一定非要用牛作祭品。堵山、玉山，是大山神的居住之所，祭祀完毕后都要把毛物的身子倒转过来埋入地下，用猪和羊作为祭品，以彩色的玉作为挂在山神颈部的饰品。

篇遇山

【原文】

中次十二经洞庭山之首，曰篇遇之山，无草木，多黄金。

【译文】

中次十二经洞庭山山系的第一座山，名叫篇遇山，山上光秃秃的不长草木，但蕴藏着很多黄金矿石。

云　山

【原文】

又东南五十里，曰云山，无草木。有桂竹，甚毒，伤人必死。其上多黄金，其下多瑻琈之玉。

【译文】

再向东南 50 里有座山，名叫云山，山上光秃秃的不长草木。只有一种桂竹，有很强的毒性，人一旦被它划伤就必死无疑。山上蕴藏着很多黄金矿石，山下有很多瑻琈玉。

【相关链接】

桂　竹

桂竹亦称斑竹、五月竹、麦黄竹、小麦竹，长成后杆高可达 12 米，直径 4~8 厘米，节间长 12~40 厘米，节有两个明显的环。《诸官故事》记载：梁元帝竹林堂亭前有竹，名桂竹，来风防露，上下合流，每日出罗纨翠，望若花开。因杆箨上有褐色斑点，故又名斑竹。

竹杆表皮坚硬，杆肉厚 0.4~1 厘米，在各类竹材中抗弯强度最大，最适

劈成竹篾制作竹编器具，还可以当作包裹家具的材料。桂竹的笋可以食用，同时它也是优良的绿化树种。

桂竹适宜在温暖湿润气候下生长，能耐 -18℃的低温，其分布范围也较为广泛，在我国黄河流域至长江以南各省区都有分布。湖北省红安县盛产桂竹，其北部山区几乎随处可见。从武夷山脉向西经五岭山脉至西南各省区均可见野生的桂竹。

龟　山

【原文】

又东南一百三十里，曰龟山，其木多榖、柞、椆、椐，其上多黄金，其下多青、雄黄，多扶竹[①]。

【注释】

①扶竹：即邛（qióng）竹，又叫扶老竹，常用以做手杖。

【译文】

再往东南 130 里有座山，名叫龟山，山中生长的树多是构树、柞树、椆树、椐树，山上蕴藏着许多黄金矿石，山下有许多石青、雄黄，还有许多可用以做手杖的扶竹。

丙　山

【原文】

又东七十里，曰丙山，多筀竹[①]，多黄金、铜、铁，无木。

【注释】

①筀（guì）竹：又叫桂竹，是一种质地坚韧的树，可用来做建筑材料。

【译文】

再向东 70 里有座山，名叫丙山，山上生长着许多桂竹，还有许多黄金矿石、铜矿石、铁矿石，山上没有树木。

风伯山

【原文】

又东南五十里，曰风伯之山，其上多金、玉，其下多痠石[①]、文石，多铁，其木多柳、杻、檀、楮。其东有林焉，名曰莽浮之林，多美木鸟兽。

【注释】

①酸（suān）石：石名，一说是砭石的一种，可以用来治病。

【译文】

再向东南50里有座山，名叫风伯山，山上蕴藏着许多金玉矿石，山下有许多酸石和带花纹的石头，还有许多铁矿石，山上生长着的树木多是柳树、杻树、檀树和构树。山的东面有一片树林，名叫莽浮林，林中有许多美丽的树木以及鸟兽。

夫夫山

【原文】

又东一百五十里，曰夫夫之山，其上多黄金，其下多青、雄黄，其木多桑、楮，其草多竹、鸡鼓[①]。神于儿居之，其状人身而身操两蛇[②]，常游于江渊，出入有光。

【注释】

①鸡鼓：同“鸡穀”，草名。

②身：应作“手”。

【译文】

再向东150里有座山，名叫夫夫山，山上蕴藏着许多黄金矿石，山下有许多石青、雄黄，山上生长的树木多是桑树、构树，山上生长的草多是竹子、鸡鼓。一个名叫于儿的神就居住在这座山上，他长着人一样的身子但手里握着两条蛇，常常在长江的深潭里巡游，出入时身上闪闪发光。

洞庭山

【原文】

又东南一百二十里，曰洞庭之山。其上多黄金，其下多银、铁，其木多柤、梨、橘、櫾，其草多葌、蘪芜[①]、芍药、芎䓖。帝之二女居之[②]，是常游于江渊。澧沅之风，交潇湘之渊，是在九江之间，出入必以飘风暴雨。是多怪神，状如人而载蛇，左右手操蛇，多怪鸟。

【注释】

①蘪芜：一种香草，中医可入药。

②帝之二女：指尧帝的两个女儿娥皇和女英。

【译文】

再往东南120里有座山，名叫洞庭山。山上蕴藏着许多黄金矿石，山下蕴藏着许多银矿石和铁矿石，山上生长的树木多是山楂树、梨树、橘树、柚树，草类多是荽草、蘼芜、芍药、川芎。尧帝的两个女儿就住在洞庭山中，她们常常在长江的深潭中游玩。由澧水和沅江吹来的风，交汇于湘江的深潭处，这里位于九条江河之间，她们出入时一定会伴有狂风暴雨。洞庭山上有许多奇怪的神，他们的形状与人相似，身上盘着蛇，左右两只手也握着蛇，山上还有许多奇怪的鸟。

即公山

【原文】

又东南二百里，曰即公之山，其上多黄金，其下多㻬琈之玉，其木多柳、杻、檀、桑。有兽焉，其状如龟而白身赤首，名曰蛫，是可以御火。

【译文】

再往东南200里有座山，名叫即公山，山上蕴藏着许多黄金矿石，山下有许多㻬琈玉，山上生长的树木多是柳树、杻树、檀树、桑树。山里栖息着一种野兽，它的形状与龟相似，长着白色的身子、红色的脑袋，这种兽名叫蛫，是一种可以防火的野兽。

尧　山

【原文】

又东南一百五十九里，曰尧山，其阴多黄垩，其阳多黄金，其木多荆、芑、柳、檀，其草多藷藇、茦。

【译文】

再往东南159里有座山，名叫尧山，山的北面有许多黄垩，山的南面蕴藏着许多黄金矿石，山上生长的树木多是荆树、枸杞、柳树、檀树，草类多是山药、茦。

江浮山

【原文】

又东南一百里，曰江浮之山，其上多银、砥砺，无草木，其兽多豕、鹿。

【译文】

再往东南一百里有座山，名叫江浮山，山上有许多银矿石和磨刀石，光秃秃的不长草木，山里的野兽多是野猪和鹿。

真陵山

【原文】

又东二百里，曰真陵之山，其上多黄金，其下多玉，其木多榖、柞、柳、杻，其草多荣草。

【译文】

再向东200里有座山，名叫真陵山，山上蕴藏着许多黄金矿石，山下有许多玉石，山上生长的树木多是构树、柞树、柳树、杻树，草类大多是荣草。

阳帝山

【原文】

又东南一百二十里，曰阳帝之山，多美铜，其木多橿、杻、檿[①]、楮，其兽多麢、麝[②]。

【注释】

①檿（yǎn）：山桑。

②麝：也叫香獐子，哺乳动物，外形像鹿而较小，善于跳跃。

【译文】

再往东南120里有座山，名叫阳帝山，山中蕴藏着许多优质的铜，山上生长的树木多是橿树、杻树、山桑树和构树，山里的野兽多是羚羊和香獐子。

柴桑山

【原文】

又南九十里，曰柴桑之山，其上多银，其下多碧，多泠石、赭，其木多柳、芑、楮、桑，其兽多麋鹿，多白蛇、飞蛇[①]。

【注释】

①飞蛇：即螣蛇，古书上说的一种能腾云驾雾而飞的蛇。

【译文】

再往南90里有座山，名叫柴桑山，山上蕴藏着许多银矿石，山下有许多青绿色的玉石，还有许多泠石和红土，山上生长的树木多是柳树、枸杞

树、构树和桑树，山里的野兽多是麋鹿，还有许多白蛇和飞蛇。

荣余山

【原文】

又东二百三十里，曰荣余之山，其上多铜，其下多银，其木多柳、芑，其虫多怪蛇、怪虫。

凡洞庭山之首，自篇遇之山至于荣余之山，凡十五山，二千八百里。其神状皆鸟身而龙首。其祠：毛用一雄鸡、一牝豚钊，糈用稌。凡夫夫之山、即公之山、尧山、阳帝之山，皆冢也，其祠：皆肆瘗[①]，祈用酒，毛用少牢，婴用一吉玉。洞庭、荣余山神也，其祠：皆肆瘗，祈酒，太牢祠，婴用圭璧十五,五采惠之[②]。

右中经之山志[③]，大凡百九十七山，二万一千三百七十一里。大凡天下名山五千三百七十，居地大凡六万四千五十六里。

禹曰：天下名山，经五千三百七十山，六万四千五十六里，居地也[④]。言其五臧[⑤]，盖其余小山甚众，不足记云。天地之东西二万八千里，南北二万六千里，出水之山者八千里，受水者八千里，出铜之山四百六十七，出铁之山三千六百九十。此天地之所分壤树谷也[⑥]，戈、矛之所发也，刃、铩之所起也[⑦]，能者有余，拙者不足。封于太山[⑧]，禅于梁父[⑨]，七十二家，得失之数，皆在此内，是谓国用[⑩]。

右五臧山经五篇，大凡一万五千五百三字。

【注释】

①肆：陈列的意思。

②五采：青、赤、白、黑、黄五种颜色。惠：通“绘”，描绘的意思。

③右：古籍通常采用竖排格式，并且是从右至左排列，所以这里的“右”相当于现在常说的“以上”“上述”等。志：即所记载的文字。

④居地：经过的地方或分布的地方。

⑤五臧：即“五藏”，指南山经、西山经、北山经、东山经、中山经。

⑥分壤：划分疆土。树谷：种植五谷。

⑦铩（shā）：古代的一种用以厮杀的长矛。

⑧太山：即今泰山。

⑨禅：指古代帝王辟场祭地。

⑩国用：指为国家所用。

【译文】

再往东230里有座山，名叫荣余山，山上蕴藏着许多铜矿石，山下蕴藏着许多银矿石，山上生长的树木多是柳树和枸杞，山里的动物多是怪蛇、怪虫。

总计洞庭山山系中的山，从第一座山篇遇山起到荣余山止，共有十五座山，绵延2800里。这些山的山神的形状都是鸟身龙首。祭祀这些山神的仪式是：选用一只雄鸡和一头母猪作为毛物，取它们的血来祭祀，祭祀用的精米为糯米。夫夫山、即公山、尧山、阳帝山，都是大的山神的居住之所，祭祀这些山神的仪式是：先把祭品陈列好，然后埋入地下，祈祷时向山神敬酒，进献猪、羊二牲，用一块彩色的玉作为悬挂在山神颈部的饰物。洞庭山、荣余山的山神很灵验，祭祀这二位山神的仪式是：先把祭品陈列好，而后把祭品埋入地下，祈祷时向山神敬酒，进献猪、羊、牛三牲齐备的太牢之礼，献上十五块圭和璧作为悬挂在山神颈部的饰物，并在圭和璧上绘出青、黄、赤、白、黑五种颜色。

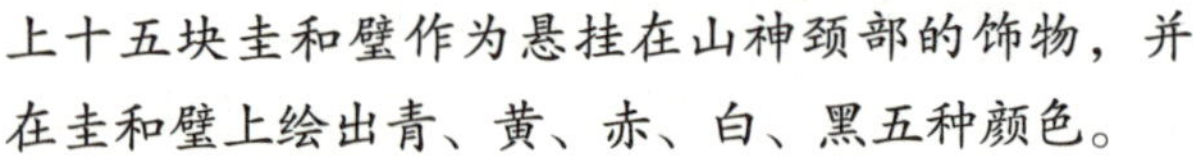

以上是中山经中记载的所有的山，总共有197座山，绵延21371里。总计天下的名山，共有5370座，分布的地域跨越64056里。

大禹说：天下著名的山，我走过的有5370座，共有64056里，这些山分布在各个地方。上面五部山经中记录了一些具有代表性的山，因为除此以外的小山实在太多，不值得一一记述。天地之间从东到西距离为28000里，从南到北距离为26000里，河流发源之山有8000里，河流流经之地也有8000里，出产铜的山有467座，出产铁的山有3690座。这是天地用来划分疆土、种植五谷的地方，戈和矛因此而出现，刀和铩也因此而兴起，它使有能力之人富足有余，使能力差的人贫困不足。古代的国君会在泰山上筑坛祭天，在梁父山上辟场祭地，一共有72家，有关成败得失的规律都在里面，这些都可为治理国家所用。

以上是五臧山经里的五篇，共计15503个字。

中卷：海经

第一卷：海外南经

《海外南经》以结匈国为起点，沿着从西南向东南的方向，记录了前面《南山经》所描述范围以南的广大地域中的一系列国家、物产和神话传说，其大致范围在今天我国南部地区，但具体位置已经不可考。

结匈国

【原文】

地之所载，六合之间[1]，四海之内[2]，照之以日月，经之以星辰，纪之以四时[3]，要之以太岁[4]。神灵所生，其物异形，或夭或寿，唯圣人能通其道。

海外自西南陬至东南陬者[5]。

结匈国在其西南，其为人结匈[6]。

【注释】

①六合：指东西南北和上下六个方位，泛指天地或宇宙。

②四海：古人认为我国四境有海环绕，各按方位为“东海”“南海”“西海”和“北海”。

③四时：指春夏秋冬四个季节。

④太岁：也叫岁星，即木星。

⑤陬（zōu）：隅，角落的意思。

⑥结匈：即鸡胸，因佝偻病而形成的胸骨突出的症状。匈同“胸”。

【译文】

大地所承载的，在天地四方之间，东

南西北四海之内，都蒙受太阳和月亮的照耀，让星辰在天空中循行，以春夏秋冬来记录四时的更替，以太岁星来矫正年度的变化。世间万物都是由神灵产生的，形态各不相同，寿命有长有短，这是只有圣贤才能理解和掌握的道理。

海外南经所记载的地域范围是从西南角到东南角。

结匈国在它（海外南经所记载范围）的西南部，这个国家的人都有着胸骨突出的症状。

【相关链接】

木　星

木星是太阳系中体积最大、质量最大的行星，其体积是地球的 1316 倍，质量相当于其他 7 大行星总和的 2.5 倍还多，是地球的 317.89 倍。在西方，早期一般称之为朱庇特星；而在中国，古代则称之为岁星或太岁。

木星是人类迄今为止发现的天然卫星最多的行星，已发现 68 颗卫星，它们连同木星一起组成了木星系。伽利略最早发现木星最亮的 4 颗卫星，由此它们被命名为伽利略卫星，环绕在离木星 40 万～ 190 万千米的轨道带上，也就是现在的木卫一、木卫二、木卫三、木卫四。

木星还是太阳系中自转最快的行星，自转一周仅需 9 小时 50 分 30 秒，木星并不是正球形的，而是两极扁，赤道鼓的椭圆形。因为木星体积巨大，所以反射太阳光的能力也强，是天空中第四亮的星星，仅次于太阳、月球和金星。

南　山

【原文】

南山在其东南。自此山来，虫为蛇，蛇号为鱼。一曰南山在结匈东南。

【译文】

南山位于它的东南方向。从这座山里出来的人，把虫叫作蛇，把蛇叫作鱼。也有说南山在结匈国的东南面。

比翼鸟

【原文】

比翼鸟在其东，其为鸟青、赤，两鸟比翼[①]。一曰在南山东。

【注释】

①比翼：指翅膀并在一起。

【译文】

比翼鸟栖息在它的东面，这种鸟为一青一红，两只鸟的翅膀并在一起飞翔。也有说比翼鸟的栖息之所在南山的东面。

羽民国

【原文】

羽民国在其东南，其为人长头，身生羽。一曰在比翼鸟东南，其为人长颊[①]。

【注释】

①颊：即脸颊。

【译文】

羽民国的位置在它的东南面，这里的人都长着长长的脑袋，身上长着羽毛。也有说这个国家在比翼鸟栖息地的东南面，国中的人都长着长长的脸颊。

二八神

【原文】

有神人二八[①]，连臂，为帝司夜于此野[②]。在羽民东，其为人小颊赤肩，尽十六人[③]。

【注释】

①二八：指十六。

②司：视察，守候的意思。

③尽：总共。

【译文】

有16位神人，他们的手臂连在一起，在山野之中为黄帝守夜。这些神人居住在羽民国的东边，他们长着小小的脸颊和红色的肩膀，总共有16个人。

毕方鸟

【原文】

毕方鸟在其东，青水西，其为鸟人面一脚。一曰在二八神东。

【译文】

毕方鸟栖息在它的东面，在青水的西面，这种鸟长着人一样的脸但只有一只脚。也有说毕方鸟栖息在十六位神人居住之地的东面。

讙头国

【原文】

讙头国在其南，其为人人面有翼，鸟喙，方捕鱼[①]。一曰在毕方东。或曰讙朱国。

【注释】

①方：擅长的意思。

【译文】

讙头国位于它的南面，这里的人都长着人一样的面孔但身上长着翅膀，有着鸟一样的嘴，擅长捕鱼。也有说讙头国在毕方鸟栖息之地的东面。还有人说讙头国又叫讙朱国。

厌火国

【原文】

厌火国在其国南[①]，兽身黑色，生火出其口中。一曰在讙朱东。三株树在厌火北，生赤水上，其为树如柏，叶皆为珠。一曰其为树若彗[②]。

【注释】

①其国：指讙头国。

②彗：即彗星。

【译文】

厌火国在讙头国的南面，这个国家的人都长着兽一样的身子，并全身呈黑色，能从口中吐出火来。也有说厌火国在讙朱国的东面。三株树在厌火国的北边，生长在赤水岸边，这种树形状与柏树相似，叶子都是珍珠的形状。还有人认为三株树的形状与彗星相似。

三苗国

【原文】

三苗国在赤水东，其为人相随。一曰三毛国。

【译文】

三苗国位于赤水的东面，这个国家的人相互跟随而行。也有说这是三毛国。

贯匈国

【原文】

贯匈国在其东，其为人匈有窍[①]。一曰在䳒国东。

【注释】

①窍：即空洞。

【译文】

贯匈国位于它的东边，这个国家的人胸部都有一个洞。也有说贯匈国在䳒国的东面。

交胫国

【原文】

交胫国在其东，其为人交胫[①]。一曰在贯匈东。

【注释】

①交胫：指小腿交叉。

【译文】

交胫国位于它的东面，这个国家的人两条小腿相互交叉。也有说交胫国在贯匈国的东面。

不死民

【原文】

不死民在其东，其为人黑色，寿[①]，不死。一曰在贯匈国东。

【注释】

①寿：长寿，年纪大的意思。

【译文】

不死民位于它的东面，这里的人皮肤呈黑色，能够长寿不死。也有说不死民在贯匈国的东面。

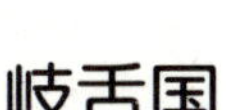

岐舌国

【原文】

岐舌国在其东。一曰在不死民东。

【译文】

岐舌国位于它的东边。也有说岐舌国在不死民的东边。

昆仑虚

【原文】

昆仑虚在其东，虚四方[①]。一曰在岐舌东，为虚四方。

【注释】

①虚：即“墟”，即山丘。

【译文】

昆仑虚位于它的东边，山呈四方形。也有说昆仑虚在岐舌国的东面，那儿的山呈四方形。

寿华之野

【原文】

羿与凿齿战于寿华之野[①]，羿射杀之。在昆仑虚东。羿持弓矢，凿齿持盾，一曰戈[②]。

【注释】

①羿：即后羿，夏朝有穷氏的首领。

②戈：古代的一种曲头兵器，横刃，用青铜或铁制成，装有长柄。

【译文】

后羿曾与凿齿在寿华的原野上交战，后羿用箭射死凿齿。交战地点在昆仑虚的东面。当时后羿手拿弓箭，凿齿手拿盾牌，还有人说凿齿当时拿着戈。

【相关链接】

后　羿

在我国的神话传说中，后羿是一个拥有神力的大英雄，“后羿射日”在民间广为流传。相传在尧帝时代，天上出现了十个太阳，烧得草木庄稼都枯焦了，于是尧帝请来了后羿。后羿一连射下九个太阳，拯救了苍生，民间因而奉他为“箭神”。后来，后羿千辛万苦到昆仑山的西王母那里取得了不死药，却被妻子嫦娥偷吃，嫦娥飞到了月亮上，后羿则郁郁而终。

其实，后羿本是夏王朝东夷族有穷氏的首领，也是个擅长射箭的人。夏王仲康死后，其子相继位。不久，后羿驱逐了相，自己当了国王，为夏朝的第六任国君。但后羿只顾四处打猎，终于被亲信寒浞所杀。而被后羿驱逐的相，后来逃到了有仍氏部落，娶妻后生下了少康。少康长大后养精蓄锐、招兵买马，准备充足后反攻寒浞，终于夺回了天下。夏朝从太康到少康，中间经过大约100年的混战，才恢复过来，历史上称“少康中兴”。

周饶国

【原文】

周饶国在其东，其为人短小，冠带①。一曰焦侥国，在三首东。

【注释】

①冠带：这里用作动词，指戴上帽子，系上衣带。

【译文】

周饶国位于它的东面，这个国家的人身材都很矮小，每个人都戴帽束带。还有人说这里是焦侥国，在三首国的东面。

长臂国

【原文】

长臂国在其东，捕鱼水中，两手各操一鱼。一曰在焦侥东，捕鱼海中。

【译文】

长臂国位于它的东边，这个国家的人以在水中捕鱼为生，能用左右两手各抓一条鱼。也有说长臂国在焦侥国的东面，国中的人在海中捕鱼。

狄山

【原文】

狄山，帝尧葬于阳[①]，帝喾葬于阴[②]。爰有熊、罴、文虎、蜼、豹、离朱[③]、视肉[④]。吁咽[⑤]、文王皆葬其所。一曰汤山。一曰爰有熊、罴、文虎、雄、豹、离朱、鸱久[⑥]、视肉、虖交[⑦]。其范林方三百里[⑧]。

【注释】

①尧：传说中远古部落联盟首领。

②喾：即五帝之一的高辛氏。

③离朱：传说中的神禽。

④视肉：传说中的怪兽。

⑤吁咽：可能指舜。

⑥鸱（chī）久：猫头鹰的一种。

⑦虖交：一种动物名。

⑧范林：指长势茂盛的森林。

【译文】

狄山，帝尧去世后埋葬在这座山的南面，帝喾去世后埋葬在山的北面。山里面栖息着熊、罴、斑纹虎、长尾猿、豹子、离朱、视肉。大舜和文王也都埋葬在这座山上。有人说狄山也叫汤山。还有人说这座山里栖息着熊、罴、斑纹虎、长尾猿、豹子、离朱、鸱久、视肉、虖交。这一带的范林方圆达 300 百里。

祝融

【原文】

南方祝融，兽身人面，乘两龙。

【译文】

南方的火神祝融，长着野兽的身体和人的面孔，骑着两条龙。

第二卷：海外西经

《海外西经》是以结匈国为起点，沿着从西南到西北的方向，记录了今天我国西部地区的一系列国家、物产和神话传说，其具体位置已经不可考。

灭蒙鸟

【原文】

海外自西南陬至西北陬者。

灭蒙鸟在结匈国北，为鸟青，赤尾。

【译文】

海外西经所记载地域范围是从西南角到西北角。

灭蒙鸟栖息在结匈国的北面，这种鸟身子呈青色，长有红色的尾巴。

大运山

【原文】

大运山高三百仞[①]，在灭蒙鸟北。

【注释】

①仞：古时以八尺或七尺为一仞。

【译文】

大运山高达300仞，位于灭蒙鸟栖息之地的北面。

大乐之野

【原文】

大乐之野，夏后启于此儛《九代》[①]，乘两龙，云盖三层。左手操翳[②]，右手操环，佩玉璜[③]。在大运山北。一曰大遗之野。

【注释】

①《九代》：乐曲名。

②翳（yì）：用羽毛做成的华盖。

③璜：一种半圆形的玉。

【译文】

大乐之野，夏朝的国君启曾在这里舞奏《九代》，他乘着两条龙，周围覆盖着三层云盖。左手举着用羽毛做的华盖，右手拿着玉环，身上佩戴着玉璜。大乐之野的位置是在大运山的北面。也有说启是在大遗之野观看歌舞。

三身国

【原文】

三身国在夏后启北，一首而三身。

【译文】

三身国在大乐之野的北面，这个国家的人都长着一个头和三个身子。

一臂国

【原文】

一臂国在其北，一臂、一目、一鼻孔。有黄马，虎文，一目而一手。

【译文】

一臂国位于它（海外西经所记载地域）的北面，国人都只长着一条胳膊、一只眼睛、一个鼻孔。那里有一种黄色的马，身上长着老虎一样的斑纹，只有一只眼睛、一条腿。

奇肱国

【原文】

奇肱之国在其北。其人一臂三目，有阴有阳，乘文马。有鸟焉，两头，赤黄色，在其旁。

【译文】

奇肱国位于它的北面。这个国家的人都长着一条胳膊和三只眼睛，一身兼有阴阳两性，乘坐的是带有斑纹的马。那里栖息着一种鸟，长着两个脑袋，呈赤黄色，伴随在他们身边。

形　天

【原文】

形天与帝至此争神[1]，帝断其首，葬之常羊之山。乃以乳为目，以脐为口，操干戚以舞[2]。

【注释】

①形天：即刑天，神话传说中的人物，曾与黄帝争夺帝位。

②干：盾牌。戚：大斧。

【译文】

形天与黄帝争夺帝位，黄帝斩断了形天的脑袋，并把它埋到常羊山。但形天仍不服气，于是以双乳作眼睛，以肚脐作嘴，继续挥舞手中的盾牌和大斧。

女祭、女戚

【原文】

女祭、女戚在其北，居两水间，戚操鱼䱇[1]，祭操俎[2]。

【注释】

①鱼䱇（dàn）：一种圆形的小酒器，是古代的一种礼器。

②俎（zǔ）：古代祭祀时放置祭品的器物。

【译文】

女祭、女戚在它的北部，她们居住在两条河流之间。女戚手里拿着圆形的小酒器，女祭手里拿着放置祭品的托盘。

丈夫国

【原文】

丈夫国在维鸟北，其为人衣冠带剑[1]。

【注释】

①衣冠：这里是衣帽整齐的意思。

【译文】

丈夫国位于维鸟栖居之地的北面，这个国家的人都衣冠整齐，并且身上佩剑。

女丑尸

【原文】

女丑之尸，生而十日炙杀之①。在丈夫北。以右手鄣其面②。十日居上，女丑居山之上。

【注释】

①炙：烤。

②鄣（zhāng）：同“障”，遮蔽的意思。

【译文】

有一具女丑的尸体，她生下来就被10个太阳活活烤死。位于丈夫国的北面。直到死去女丑的右手还遮掩着自己的脸。10个太阳高高地悬挂在空中，女丑的尸体则在山上。

巫咸国

【原文】

巫咸国在女丑北，右手操青蛇，左手操赤蛇。在登葆山，群巫所从上下也。并封在巫咸东，其状如彘，前后皆有首，黑。

【译文】

巫咸国位于女丑尸体的北面，这个国家的人总是右手拿着青蛇，左手拿着红蛇。国内有座登葆山，是巫师们往返于天地之间的地方。一种名叫并封的动物居住在巫咸国的东面，它的形状与猪相似，前面和后面各有一个脑袋，全身漆黑。

女子国

【原文】

女子国在巫咸北，两女子居，水周之。一曰居一门中。

【译文】

女子国位于巫咸国的北面，这里住有两个女子，周围被水环绕着。也有说她们住在一道门的中间。

轩辕国

【原文】

轩辕之国在此穷山之际，其不寿者八百岁。在女子国北，人面蛇身，尾

交首上。

【译文】

轩辕国的位置在穷山附近，这个国家的人即便不长寿者也能活到八百岁。轩辕国位于女子国的北面，这个国家的人都是人面蛇身，尾巴盘绕于头顶之上。

穷　山

【原文】

穷山在其北，不敢西射，畏轩辕之丘。在轩辕国北。其丘方，四蛇相绕。

【译文】

穷山位于它的北面，这里的人不敢朝着西方射箭，因为他们心里敬畏轩辕丘。轩辕丘位于轩辕国的北面。丘呈方形，有四条蛇相互环绕。

诸天之野

【原文】

此诸夭之野，鸾鸟自歌，凤鸟自舞。凤皇卵，民食之；甘露①，民饮之，所欲自从也。百兽相与群居。在四蛇北②。其人两手操卵食之，两鸟居前导之。

【注释】

①甘露：甜美的雨露，古人认为天下太平就会天降甘露。

②四蛇：这里指有四条蛇环绕的轩辕丘。

【译文】

这里有个叫诸夭之野的地方，鸾鸟自由地歌唱，凤鸟自在地起舞。凤凰生下的蛋，百姓可以食用；甘甜的雨露，百姓可以饮用，凡是他们想要的都能如愿以偿。各种野兽和人们相安无事地生活在一起。诸夭之野位于轩辕丘的北边。这里的人用双手捧着凤凰蛋吃，有两只鸟在前面引导。

龙　鱼

【原文】

龙鱼陵居在其北，状如狸①。一曰鰕②。即有神圣乘此以行九野。一曰鳖鱼在夭野北，其为鱼也如鲤。

【注释】

①狸：山猫。

②鰕（xiā）：大鲵，即娃娃鱼。

【译文】

在山陵中居住的龙鱼位于它的北面，龙鱼的形状与山猫相似。也有说它的形状像娃娃鱼。有神圣之人骑着龙鱼巡游于九州之地。也有说鳖鱼在诸夭之野的北面，它的形状与鲤鱼相似。

【相关链接】

大　鲵

大鲵是世界上现存最大的也是最珍贵的两栖动物，因为它的叫声很像婴儿的哭声，所以又被称为“娃娃鱼”。大鲵主要分布在亚洲，在我国主产于长江、黄河及珠江中上游支流的山涧溪流中。日本的大鲵俗称“大山椒鱼”，因为其身上有山椒的味道。

大鲵的食用价值非常高，它不但肉质细嫩、味道鲜美，而且含有优质的蛋白质和丰富的氨基酸，营养价值极高，被誉为“水中人参”；同时，大鲵还是一种名贵的药用动物，其肌肉、内脏、骨骼、表皮甚至分泌物均可入药，在古代典籍中时有记载。另外，大鲵的皮肤中含有大量活性胶原蛋白及表皮活性变白因子，有着使人体皮肤保持弹性、细腻白嫩的神奇功效，被认为是养颜美白的佳品。

我国本是大鲵的原产国，但20世纪70年代的大量出口加上生态环境的严重破坏，致使野生大鲵的数量急剧下降，许多地方甚至资源枯竭，濒临灭绝。为此，我国已于1988年将娃娃鱼列入了国家二级重点保护野生动物名单。

白民国

【原文】

白民之国在龙鱼北，白身被发[①]。有乘黄[②]，其状如狐，其背上有角，乘之寿二千岁。

【注释】

①被：同“披”，披散的意思。

②乘黄：传说中的异兽名。

【译文】

白民国位于龙鱼栖息之地的北边，这个国家的人都是浑身雪白，披散着

头发。国内有一种名叫乘黄的兽，它的形状与狐相似，背上长着角，人若骑在它的身上就能活两千岁。

肃慎国

【原文】

肃慎之国在白民北。有树名曰雄常，先入伐帝，于此取之。

【译文】

肃慎国位于白民国之北。这个国家里有一种名叫雄常的树，只要有圣人称帝，就取这种树的树皮来做衣服。

蓐 收

【原文】

西方蓐收[①]，左耳有蛇，乘两龙。

【注释】

①蓐（rù）收：古代传说中的神名。

【译文】

西方有个叫蓐收的神，他的左耳上有蛇，坐骑是两条龙。

第三卷：海外北经

《海外北经》以长股国为起点，依次向东展开叙述，记录了我国中原以北地区的一系列国家、物产和神话传说，其具体位置已经不可考。

烛 阴

【原文】

钟山之神，名曰烛阴，视为昼，瞑为夜[①]，吹为冬，呼为夏。不饮，不食，不息[②]，息为风，身长千里。在无膂之东。其为物，人面蛇身，赤色，居钟山下。

①瞑：闭上眼睛。

②息：呼吸的意思。

【译文】

钟山的山神，名叫烛阴，他睁开眼睛，天下就成了白天；闭上眼睛，天下就成了黑夜；他吹一口气，天下就成了寒冬；呼一口气，天下就成了炎夏。烛阴平时不喝水，不吃东西，也不呼吸，而他只要一呼吸，就会变成风。他的身体有一千里长。居住在无脊国的东面。他有着人一样的面孔和蛇一样的身子，全身呈赤红色，住在钟山的脚下。

【相关链接】

烛　龙

烛龙是中国古代汉族神话传说中的神兽，其形象是人面龙身，口中衔烛，眼中放出的神光照耀整个大地，这个神的形象明显来自古代对气象的自然崇拜。

关于烛龙的原型，历来有很多不同的说法。有人认为它是一种自然奇观——火山锥。火山锥是火山喷出物在喷出口周围堆积而形成的山丘，火山在燃烧的时候，时而浓烟蔽空，遮蔽大地，如同黑夜；时而又火光喷发，光照大地，使黑夜变成白昼。火山喷涌出的岩浆像一条火红色的长龙一样蜿蜒天际。还有人认为烛龙其实就是北极光，《山海经》中对于烛龙神的描绘虽然掺杂了神话色彩，但与许多自然神话一样，多半是古人根据实际观察的现象而加以记录的，那是某种自然现象在古人头脑中的反映。而如果仔细分析我国古籍中关于烛龙神的形态，再对比北极圈内所发生的昼夜变化、北极光等，我们就会惊奇地发现，《山海经》中对烛龙神的记述，正是对北极光最详尽生动的描绘。

一目国

【原文】

一目国在其东，一目中其面而居。一曰有手足。

【译文】

一目国在它（海外北经所记载地域）的东面，这个国家的人只有一只眼睛，眼睛长在脸的正中间。也有说这个国家的人有手有脚。

柔利国

【原文】

柔利国在一目东，为人一手一足，反膝[1]，曲足居上[2]。一云留利之国，人足反折。

【注释】

①反膝：膝盖反着长。

②曲足居上：脚面弯曲，脚心朝上。

【译文】

柔利国位于一目国的东面，这个国家的人都长有一只手、一只脚，膝盖反着长，脚心弯曲朝向上方。也有说这个国家名叫留利国，国中之人的脚都向反方向弯折。

相柳氏

【原文】

共工之臣曰相柳氏[1]，九首，以食于九山。相柳之所抵，厥为泽溪。禹杀相柳，其血腥，不可以树五谷种。禹厥之[2]，三仞三沮[3]，乃以为众帝之台。在昆仑之北，柔利之东。相柳者，九首人面，蛇身而青。不敢北射，畏共工之台。台在其东。台四方，隅有一蛇，虎色，首冲南方。

【注释】

①共工：神话中的人物，传说曾与颛顼争为帝，失败后愤怒地用头触不周山。

②厥：通“撅”，挖掘的意思。

③仞：通“轫”，满的意思。沮：毁坏。这里指下陷。

【译文】

共工身边有个叫相柳氏的臣子，他长着九个脑袋，能同时在九座山上取食。相柳所接触到的地方，都会变成沼泽和溪流。大禹为治水而杀死了相柳，但相柳身上流出的血腥臭不堪，所流经的地方都无法种植五谷。于是大禹掘土填埋这块地方，填满了三次却塌陷了三次，大禹用掘出的土为众帝建造了帝台。帝台在昆仑山的北面、柔利国的东面。相柳，有九个脑袋和人一样的脸，还有蛇一样的身子，身子呈青色。相柳不敢朝北方射箭，因为他敬畏共工之台。共工之台在帝台的东面。台呈四方形，每个角上有一条蛇，身上长着老虎一样的斑纹，蛇头朝着南方。

深目国

【原文】

深目国在其东，为人举一手，一目。在共工台东。

【译文】

深目国位于它的东边，这个国家的人都举着一只手，只有一只眼睛。也有说深目国在共工台的东边。

无肠国

【原文】

无肠之国在深目东，其为人长而无肠。

【译文】

无肠国的位置在深目国的东边，这个国家的人个子都很高，但肚子里没有肠子。

聂耳国

【原文】

聂耳之国在无肠国东[①]，使两文虎，为人两手聂其耳，县居海水中[②]，及水所出入奇物。两虎在其东。

【注释】

①聂：通“摄”，抓着的意思。

②县：通“悬”，高踞的意思。

【译文】

聂耳国的位置在无肠国的东边，这个国家的人能驱使两只带有斑纹的老虎，他们总是用两手抓着自己的耳朵，聂耳国的人居住在海水环绕的小岛上，能进入海水中捕捉奇异生物。有两只老虎在聂耳国的东面。

夸父国

【原文】

夸父与日逐走[①]，入日。渴、欲得饮，饮于河、渭，河、渭不足，北饮大泽。未至，道渴而死。弃其杖，化为邓林[②]。

夸父国在聂耳东，其为人大，右手操青蛇，左手操黄蛇。邓林在其东，二树木：一曰博父。

【注释】

①逐走：追着跑的意思。

②邓林：树林名。

【译文】

夸父追赶着太阳奔跑，在接近太阳时。夸父感到口渴难忍，想要喝水，于是去喝黄河和渭河中的水，结果将两条河的水喝干了也不够，就去喝北方大泽里的水。但还没跑到大泽，就渴死在半路上了。夸父临死前将自己的手杖扔掉了，这根手杖后来变成了邓林。

夸父国的位置在聂耳国的东边，这个国家的人身材都很高大，右手握着青蛇，左手握着黄蛇。邓林位于夸父国的东面，由两棵树组成。也有说夸父国就是博父国。

【相关链接】

夸　父

夸父是我国上古时期著名的神话传说人物。相传在黄帝时期，北方大荒中居住着大神后土的子孙，他们长的个个身材高，力气大，称夸父族，又叫巨人族。夸父族曾帮助蚩尤部落对抗黄帝部落，但后来被黄帝部落打败。

“夸父逐日”的传说在我国广为流传，《山海经》里的夸父是高大伟岸的神，他英勇无畏，敢于向太阳挑战；他气吞山河，能豪饮下两河之水；他神通广大，死后连手中的木杖都能化为邓林。晋代陶潜在《读〈山海经〉》中称赞夸父“夸父诞宏志，乃与日竞走”，文学家萧兵认为夸父是“盗火英雄”，是中国的“普罗米修斯”。

现在有学者认为，“夸父逐日”在历史上确有其事，它实际上是中华民族历史上的一次长距离的部族迁徙。夸父族在长期的农业生产过程中认识到了阳光的重要性，他们认为太阳落下的禺谷里阳光是最充足的，于是认为迁移到那里去是一个最好的选择。于是他们开始悲壮的迁徙之旅，最终走进了

沙漠，部族大部分人干渴而死。

欧丝之野

【原文】

欧丝之野在大踵东[①]，一女子跪据树欧丝。三桑无枝，在欧丝东，其木长百仞，无枝。

【注释】

①欧丝：即吐丝。

【译文】

欧丝之野位于大踵国的东面，那里有一个女子跪着倚靠在桑树上吐丝。有三棵没有树枝的桑树，生长在欧丝之野的东面，它们高达百仞，但没有枝叶。

范　林

【原文】

范林方三百里，在三桑东，洲环其下。

【译文】

范林方圆三百里，位于三棵桑树的东边，它的下面有沙洲环绕。

务隅山

【原文】

务隅之山，帝颛顼葬于阳，九嫔葬于阴。一曰爰有熊、罴、文虎、离朱、鸱久、视肉。

【译文】

这里有一座务隅山，颛顼帝就埋葬在山的南面，他的九位嫔妃埋葬在山的北面。也有说这座山里有熊、罴、花斑虎、离朱、鸱久、视肉。

平　丘

【原文】

平丘在三桑东。爰有遗玉[①]、青鸟[②]、视肉、杨柳、甘柤[③]、甘华，百果所生。有两山夹上谷，二大丘居中，名曰平丘。

【注释】

①遗玉：玉石名，一说是琥珀。

②青鸟：传说中的神鸟，西王母的使者。

③甘柤：传说中的一种植物，树干是红色的，花是黄色的，叶是白色的，果实是黑色的。

【译文】

平丘位于三棵桑树的东面。这里有遗玉、青鸟、视肉、杨柳、甘柤、甘华，生长着各种各样的果树。有两座山夹着一个大山谷，中间有两个大的丘陵，名叫平丘。

北海诸兽

【原文】

北海内有兽，其状如马，名曰騊駼[①]。有兽焉，其名曰駮，状如白马，锯牙，食虎豹。有素兽焉，状如马，名曰蛩蛩。有青兽焉，状如虎，名曰罗罗。

【注释】

①騊駼（táo tú）：一种毛色以青为主的野马。

【译文】

北海之内有一种野兽，它的形状像马一样，名叫騊駼。还有一种野兽，名叫駮，形状像白马，长着锯齿一样的牙齿，以虎和豹为食。还有一种白色的野兽，形状像马，名叫蛩蛩。还有一种青色的野兽，形状像虎，名叫罗罗。

禺强

【原文】

北方禺强，人面鸟身，珥两青蛇[①]，践两青蛇[②]。

【注释】

①珥（ěr）：贯耳，这里指悬挂。

②践：踩着的意思。

【译文】

北方有个名叫禺强的神，他长着人的面孔和鸟的身子，用两条青蛇做耳饰，脚底下还踩着两条青蛇。

第四卷：海外东经

《海外东经》以䯪丘为起点，向北依次展开叙述，记录了位于我国东部地区的一系列国家、物产和神话传说，其具体位置已经不可考。

大人国

【原文】

大人国在其北，为人大，坐而削船①。一曰在䯪丘北。

【注释】

①削船：削同“梢”，指长杆。意思是用长杆划船。

【译文】

大人国位于它（海外东经所记载地域）的北边，这个国家的人身材都很高大，他们坐着划船。也有说大人国位于䯪丘的北边。

奢比尸

【原文】

奢比之尸在其北，兽身、人面、大耳，珥两青蛇。一曰肝榆之尸，在大人北。

【译文】

奢比尸位于它的北边，他有着野兽一样的身子，但长着人一样的脸，耳朵大大的，并以两条青蛇做耳饰。也有说这是肝榆尸，位于大人国的北边。

【相关链接】

蛇与神

《山海经》中对于蛇的记录超乎一般动物的数量，许多山神都是与蛇为伍的，蛇甚至成了氏族神话中神的标志之一。

提到蛇，不少人觉得“不好”，甚至有些属相为蛇的人不愿说自己属蛇，而说自己属“小龙”。然而在我国古代文化中，蛇代表的往往是美好、神圣的形象，它与神的关系非常密切。《山海经》记载着我国远古时期有58个信奉图腾的部落，其中有8个以蛇为图腾。另外，神话中的烛龙就是人面蛇身的形象；巨人夸父的形象是“珥两黄蛇，把两黄蛇”；被誉为人类始祖的伏羲和女娲的形象也都是人首蛇身；根据明代董斯张《广博物志》中引三国吴人徐整著《五运历年纪》的说法，“盘古之君，龙头蛇身”，从这句话中可以知道，开天辟地的盘古也是蛇的形象；而在家喻户晓的《白蛇传》故事里，一个化为美女的蛇与心爱的人缔结下美好姻缘，成为人们心目中美丽、勇敢和对爱情忠贞不渝的象征。我国民间传说中的“蛇盘兔”“蛇盘娃”，也都是把蛇当作一种保护神来看待。

君子国

【原文】

君子国在其北，衣冠带剑，食兽，使二大虎在旁，其人好让不争。有薰华草，朝生夕死。一曰在肝榆之尸北。

【译文】

君子国位于它的北面，这个国家的人都是衣冠整齐，并且身上佩剑，能吃野兽，驱使两只大老虎在身旁，这里的人喜欢谦让而不喜欢争斗。这里长着一种薰华草，每天早晨开花，傍晚凋谢。也有说这个国家在肝榆尸所在之地的北边。

䖝䖝

【原文】

䖝䖝在其北[①]，各有两首。一曰在君子国北。

【注释】

①䖝䖝（hóng）：䖝同“虹”，即虹霓。雨后或日出前后天空出现的七色圆弧。

【译文】

虿虿位于它的北面，各有两个脑袋。也有说虿虿位于君子国的北面。

朝阳谷

【原文】

朝阳之谷，神曰天吴，是为水伯。在虿虿北两水间。其为兽也，八首人面，八足八尾，皆青黄。

【译文】

朝阳谷里，住着一位名叫天吴的神，这是一位水神。朝阳谷位于虿虿北边的两条水流中间。这位神的样子与野兽相似，长着八个脑袋，并且有着人的面孔，有着八条腿和八条尾巴，全身皆呈青黄色。

青丘国

【原文】

青丘国在其北，其狐四足九尾。一曰在朝阳北。帝命竖亥步[①]，自东极至于西极，五亿十选九千八百步[②]。竖亥右手把算[③]，左手指青丘北。一曰禹令竖亥。一曰五亿十万九千八百步。

【注释】

①竖亥：神话传说中一个走得很快的人。步：指以脚步测量距离。

②选：数词，万。

③算：即算筹，古代一种计数工具。

【译文】

青丘国位于它的北面，那里栖居着一种狐狸，它长着四条腿和九条尾巴。也有说青丘国在朝阳谷的北边。天帝命令竖亥以脚步测量大地的长度，竖亥从最东端走到最西端，共走了5亿10万9800步。竖亥右手拿着算筹，左手指着青丘国的北边。也有说是禹命令竖亥以脚步测量大地的。还说测量的结果是5亿10万9800步。

黑齿国

【原文】

黑齿国在其北，为人黑，食稻啖蛇，一赤一青，在其旁。一曰在竖亥

北，为人黑首，食稻使蛇，其一蛇赤。

【译文】

黑齿国位于它的北面，这个国家的人牙齿呈黑色，他们吃稻米和蛇，还有一红一青两条蛇，经常伴随其身边。也有说黑齿国位于竖亥所居之地的北面，那里的人都长着黑色的脑袋，以稻米为食，还能驱使蛇，并且其中一条蛇是红色的。

汤　谷

【原文】

下有汤谷。汤谷上有扶桑，十日所浴，在黑齿北。居水中，有大木，九日居下枝，一日居上枝。

【译文】

下面还有汤谷。汤谷上长着一棵扶桑树，那里是10个太阳洗澡的地方，位置在黑齿国的北面。在汤谷的水中，有一棵大树，九个太阳栖居在下面的树枝上，一个太阳住在上面的树枝上。

【相关链接】

后羿射日

相传在尧帝时期，天上曾同时出现十个太阳，它们把土地烤焦了，庄稼烤干枯了，人们热得喘不过气来，倒在地上昏迷不醒。因为天气酷热的缘故，一些怪禽猛兽也都从干涸的江湖和火焰似的森林里跑出来残害百姓。

人间的浩劫终于惊动了天上的神，天帝常俊命令善于射箭的后羿下到人间，协助尧帝解决百姓的苦难。后羿带着天帝赐给他的一张红色的弓，一口袋白色的箭，还带着他的美丽的妻子嫦娥一起来到人间。

后羿爬到高高的山顶，从肩上除下那红色的弓，取出白色的箭，拉满弓弦，“嗖”的一声朝一个太阳射去。只见天空出现爆裂的火球，坠下一只三脚的乌鸦。其他的太阳看到后羿如此神力惊人，都吓得全身打颤，团团旋转。后羿继续将箭一支一支地向太阳射去，顷刻间十个太阳被射去了九个。尧帝认为留下一个太阳对人民有用处，这才拦阻了后羿的继续射击。从此，这个太阳就按照后羿的吩咐，每天从东方的海边升起，晚上从西边山上落下，温暖着人间，维持万物生存，再也不敢有丝毫懈怠了。

后羿拯救了苍生，使人们过上了安居乐业的生活，人们都纷纷颂扬他的公德，尊称他为箭神。然而，后羿的丰功伟绩却受到了其他天神的妒忌，他

们到天帝那里去进谗言，使天帝把他永远贬斥到人间。后羿觉得对不起受他连累而谪居下凡的妻子，这才引出后来“昆仑山寻药”“嫦娥奔月”等故事。

雨师妾

【原文】

雨师妾在其北，其为人黑，两手各操一蛇，左耳有青蛇，右耳有赤蛇。一曰在十日北，为人黑身人面，各操一鼋。

【译文】

雨师妾国位于它的北边，这个国家的人全身皮肤呈黑色，左右两只手各握着一条蛇，左边耳朵上挂着一条青蛇，右边耳朵上挂着一条红蛇。也有说雨师妾国在10个太阳栖息之地的北边，那里的人都长着黑色的身子和人一样的面孔，两手各握着一只龟。

玄股国

【原文】

玄股之国在其北，其为人衣鱼食驱[①]，使两鸟夹之。一曰在雨师妾北。

【注释】

①衣鱼：用鱼皮做衣服。驱（ōu）：同“鸥”。

【译文】

玄股国位于它的北面，这个国家的人穿鱼皮做的衣服，以鸥鸟为食，有两只鸟在他们左右听候使唤。也有说玄股国位于雨师妾国的北边。

毛民国

【原文】

毛民之国在其北，为人身生毛。一曰在玄股北。

【译文】

毛民国位于它的北边，这个国家的人浑身长毛。也有说毛民国在玄股国的北面。

劳民国

【原文】

劳民国在其北，其为人黑。或曰教民。一曰在毛民北，为人面目手足

尽黑。

【译文】

劳民国位于它的北边，这个国家的人全身呈黑色。也有说这个国名叫教民国。还有说劳民国在毛民国的北边，那里的人脸、眼睛、手、脚全是黑色的。

句芒

【原文】

东方句芒，鸟身人面，乘两龙。

建平元年四月丙戌，待诏太常属臣望校治①，侍中光禄勋臣龚、侍中奉车都尉光禄大夫臣秀领主省②。

【注释】

①望：可能为丁望，人名。校治：考订整理的意思。

②龚：指王龚。秀：指刘歆，后改为秀。领主省：指负责主要的工作。

【译文】

东方有位叫句芒的神，他长着鸟的身子和人的面孔，驾乘着两条龙。

建平元年四月丙戌日，待诏太常属臣丁望考订整理，侍中光禄勋臣王龚、侍中奉车都尉光禄大夫刘歆领衔主持主要工作。

第五卷：海内南经

《海内南经》以三天子鄣山为起点，沿着从东到西的方向，记录了海内东南角到西南角的一系列国家、物产和神话传说，其大致范围包括今浙江、福建、广东一带的广大地域。

三天子鄣山

【原文】

海内东南陬以西者。

瓯居海中①。闽在海中②，其西北有山。一曰闽中山在海中。三天子鄣山

在闽西海北。一曰在海中。桂林八树在番隅东。

【注释】

①瓯：即东瓯，古代对温州及浙江南部沿海地区的别称。

②闽：福建省的别称。

【译文】

海内南经记载的地域是东南角以西的地方。

瓯位于海中。闽也在海中，它的西北方有山。也有说闽地一带的山在海中。三天子鄣山在闽的西方，海的北方。也有说这座山在海中。桂林的八棵树位于番隅的东面。

伯虑国、离耳国、雕题国、北朐国

【原文】

伯虑国、离耳国、雕题国、北朐国皆在郁水南。郁水出湘陵南海。一曰相虑。

【译文】

伯虑国、离耳国、雕题国、北朐国的位置都在郁水的南面。郁水发源于湘陵，向南流入南海之中。也有说伯虑就是相虑。

枭阳国

【原文】

枭阳国在北朐之西。其为人人面长唇，黑身有毛，反踵，见人笑亦笑，左手操管。

【译文】

枭阳国的位置在北朐国的西边。这个国家的人长着人一样的脸，还有长长的嘴唇，身体呈黑色并且有毛，脚跟反着长，见到别人笑也跟着笑，左手拿着竹管。

兕

【原文】

兕在舜葬东、湘水南。其状如牛，苍黑，一角。

【译文】

兕的栖息之地在帝舜埋葬之地的东边、湘江的南边。兕的形状与牛相似，身体呈苍黑色，长有一只犄角。

苍梧山

【原文】

苍梧之山，帝舜葬于阳，帝丹朱葬于阴①。

【注释】

①丹朱：传说中帝尧的儿子，名朱，因居住在丹水，故名丹朱。

【译文】

苍梧山，帝舜去世后葬在它的南面，帝丹朱去世后葬在它的北面。

泛 林

【原文】

泛林方三百里，在狌狌东。

【译文】

泛林方圆三百里，在猩猩栖息之地的东面。

狌 狌

【原文】

狌狌知人名，其为兽如豕而人面，在舜葬西。狌狌西北有犀牛，其状如牛而黑。

【译文】

猩猩能知道人的名字，它们作为野兽有着猪的外形和人的面孔，居住在帝舜所葬之地的西面。猩猩栖息之地的西北方有犀牛，其形状与牛相似，全身呈黑色。

孟 涂

【原文】

夏后启之臣曰孟涂，是司神于巴。人请讼于孟涂之所，其衣有血者乃执之，是请生[①]。居山上，在丹山西。丹山在丹阳南，丹阳居属也[②]。

【注释】

①请生：请求活命。

②居：应作“巴”。

【译文】

夏朝国君启有一个臣子叫孟涂，他是掌管巴地的神。有人到孟涂那里去请他审理案件，他就把衣服上沾有血迹的人抓了起来，被抓起来的人只好向他请求饶命。孟涂居住在山上，位置在丹山的西面。丹山在丹阳的南边，丹阳则为巴的属地。

窫 窳

【原文】

窫窳龙首[①]，居弱水中[②]，在狌狌知人名之西，其状如龙首，食人。有木，其状如牛，引之有皮[③]，若缨、黄蛇。其叶如罗[④]，其实如栾，其木若蓲[⑤]，其名曰建木，在窫窳西弱水上。

【注释】

①窫窳（yà yǔ）：古代传说中的一种野兽。

②弱水：水名。古人又把水浅而不能载舟的水称为弱水。

③引：牵拉。

④罗：指用绳子结成的罗网。

⑤蓲（qiū）：指刺榆树。

【译文】

窫窳长着龙一样的脑袋，居住在弱水之中，位置在能知道人姓名的猩猩所居之地的西边，它的形状像龙的脑袋，是一种会吃人的野兽。有一种树，它形状与牛相似，牵拉它时能扯下树皮，拉下的树皮像缨带和黄蛇一样。它的叶子像绳子结成的罗网，所结的果实与栾树的果实相似，树干与刺榆树相似，这种树名叫建木，它生长在窫窳栖息之地西边的弱水上。

氐人国

【原文】

氐人国在建木西，其为人人面而鱼身，无足。

【译文】

氐人国的位置在建木生长之地的西边，这里的人长着人的面孔和鱼的身子，没有脚。

巴　蛇

【原文】

巴蛇食象，三岁而出其骨，君子服之，无心腹之疾。其为蛇青、黄、赤、黑。一曰黑蛇青首，在犀牛西。

【译文】

巴蛇吃掉大象，三年后才吐出象骨，君子吃了巴蛇的肉，就不会得心脏和腹部的疾病。这种蛇身上有青、黄、红、黑四种颜色。也有说巴蛇名为黑蛇，长着青色的脑袋，住在犀牛栖居之地的西边。

旄　马

【原文】

旄马，其状如马，四节有毛。在巴蛇西北、高山南。

【译文】

有一种旄马，它的形状与马相似，四条腿的关节处都长着毛。旄马的栖息之地是在巴蛇栖息之地的西北边、高山的南边。

匈奴国、开题国、列人国

【原文】

匈奴、开题之国、列人之国并在西北。

【译文】

匈奴国、开题国、列人国都位于西北方向。

第六卷：海内西经

《海内西经》主要围绕昆仑山进行叙述，沿着从东到西的方向，记录了今天我国西北一带的一系列国家、河流、物产和神话传说，其大致范围包括今陕西、山西、河北、内蒙古等省区。

危

【原文】

海内西南陬以北者。

贰负之臣曰危，危与贰负杀窫窳。帝乃梏之疏属之山[①]，桎其右足[②]，反缚两手与发，系之山上木。在开题西北。

【注释】

①梏：古代一种木质手铐，这里是拘禁的意思。

②桎：古代一种木质脚镣，这里指戴上脚镣。

【译文】

海内西经中记载的是西南角以北的地区。

贰负有个臣子名叫危，危与贰负一起杀死了窫窳。天帝就将危拘禁在疏属之山，给他的右脚戴上脚镣，把他的双手和头发绑在一起，将他吊在山中的大树上。囚禁他的地方位于开题国的西北边。

大泽

【原文】

大泽方百里，群鸟所生及所解[①]。在雁门北。

【注释】

①解：脱换羽毛。

【译文】

大泽方圆百里，是很多鸟儿繁衍生息和脱羽换毛的地方。大泽的位置在雁门山的北边。

雁门山

【原文】

雁门山，雁出其间。在高柳北。

【译文】

雁门山，大雁从山间出入。这座山的位置在高柳的北面。

高 柳

【原文】

高柳在代北。

【译文】

高柳的位置在代的北边。

后稷之葬

【原文】

后稷之葬①，山水环之。在氐国西。

【注释】

①后稷：周族的始祖，名弃。

【译文】

埋葬后稷的地方，周围有山水环绕着。这个地方位于氐国的西边。

流黄酆氏国

【原文】

流黄酆氏之国，中方三百里，有涂四方①，中有山。在后稷葬西。

【注释】

①涂：通“途”，即路途。

【译文】

流黄酆氏国，它的国土方圆有三百里，四面八方都有道路通过，国中有一座大山。这个国家位于后稷所葬之地的西边。

流沙

【原文】

流沙出钟山，西行又南行昆仑之虚，西南入海，黑水之山。

东胡在大泽东。夷人在东胡东。

【译文】

流沙发源于钟山，向西流动再向南一直延伸到昆仑山，再向西南进入大海，最后到达黑水山。

东胡位于大泽的东边。夷人的居住地位于东胡的东边。

貊国

【原文】

貊国在汉水东北[1]，地近于燕，灭之。

【注释】

①貊（mò）：古族名。

【译文】

貊国的位置在汉水的东北边，这个地方与燕国临近，后来被燕国灭掉。

孟鸟

【原文】

孟鸟在貊国东北。其鸟文赤、黄、青，东乡[1]。

【注释】

①乡：同“向”，朝向的意思。

【译文】

孟鸟的栖息之地位于貊国的东北边。这种鸟的花纹呈红、黄、青三种颜色，面向着东方而立。

昆仑之虚

【原文】

海内昆仑之虚在西北，帝之下都。昆仑之虚方八百里，高万仞。上有木禾[1]，长五寻[2]，大五围[3]。面有九井，以玉为槛；面有九门，门有开明兽守之，百神之所在。在八隅之岩，赤水之际，非仁羿莫能上冈之岩。

【注释】

①木禾：传说中的一种高大的谷类植物。

②寻：古代的一种长度单位，8尺为一寻。

③围：指两臂合拢的长度。

【译文】

海内西经中所记载的昆仑山位于西北方，这里是黄帝在下界的都城。昆仑山方圆八百里，高达万仞。山上长有木禾，高达五寻，粗约五围。昆仑山的每一面都有九口井，每口井上都有玉石雕成的栏杆。昆仑山的每一面都有九道门，每道门都有名叫开明的神兽把守着，这里是百神居住的地方。百神居住在八个方位的岩洞中，赤水的岸边。如果不是后羿那样的人，是无法攀上这些山冈上的岩石的。

【相关链接】

昆仑山

昆仑山是我国西部山系的主干，它西起帕米尔高原，山脉全长2500公里，平均海拔5500～6000米，宽130～200公里，西窄东宽总面积达50多万平方公里。昆仑山的最高峰位于青、新交界处，名为布格达板峰，海拔6860米，是青海省最高点。

昆仑山峰峦起伏，景色秀丽，每逢春夏之交，满山碧树吐翠，鲜花争奇斗艳，使昆仑山更具风韵。玉虚峰、玉珠峰常年银装素裹，山间云雾缭绕，是青海省对外开放的山峰，也是朝圣和修炼的圣地，是我国西北著名的风景游览区之一。

在中华民族文化史上，昆仑山素有“中国第一神山”的美誉，古人称其为中华“龙脉之祖”“万山之祖”。我国的很

多神话传说都与昆仑山息息相关，如著名的作品《嫦娥奔月》《西游记》《白蛇传》等都与昆仑山联系密切。相传昆仑山的仙主是西王母，在众多古书中记载的“瑶池”，便是昆仑河源头的黑海。距黑海不远的地方，就是《封神演义》中描写的姜太公修炼五行大道40载之地。传说3000多年前，周穆王曾坐8匹日行30000里的骏马，千里迢迢到瑶池来会见西王母，并受到隆重接待。

赤　水

【原文】

赤水出东南隅，以行其东北。

【译文】

赤水发源于昆仑山的东南角，朝着昆仑山的东北方流去。

河　水

【原文】

河水出东北隅，以行其北，西南又入渤海；又出海外，即西而北，入禹所导积石山①。

【注释】

①导：疏导的意思。

【译文】

黄河发源于昆仑山的东北角，流向北方，又向西南流入渤海；接着又流出海外，折向西再折向北，一直流入大禹疏导的积石山。

洋水、黑水

【原文】

洋水、黑水出西北隅，以东，东行，又东北，南入海，羽民南。

【译文】

洋水、黑水从昆仑山的西北角流出，先向东流，再折向东北，再折向南流入大海，一直流到羽民国的南边。

弱水、青水

【原文】

弱水、青水出西南隅，以东，又北，又西南，过毕方鸟东。

【译文】

弱水、青水从昆仑山的西南角流出，先向东流，然后向北流，再向西南流，流经毕方鸟栖息之地的东面。

开明兽

【原文】

昆仑南渊深三百仞。开明兽身大类虎而九首，皆人面，东向立昆仑上。

开明西有凤皇，鸾鸟，皆戴蛇践蛇，膺有赤蛇①。

开明北有视肉、珠树、文玉树、玗琪树、不死树。凤皇、鸾鸟皆戴瞂②。又有离朱、木禾、柏树、甘水、圣木曼兑。一曰挺木牙交。

开明东有巫彭、巫抵、巫阳、巫履、巫凡、巫相，夹窫窳之尸，皆操不死之药以距之③。窫窳者，蛇身人面，贰负臣所杀也。

服常树，其上有三头人，伺琅玕树。

开明南有树鸟、六首蛟、蝮、蛇、蜼、豹、鸟秩树，于表池树木，诵鸟、鵕④、视肉。

【注释】

①膺：胸部。

②瞂（fá）：盾。

③距：通“拒”，抗拒。

④鵕（sǔn）：雕。

【译文】

昆仑山南边的渊潭深达三百仞。开明兽身形高大跟老虎一般，长着九个脑袋，并且都是人一样的脸，面向东站立在昆仑山上。

开明兽所在之地的西边栖息着凤凰、鸾鸟，它们头上盘绕着蛇，脚下也踩踏着蛇，胸前还挂着红色的蛇。

开明兽栖息之地的北边有视肉、珠树、文玉树、玗琪树、不死树。这里的凤凰、鸾鸟头上都戴着类似盾的冠。这里还有离朱、木禾、柏树、甘甜的泉水及圣木曼兑。也有说圣木曼兑就是挺木牙交。

开明兽所居之地的东面有巫彭、巫抵、巫阳、巫履、巫凡、巫相六位巫师，他们围在窫窳的尸体周围，手捧着不死药试图让窫窳复活。这位窫窳神，长着蛇的身子和人的面孔，是被贰负及其臣子危一起杀死的。

有一种服常树，它上面有长着三颗脑袋的人，正在守候着琅玕树。

开明兽栖息之地的南边有树鸟、长着六个脑袋的蛟龙、蝮蛇、长尾猿、豹子和鸟秩树，在表池的周围环绕着树；那里栖息着诵鸟、雕、视肉。

第七卷：海内北经

《海内北经》以蛇巫山为起点，沿着从西向东的方向，记录了昆仑山以东，经陕西、山西、河北，一直延伸到朝鲜以东的大海中，详细描述了这些地区的国家、物产和神话传说。

蛇巫山

【原文】

海内西北陬以东者。

蛇巫之山，上有人操柸而东向立[①]。一曰龟山。

【注释】

①柸：同“杯”，即杯子。

【译文】

海内北经所记载的是西北角以东的地方。

有一座蛇巫山，山上有人手拿杯子面朝东方而立。也有说此座山名叫龟山。

西王母

【原文】

西王母梯几而戴胜杖[①]，其南有三青鸟，为西王母取食。在昆仑虚北。

【注释】

①梯：依凭。几：小桌子。胜：玉制的发饰。

【译文】

西王母身子倚靠着桌几，头上戴着首饰，她的南面有三只青鸟，专门负责给西王母摘取食物。西王母就住在昆仑山的北面。

大行伯

【原文】

有人曰大行伯，把戈。其东有犬封国。贰负之尸在大行伯东。

【译文】

有个人名叫大行伯，他手中拿着长戈。大行伯所居之地的东边有个犬封国。贰负的尸体也在大行伯所居之地的东面。

犬戎国

【原文】

犬封国曰犬戎国，状如犬。有一女子，方跪进柸食。有文马，缟身朱鬣[①]，目若黄金，名曰吉量，乘之寿千岁。

【注释】

①缟：原指细白的绢，这里是灰白色的意思。

【译文】

犬封国又叫犬戎国，这个国家的人样貌与狗相像。这里有一位女子，正跪在地上手捧杯子进献食物。这里有一种带有斑纹的马，有着白色的身子和红色的鬃毛，眼睛像黄金一样闪闪发光，这种马名叫吉量，人只要骑过它就能寿达千岁。

鬼　国

【原文】

鬼国在贰负之尸北，为物人面而一目。一曰贰负神在其东，为物人面蛇身。

【译文】

鬼国的位置在贰负的尸体所在之地的北边，这个国家的人都长着人一样的脸，但只有一只眼睛。也有说贰负神在鬼国的东面，国中的人都是人面蛇身。

蜪　犬

【原文】

蜪犬如犬，青，食人从首始。

【译文】

蜪犬的形状与狗相似，全身呈青色，吃人时先从脑袋开始吃。

穷　奇

【原文】

穷奇状如虎，有翼，食人从首始。所食被发。在蜪犬北。一曰从足。

【译文】

穷奇的形状与虎相似，长有翅膀，吃人时先从头开始。被它吃的那个人披头散发。

穷奇居住在蜪犬所居之地的北边。也有说穷奇吃人先从人的脚开始。

帝尧台、帝喾台、帝丹朱台、帝舜台

【原文】

帝尧台、帝喾台、帝丹朱台、帝舜台，各二台，台四方，在昆仑东北。

【译文】

帝尧台、帝喾台、帝丹朱台、帝舜台，此四座台各由两座台组成，台呈四方形，位置在昆仑山的东北方。

大蜂、朱蛾

【原文】

大蜂，其状如螽①；朱蛾，其状如蛾。

【注释】

①螽（zhōng）：螽斯，我国北方称其为蝈蝈。

【译文】

有一种大蜂，形状与螽斯相似；还有一种红色蛾，形状与蛾子相似。

【相关链接】

螽　斯

螽斯，俗称蝈蝈，是一种无脊椎动物，其身体呈扁或圆柱形，触角一般长于身体，翅发达或不发达或消失。雄性在前翅附近有发音器，通过左右两翅的摩擦，能发出悦耳动听的声音。螽斯的后腿十分发达，当遇到危急时，它们能够快速弹跳求得自保。

我国人历来视螽斯为宠物，商周时期人们把蝈蝈和蝗虫统称为“螽斯”，从宋代开始就有人畜养螽斯，明代从宫廷到民间养螽斯已经较为普遍，清代更是掀起了前所未有的螽斯热。在现在的南方客家地区，那里的人认为螽斯是已故亲友的魂魄，所以当晚上有“鬼蜢”飞进家里，人们都会将其抓住并喂其米饭然后放出野外。

螽斯还常常受到艺术家们的喜爱。《诗经》中有一篇著名的《螽斯》，是世界上最早的记载蝈蝈的文字，整篇文字都在颂扬蝈蝈的种族兴旺，由此而产生的成语“螽斯衍庆”便成了庆贺子孙满堂的吉祥语。现代著名画家齐白石非常喜欢画螽斯，他画的螽斯形神俱佳，活灵活现，特别是配上大写意的瓜果、花草之后，更加显得细腻饱满，令人赏心悦目。

蟜

【原文】

蟜，其为人虎文，胫有䏿，在穷奇东。一曰状如人。昆仑虚北所有。

【译文】

蟜，这里的人身上长着虎一样的斑纹，腿上有健壮的小腿肚子。位置在穷奇居住之地的东面。也有说蟜的形状与人相似，居住在昆仑山的北边。

阘 非

【原文】

阘非，人面而兽身，青色。

【译文】

阘非这种动物，长着人的面孔和野兽的身子，全身都呈青色。

据比尸

【原文】

据比之尸，其为人折颈被发，无一手。

【译文】

据比的尸首，他被人折断了脖子，还披散着头发，没有了一只手。

环　狗

【原文】

环狗，其为人兽首人身。一曰猬，状如狗，黄色。

【译文】

有一个环狗国，这个国家的人都长着野兽一样的脑袋和人一样的身子。也有说环狗国的人就是刺猬，形状像狗，全身皆为黄色。

袜

【原文】

袜，其为物人身、黑首、从目[①]。

【注释】

①从（zòng）目：从同“纵”。指眼睛竖着长。

【译文】

袜，这种怪物长着人一样的身子，脑袋是黑色的，眼睛竖着长。

戎

【原文】

戎，其为人人首三角。

【译文】

戎这个种族，长着人一样的脑袋并长着三只犄角。

驺　吾

【原文】

林氏国有珍兽，大若虎，五采毕具，尾长于身，名曰驺吾[①]，乘之日行千里。

【注释】

①驺（zōu）吾：传说中的一种野兽。

【译文】

林氏国里有一种珍奇的野兽，它像老虎一样大，身上五彩斑斓，尾巴比身子还长，这种野兽名叫驺吾，骑上它就能日行千里。

泛　林

【原文】

昆仑虚南所，有泛林方三百里。

【译文】

在昆仑山的南面，有一片分布十分广泛的树林，方圆有三百里。

从极之渊

【原文】

从极之渊，深三百仞，维冰夷恒都焉。冰夷人面[①]，乘两龙。一曰忠极之渊。

【注释】

①冰夷：传说中的水神名，也叫河伯。

【译文】

从极这个深渊，有300仞那么深，只有冰夷经常住在那里。冰夷长着人一样的脸，驾乘着两条龙。也有说从极渊名叫忠极渊。

阳污山、凌门山

【原文】

阳污之山，河出其中；凌门之山，河出其中。

【译文】

阳污山，黄河的一条支流从这里发源；凌门山，黄河的另一条支流从这里发源。

王子夜之尸

【原文】

王子夜之尸，两手、两股、胸、首、齿，皆断异处。

【译文】

王子夜的尸体，两只手、两条腿、胸部、脑袋、牙齿，都断裂到了不同的地方。

宵明、烛光

【原文】

舜妻登北氏生宵明、烛光，处河大泽，二女之灵能照此所方百里。一曰登北氏。

【译文】

帝舜的妻子登北氏生了宵明、烛光两个女儿，她们就居住在黄河边上的大泽中，这两位女子发出的光能照亮周围方圆百里的地方。也有说帝舜的妻子叫登北氏。

盖　国

【原文】

盖国在钜燕南[①]，倭北。倭属燕。

【注释】

①钜（jù）燕：钜通“巨”，大燕国。

【译文】

盖国位于大燕国的南边，倭国的北边。倭国隶属于燕国。

朝　鲜

【原文】

朝鲜在列阳东，海北山南。列阳属燕。

【译文】

朝鲜位于列阳的东面，大海的北面，山的南面。列阳隶属于燕国。

列姑射

【原文】

列姑射在海河州中。

【译文】

列姑射的位置在河流与大海交汇处的山地上。

射姑国

【原文】

射姑国在海中，属列姑射，西南山环之。

【译文】

射姑国位于海中的岛屿上，隶属于列姑射。射姑国的西南部被高山环绕着。

大蟹、陵鱼、大鯾

【原文】

大蟹在海中。陵鱼人面、手足、鱼身[④]，在海中。大鯾居海中。

【译文】

大蟹生活在海中。陵鱼长着人一样的面孔，有手有脚，还有鱼一样的身子，生活在大海里。大鳊鱼也生活在海中。

明组邑、蓬莱山、大人之市

【原文】

明组邑居海中。蓬莱山在海中。大人之市在海中[①]。

【注释】

①大人：指身材高大的人。

【译文】

明组邑生活在海中。蓬莱山位于大海之中。身材高大之人贸易的集市也在大海之中。

【相关链接】

蓬莱山

蓬莱是我国古代神话传说中的山名，据说是仙人居住的地方。《史记·封禅书》记载："自威、宣、燕昭使人入海求蓬莱、方丈、瀛洲，此三神山者，其傅在渤海中。"

相传，秦始皇统一六国后，为了让大秦王朝江山永固，便来到渤海一带寻找长生不死药。他站在海边，眺望着茫茫大海，只见海天尽头有一片红光浮动，便问随驾的方士那是什么，方士回答说："那就是仙岛。"秦始皇听了大喜，又问仙岛叫什么名字。方士一时语塞，忽见海中有水草漂浮，便灵机

一动说那仙岛名叫“蓬莱”。据说“蓬莱”这个神山名就是这样来的，所以“蓬莱”的本意就是“蓬草蒿莱”。

实际上，早在秦始皇之前，“蓬莱”就已经是著名的海上神山了。除了成书于战国时代的《山海经·海内北经》中有“蓬莱山在海中”之句外；《列子·汤问》亦有“渤海之东有五山焉，一曰岱兴，二曰员峤，三曰方壶，四曰瀛洲，五曰蓬莱”的记载。可见，秦始皇的那个故事并不属实。

第八卷：海内东经

《海内东经》以大燕国为起点，记录了今河北到浙江一带的一系列国家、山川和物产，重点介绍了一些水流的发源地、流经区域和注入地。

钜 燕

【原文】

海内东北陬以南者。

钜燕在东北陬。

【译文】

海内东经记载的是东北角以南的地方。

大燕国的位置在东北角。

大夏、竖沙、居繇、月支

【原文】

国在流沙外者，大夏、竖沙、居繇、月支之国。

【译文】

位于流沙之外的国家，有大夏国、竖沙国、居繇国、月支国。

白玉山

【原文】

西胡白玉山在大夏东[①]，苍梧在白玉山西南，皆在流沙西，昆仑虚东南。

昆仑山在西胡西，皆在西北。

【注释】

①西胡：即西域。

【译文】

西域境内的白玉山位于大夏国的东面，苍梧山位于白玉山的西南方，这两座山都在流沙的西边，昆仑山的东南边。昆仑山位于西域的西面，它们都在西北地区。

雷 泽

【原文】

雷泽中有雷神，龙身而人头，鼓其腹[①]。在吴西。

【注释】

①鼓：这里作动词，敲击的意思。

【译文】

雷泽中住着一位雷神，他长着龙一样的身子和人一样的脑袋，敲打他的腹部（就会发出雷声）。雷泽位于吴地的西边。

都 州

【原文】

都州在海中。一曰郁州。

【译文】

都州位于海中。也有说都州就是郁州。

琅邪台

【原文】

琅邪台在渤海间，琅邪之东，其北有山。一曰在海间。

【译文】

琅邪台位于渤海海岸之间，琅邪山的东边，琅邪台的北边有一座山。也有说琅邪台在海中间。

韩 雁

【原文】

韩雁在海中[①]，都州南。

【注释】

①韩雁：一说是山名；一说是鸟名。

【译文】

韩雁的位置在大海之中，在都州的南边。

始　鸠

【原文】

始鸠在海中[1]，辕厉南。

【注释】

①始鸠：一说是鸟名；一说是国名。

【译文】

始鸠的位置在大海之中，在辕厉的南面。

会稽山

【原文】

会稽山在大楚南。

【译文】

会稽山的位置在大楚国的南边。

岷三江

【原文】

岷三江，首大江出汶山，北江出曼山，南江出高山。高山在城都西[1]，入海在长州南。

【注释】

①城都："城"应作"成"。

【译文】

岷江由三条江组成，首先是大江发源于汶山；北江发源于曼山；南江发源于高山。高山的位置在成都的西面，入海口位于长州的南边。

浙　江

【原文】

浙江出三天子都，在其东[1]，在闽西北，入海，余暨南[2]。

【注释】

①其：应作“蛮”，蛮是古代长江中游及其以南地区少数民族的泛称。

②余暨：在今浙江杭州市。

【译文】

浙江的发源地是三天子都山，这座山位于蛮人居住之地的东边，闽地的西北方向，入海口在余暨的南边。

庐 江

【原文】

庐江出三天子都，入江，彭泽西。一曰天子鄣。

【译文】

庐江的发源地是三天子都山，注入长江中，入口在彭泽的西边。也有说三天子都就是天子鄣。

淮 水

【原文】

淮水出余山，余山在朝阳东，义乡西，入海，淮浦北。

【译文】

淮水发源于余山，余山位于朝阳的东边，义乡的西边，最后注入海中，入口在淮浦的北边。

湘 水

【原文】

湘水出舜葬东南陬，西环之，入洞庭下。一曰东南西泽。

【译文】

湘水发源于舜所葬之地的东南角，向西环绕流过，最后流入洞庭湖的下游。也有说湘水最后流入东南西泽。

汉 水

【原文】

汉水出鲋鱼之山，帝颛顼葬于阳，九嫔葬于阴，四蛇卫之。

【译文】

汉水发源于鲋鱼山，帝颛顼就埋葬在鲋鱼山的南侧，他的九个嫔妃埋葬在山的北侧，有四条蛇守卫着那里。

濛　水

【原文】

濛水出汉阳西，入江，聂阳西。

【译文】

濛水发源于汉阳的西边，最后注入长江，入口在聂阳的西面。

温　水

【原文】

温水出崆峒山，在临汾南，入河，华阳北。

【译文】

温水发源于崆峒山，位置在临汾的南边，最后注入黄河，入口在华阳的北面。

颍　水

【原文】

颍水出少室[1]，少室山在雍氏南，入淮西、鄢北。一曰缑氏[2]。

【注释】

①少室：即今少室山。

②缑（gōu）氏：古县名，秦时设置。

【译文】

颍水发源于少室山，少室山的位置在雍氏的南面，注入淮河的西边、鄢陵的北边。也有说雍氏应为缑氏。

汝　水

【原文】

汝水出天息山，在梁勉乡西南[1]，入淮极西北。一曰淮在期思北[2]。

【注释】

①梁：古县名。勉乡：乡邑名。

②期思：古县名。

【译文】

汝水发源于天息山，位置在梁县勉乡的西南方，注入淮河的最西北处。也有说淮河在期思的北边。

泾　水

【原文】

泾水出长城北山，山在郁郅长垣北[①]，北入渭，戏北[②]。

【注释】

①长垣：今泾河。

②戏：地名。

【译文】

泾水发源于长城北山，北山的位置在郁郅境内的长城的北边，向北流入渭水，入水处在戏的北边。

渭　水

【原文】

渭水出鸟鼠同穴山，东注河，入华阴北。

【译文】

渭水发源于鸟鼠同穴山，向东流入黄河之中，入口在华阴的北面。

白　水

【原文】

白水出蜀，而东南注江，入江州城下。

【译文】

白水发源于蜀山，向东南流入长江之中，入口处在江州城下。

沅　水

【原文】

沅水出象郡镡城西[①]，入东注江，入下隽西[②]，合洞庭中。

【注释】

①镡（xín）城：古县名。

②下隽：地名。

【译文】

沅水发源于象郡镡城的西边，向东而流注入长江，入口在下隽的西边，最后汇入洞庭湖。

赣　水

【原文】

赣水出聂都东山[①]，东北注江，入彭泽西[②]。

【注释】

①聂都：地名，在今江西省境内。

②彭泽：即今鄱阳湖。

【译文】

赣水发源于聂都东边的山，向东北流入长江，入口在彭泽的西边。

泗　水

【原文】

泗水出鲁东北而南，西南过湖陵西而东南[①]，注东海[②]，入淮阴北。

【注释】

①湖陵：古县名。

②东海：先秦时代多指黄海。

【译文】

泗水发源于鲁地的东北方，然后向南流，流经湖陵的西边又折向东南，流入东海，入口在淮阴的北面。

郁　水

【原文】

郁水出象郡，而西南注南海，入须陵东南[①]。

【注释】

①须陵：古县名。

【译文】

郁水发源于象郡，向西南流入南海，入海处在须陵的东南方。

肄　水

【原文】

肄水出临晋西南，而东南注海，入番禺西①。

【注释】

①番禺：古县名。

【译文】

肄水发源于临晋的西南方，然后向东南方流入海中，入海口位于番禺的西边。

潢　水

【原文】

潢水出桂阳西北山，东南注肄水，入敦浦西①。

【注释】

①敦浦：地名。

【译文】

潢水发源于桂阳西北的山中，向东南流入肄水中，入口在敦浦的西面。

洛　水

【原文】

洛水出洛西山，东北注河，入成皋之西①。

【注释】

①成皋：汉时设置的县。

【译文】

洛水发源于洛阳西边的山中，向东北流入黄河之中，入口在成皋的西边。

汾　水

【原文】

汾水出上窳北，而西南注河，入皮氏南①。

【注释】

①皮氏：古县名。

【译文】

汾水发源于上窳的北边，向西南流入黄河之中，入口在皮氏的南边。

沁 水

【原文】

沁水出井陉山东，东南注河，入怀东南。

【译文】

沁水发源于井陉山的东面，向东南流入黄河之中，入口在怀的东南面。

济 水

【原文】

济水出共山南东丘，绝钜鹿泽[①]，注渤海，入齐琅槐东北。

【注释】

①绝：穿过，流经的意思。

【译文】

济水发源于共山南面的东丘，流经钜鹿泽，最后注入渤海之中，入口在齐地琅槐的东北方。

潦 水

【原文】

潦水出卫皋东，东南注渤海，入潦阳[①]。

【注释】

①潦阳：古县名，在今辽宁辽中县。

【译文】

潦水发源于卫皋的东面，向东南注入渤海之中，入口在潦阳。

虖沱水

【原文】

虖沱水出晋阳城南，而西至阳曲北[①]，而东注渤海，入章武北。

【注释】

①阳曲：古县名。

【译文】

虖沱水发源于晋阳城的南边，然后向西流到阳曲的北边，再转向东注入渤海之中，入口在章武的北边。

漳 水

【原文】

漳水出山阳东，东注渤海，入章武南[①]。

建平元年四月丙戌，待诏太常属臣望校治，侍中光禄勋臣王龚、侍中奉车都尉光禄大夫刘秀领主省。

【注释】

①章武：古县名。在今河北西北。

【译文】

漳水发源于山阳的东面，向东注入渤海之中，入口在章武的南边。

建平元年四月丙戌，待诏太常属臣丁望考订整理，侍中光禄勋臣王龚、侍中奉车都尉光禄大夫刘秀主持整理。

下卷：大荒经

第一卷：大荒东经

《大荒东经》记载了位于东海之外的一系列山川、河流、国家、物产和神话，其具体范围与《海外东经》所记录的地域大致相同。

少昊之国

【原文】

东海之外大壑，少昊之国[①]。少昊孺帝颛顼于此[②]，弃其琴瑟。有甘山者，甘水出焉，生甘渊。

【注释】

①少昊：传说中远古东夷族首领。

②孺：养育的意思。

【译文】

东海之外有一个巨大的沟壑，那里是少昊国的所在地。少昊在那里养育颛顼帝，并把自己的琴瑟丢弃在这里。这里有一座甘山，是甘水的发源地，甘水流出山后汇成甘渊。

皮母地丘

【原文】

大荒东南隅有山[①]，名皮母地丘。

【注释】

①大荒：最荒远的地方。

【译文】

最荒远之地的东南角有座山，名字叫作皮母地丘。

大言山

【原文】

东海之外，大荒之中，有山名曰大言，日月所出。

【译文】

在东海之外，最荒远的地方，有座山名叫大言山，这是太阳和月亮升起的地方。

大人国

【原文】

有波谷山者，有大人之国。有大人之市，名曰大人之堂。有一大人踆其上①，张其两耳②。

【注释】

①踆：通“蹲”，蹲着。

②耳：应作“臂”。

【译文】

有一座山名叫波谷山，这里是大人国的所在地。大人国中有一个专供大人贸易的集市，名叫大人之堂。有一个大人蹲在上面，张着他的两只手臂。

小人国

【原文】

有小人国，名靖人。

【译文】

有一个小人国，那里的人被称作靖人。

合虚山

【原文】

大荒之中，有山名曰合虚，日月所出。

【译文】

在那最荒远的地方，有座山名叫合虚，这里是太阳和月亮升起的地方。

中容国

【原文】

有中容之国，帝俊生中容，中容人食兽、木实，使四鸟：豹、虎、熊、罴。

【译文】

有一个国家叫中容国，中容是帝俊所生，中容国人以野兽的肉和果树的果实为食，他们能驱使四种野兽，分别为：豹、虎、熊、罴。

君子国

【原文】

有东口之山。有君子之国，其人衣冠带剑。

【译文】

有一座山名叫东口山。那里有一个君子国，这个国家的人都衣冠整洁，身上佩剑。

司幽国

【原文】

有司幽之国。帝俊生晏龙，晏龙生司幽。司幽生思土，不妻；思女，不夫。食黍，食兽，是使四鸟。

【译文】

有个国家名叫司幽。帝俊生了晏龙，晏龙生了司幽。司幽又生了思土，思土终身未娶；司幽还生了思女，思女也终生没有嫁人。司幽国的人以黍和兽肉为食，能驱使四种野兽。

大阿山、明星山

【原文】

有大阿之山者。大荒中有山，名曰明星，日月所出。

【译文】

有一座山名叫大阿山。在最荒远的地方之中有座山，名叫明星，这里是太阳和月亮升起的地方。

白民国

【原文】

有白民之国。帝俊生帝鸿，帝鸿生白民。白民销姓，黍食，使四鸟：虎、豹、熊、罴。

【译文】

有一个国家叫白民国。帝俊生了帝鸿，帝鸿生了白民。白民国的人以销为姓，以黍为食，能驱使四种野兽：虎、豹、熊、罴。

青丘国

【原文】

有青丘之国，有狐，九尾。

【译文】

有一个国家叫青丘国，那里有一种狐狸，长着九条尾巴。

柔仆民

【原文】

有柔仆民，是维赢土之国[①]。

【注释】

①赢土：指肥沃的土地。

【译文】

有一个国家叫柔仆民，是一个土壤肥沃的国家。

黑齿国

【原文】

有黑齿之国。帝俊生黑齿，姜姓，黍食，使四鸟。

【译文】

有一个国家叫黑齿国。帝俊生了黑齿，以姜为姓，以黍为食，能驱使四种野兽。

盖余国

【原文】

有夏州之国。有盖余之国。有神人，八首人面，虎身十尾，名固天吴。

【译文】

有一个夏州国。还有一个盖余国。有一位神人，长着八个脑袋、人一样的脸，虎一样的身子，有十条尾巴，名叫天吴。

鞠陵于天、东极、离瞀

【原文】

大荒之中，有山名目鞠陵于天、东极、离瞀，日月所出。名曰折丹，东方曰折，来风曰俊，处东极以出入风。

【译文】

在最荒远的地方之中有三座山，分别为鞠陵于天、东极、离瞀，那里是太阳和月亮升起的地方。有一位名叫折丹的神，东方的人称他为折，从那里吹过来的风被称为俊，折丹神就在大地的最东边掌管风的出入。

禺虢、禺京

【原文】

东海之渚中有神，人面鸟身，珥两黄蛇，践两黄蛇，名曰禺虢。黄帝生禺虢，禺虢生禺京。禺京处北海，禺虢处东海，是惟海神。

【译文】

东海的小岛上有位神，长着人的面孔和鸟的身子，用两条黄蛇作耳饰，脚下踩着两条黄蛇，这位神名叫禺虢。黄帝生了禺虢，禺虢又生了禺京。禺京居住在北海，禺虢居住在东海，他们都是海神。

玄股国

【原文】

有招摇山，融水出焉。有国曰玄股，黍食，使四鸟。

【译文】

有座招摇山，融水发源于此。有一个国家名叫玄股国，国人以黍为食，他们能驱使四种野兽。

困民国、摇民国

【原文】

有困民国，勾姓而食。有人曰王亥，两手操鸟，方食其头。王亥托于有

易、河伯仆牛，有易杀王亥，取仆牛。河念有易，有易潜出，为国于兽，方食之，名曰摇民。帝舜生戏，戏生摇民。

【译文】

有个国家名叫困民国，那里的人以勾为姓，以黍为食。国中有个名叫王亥的人，他两只手抓着一只鸟，正在吃鸟的头。王亥把一群牛托付给有易、河伯，有易杀死了王亥，抢走了这一群牛。河伯顾念与有易的交情，帮助有易逃了出来，他们在野兽出没的地方建立了一个新的国家，他们以野兽为食，这个国家名叫摇民国。帝舜生了戏，戏生了摇民。

女　丑

【原文】

海内有两人，名曰女丑。女丑有大蟹。

【译文】

海内有两个人，其中有一个名叫女丑。女丑所居之地有大蟹。

孽摇頵羝山

【原文】

大荒之中，有山名曰孽摇頵羝。上有扶木，柱三百里[①]，其叶如芥。有谷曰温源谷、汤谷，上有扶木，一日方至，一日方出，皆载于乌[②]。

【注释】

①柱：直立高耸的样子。

②乌：传说太阳中有三足乌。

【译文】

在最荒远的地方有一座山，名叫孽摇頵羝山。山上长着扶桑树，直立高耸达三百里，树叶与芥菜叶相似。山中有一个山谷，名叫温源谷或汤谷，汤谷的上面长有扶桑树，一个太阳刚到达扶桑树，另一个太阳就从扶桑树上升起，这些太阳都挂载在三足乌的身上。

【相关链接】

三足乌

三足乌亦称“踆乌”，是汉族神话传说中驾驭日车的神鸟。我国很多古典文献中都有三足乌的记载，如汉代王充在《论衡·说日》中记载：“日中有三足乌”，再如《淮南子·精神训》记载：“日中有踆乌”，等等。

根据《山海经》等古籍的记述，十日原本是帝俊与羲和的儿子，它们既有人与神的特征，又是金乌的化身，是长有三足的踆乌，它们每天早晨轮流从东方扶桑神树上开始向西飞翔，到了晚上便落在西方若木神树上，这是古人对日出日落现象的观察和直观感受。

我国古代的人们观察并注意到乌鸦喜欢停息在烟雾中的现象，认为乌鸦是与火有关的神物，再加上乌鸦通体漆黑如炭，如同从火中化出，古人更可能干脆认为乌鸦就是火的化身，因而把乌鸦与太阳这个大火球联系起来也变得合情合理了，认为乌鸦是载着太阳飞行的神鸟。这应该就是三足乌神话的本来面目和形成过程。

现代人认为三足乌是古人看到了太阳黑子，误以为那是长着三只脚的黑色乌鸦，古代典籍中有“三月乙未，日出黄，有黑气大如钱，居日中央”的记载，是世界上关于太阳黑子的最早记录。

奢比尸

【原文】

有神，人面、犬耳、兽身，珥两青蛇，名曰奢比尸。

【译文】

有这样一位神，他长着人一样的脸，狗一样的耳朵，野兽一样的身子，用两条青蛇作耳饰，这位神的名字叫奢比尸。

五采鸟

【原文】

有五采之鸟，相乡弃沙①。惟帝俊下友②。帝下两坛，采鸟是司。

【注释】

①乡：通“向”。弃沙：盘旋舞动的样子。

②下友：下界的朋友。

【译文】

有一种五彩斑斓的鸟，常常相对着翩翩起舞。这些鸟是帝俊在下界的朋友。帝俊在下界的两个神坛，就是由这种五彩鸟掌管的。

中容国

【原文】

东荒之中，有山名曰壑明俊疾，日月所出。有中容之国。

东北海外，又有三青马、三骓、甘华，爰有遗玉、三青鸟，三骓、视肉、甘华、甘柤，百谷所在。

【译文】

在东方最荒远的地方有一座山，名叫壑明俊疾山，这里是太阳和月亮升起的地方。那里有个中容国。

在东北方向的海外，又有三青马、三骓马、甘华，那里还有遗玉、三青鸟、三骓马、视肉、甘华、甘柤，那里是百谷生长的地方。

女和月母国

【原文】

有女和月母之国。有人名曰鳧，北方曰鳧，来之风曰狻，是处东极隅以止日月，使无相间出没，司其短长。

【译文】

有一个国家名叫女和月母国。国中有一个名叫鳧的人，北方的人都称他为鳧，从北方吹来的风名叫狻，他住在大地的东北角，控制着太阳和月亮的运行，使它们不间断地出没，并调节日月出没时间的长短。

凶犁土丘山

【原文】

大荒东北隅中，有山名曰凶犁土丘。应龙处南极[①]，杀蚩尤与夸父[②]，不得复上[③]，故下数旱[④]。旱而为应龙之状，乃得大雨。

【注释】

①应龙：古代传说中一种有翼的龙，相传禹治洪水时有应龙以尾画地成江河使水入海。

②蚩尤：传说中古代九黎族的首领，曾与黄帝战于涿鹿，失败被杀。

③上：指上天。

④下：下界。

【译文】

最荒远之地的东北角中有一座山，名叫凶犁土丘山。应龙就居住在这座山的最南面，由于他杀了蚩尤和夸父，因此不能回到天界。所以下界多次发生旱灾。遇到大旱时人们就模仿应龙的样子求雨，天上就会降雨。

流波山

【原文】

东海中有流波山，入海七千里。其上有兽，状如牛，苍身而无角，一足，出入水则必风雨，其光如日月，其声如雷，其名曰夔。黄帝得之，以其皮为鼓，橛以雷兽之骨[①]，声闻五百里，以威天下。

【注释】

①橛（jué）：敲打的意思。

【译文】

东海之中有一座山名叫流波山，这座山距离海岸有七千里远。山上栖息着一种野兽，它的形状与牛相似，身子是苍白的，头上没有犄角，只有一条腿，它出入水中时一定会伴有风雨，它发出的光像日月一般明亮，它发出的声音像是打雷声，它的名字叫夔。黄帝得到了这种野兽之后，用它的皮作鼓面，用雷神身上的骨头来敲打这面鼓，鼓声能传到五百里之外，黄帝以此来震慑天下。

第二卷：大荒南经

《大荒南经》记录了我国南海一带的一系列山川、国家、物产和神话传说，内容比较奇异，叙述也有些杂乱，有些国家甚至与《海外南经》中的国家重复。

跊踢、双双

【原文】

南海之外，赤水之西，流沙之东，有兽，左右有首，名曰跊踢[①]。有三

青兽相并，名曰双双。

【注释】

①跊（shù）踢：传说中的一种野兽。

【译文】

在南海之外，赤水的西侧，流沙的东边，栖息着一种野兽，这种野兽左右两边各长一个脑袋，它的名字叫跊踢。还有一种三只青兽合在一起的动物，名叫双双。

苍梧之野

【原文】

有阿山者。南海之中，有汜天之山，赤水穷焉。赤水之东，有苍梧之野，舜与叔均之所葬也。爰有文贝、离俞[①]、鸱久、鹰、贾[②]、委维[③]、熊、罴、象、虎、豹、狼、视肉。

【注释】

①离俞：离朱，传说中的一种神禽。

②贾：鸟名。

③委维：传说中的一种怪蛇。

【译文】

有一座山名叫阿山。在南海之中，有一座山名叫汜天山，它的位置在赤水的尽头。赤水的东面有个地方叫苍梧之野，帝舜与叔均去世后都埋葬在这里。这个地方有花斑贝、离朱、鸱久、鹰、贾、委蛇、熊、罴、象、虎、豹、狼、视肉。

荣　山

【原文】

有荣山，荣水出焉。黑水之南，有玄蛇，食麈。

【译文】

有一座荣山，是荣水的发源地。位置在黑水的南面，那里有一种黑色的蛇，它喜欢吃麈。

巫　山

【原文】

有巫山者，西有黄鸟。帝药，八斋。黄鸟于巫山，司此玄蛇。

【译文】

有一座巫山，它的西面栖息着黄鸟。天帝的丹药就存放在巫山的八处斋舍中。黄鸟在巫山上的职责是监视那里的黑蛇。

三身国

【原文】

大荒之中，有不庭之山，荣水穷焉。有人三身，帝俊妻娥皇[①]，生此三身之国。姚姓，黍食，使四鸟。有渊四方，四隅皆达，北属黑水[②]，南属大荒。北旁名曰少和之渊，南旁名曰从渊，舜之所浴也。

【注释】

①娥皇：舜的妻子，尧的女儿。

②属（zhǔ）：连接的意思。

【译文】

在最荒远的地方，有座不庭山，位置在荣水的尽头。这里有一种长着三个身子的人。帝俊的妻子娥皇，生下了这个三身国的祖先。国中的人都姓姚，以黍为食，能驱使四种野兽。这里有一个四方形的深潭，四角都与外界相通。北边与黑水相连，南边与最荒远的地方相连，北边的深潭叫少和渊，南边的深潭叫从渊，这里是帝舜沐浴的地方。

季禺国、羽民国、卵民国

【原文】

又有成山，甘水穷焉。有季禺之国，颛顼之子，食黍。有羽民之国，其民皆生毛羽。有卵民之国，其民皆生卵。

【译文】

还有一座成山，位于甘水的尽头处。这里有个季禺国，是帝颛顼的后裔，他们以黍为食。这里还有个羽民国，该国的人身上长满了羽毛。还有一个国家，名叫卵民国，国人都会生卵。

不姜山

【原文】

大荒之中，有不姜之山，黑水穷焉。又有贾山，汔水出焉。又有言山。又有登备之山。有恝恝之山[①]。又有蒲山，澧水出焉。又有隗山[②]，其西有丹臒，其东有玉。又南有山，漂水出焉。有尾山，有翠山。

【注释】

①恝恝（jiá）之山：恝恝山，可能指今张家界中的山峰。

②隗（wěi）山：山名。有说在今湖南省境内。

【译文】

在最荒远的地方有座山，名叫不姜山，位置是在黑水的尽头处。另有一座贾山，是汔水的发源地。又有言山，又有登备山，又有恝恝山。还有一座蒲山，是澧水的发源地。又有一座隗山，山的西面有丹砂，东面有玉。再向南还有座山，漂水从那里发源。另外还有尾山，还有翠山。

盈民国

【原文】

有盈民之国，於姓，黍食。又有人方食木叶。

【译文】

有一个盈民国，国内的人都姓於，以黍为食。也有人正在吃树叶。

不死国

【原文】

有不死之国，阿姓，甘木是食[①]。

【注释】

①甘木：一说指不死树；一说指甘蔗。

【译文】

有一个不死国，那里的人都姓阿，他们以甘木为食。

去痓山

【原文】

大荒之中，有山名曰去痓。南极果，北不成，去痓果。

【译文】

在最荒远的地方有一座山，名叫去痓山。南极果，北不成，去痓果（此三句是巫师留下的咒语）。

不廷胡余

【原文】

南海渚中，有神，人面，珥两青蛇，践两赤蛇，曰不廷胡余。

【译文】

在南海的沙洲上住着一位神，它长着人一样的脸，以两条青蛇作耳饰，脚下踩着两条赤蛇，这位神名叫不廷胡余。

因因乎

【原文】

有神名曰因因乎，南方曰因乎，夸风曰乎民，处南极以出入风。

【译文】

有一位名叫因因乎的神，南方称他为因乎，夸风称他为乎民，位置在大地的最南端掌管风的出入。

襄山、重阴山

【原文】

有襄山，又有重阴之山。有人食兽，曰季厘。帝俊生季厘，故曰季厘之国。有缗渊。少昊生倍伐，倍伐降处缗渊[①]。有水四方，名曰俊坛。

【注释】

①降：流放，贬谪。

【译文】

有一座襄山，还有一座重阴山。有人以野兽为食，他的名字叫季厘。帝俊生了季厘，所以季厘后裔所在的国家就叫季厘国。这里有一个缗渊。少昊生了倍伐，倍伐被流放至缗渊。这里有个呈四方形且高出地面的水池，它的名字叫俊坛。

蒧民国

【原文】

有蒧民之国。帝舜生无淫，降蒧处，是谓巫蒧民。巫蒧民朌姓，食谷，不绩不经[①]，服也；不稼不穑[②]，食也。爰有歌舞之鸟，鸾鸟自歌，凤鸟自舞。爰有百兽，相群爰处。百谷所聚。

【注释】

①绩：把麻搓捻成线或绳。经：织物的纵线称为“经”，这里泛指织布。

②稼：种植谷物。穑（sè）：收割庄稼。

【译文】

有一个国家名叫载民国。帝舜生了无淫，无淫被流放至载地，所以这里的人就被称为巫载民。巫载国的人都以朌为姓，以谷为食，他们不用纺织就有衣服穿；不用耕作就有粮食吃。这里生长着擅长唱歌跳舞的鸟，鸾鸟自由自在地歌唱，凤鸟自由自在地跳舞。这里还有各种各样的野兽，它们群居在一起。这里是百谷聚集的地方。

融天山

【原文】

大荒之中，有山名曰融天，海水南入焉。

【译文】

在最荒远的地方有一座山，名叫融天山，海水从它的南边流入。

凿　齿

【原文】

有人曰凿齿，羿杀之。

【译文】

有一个人名叫凿齿，他被羿用箭射杀了。

蜮民国

【原文】

有蜮山者，有蜮民之国，桑姓，食黍，射蜮是食[①]。有人方扜弓射黄蛇[②]，名曰蜮人。

【注释】

①蜮（yù）：传说中一种能含沙射人的动物。

②扜：拉伸，张开的意思。

【译文】

有一座蜮山，那里有个蜮民国，这个国家的人以桑为姓，以黍为食，也射杀蜮来作为食物。有人正在拉开弓射杀黄蛇，他们被称为蜮人。

宋　山

【原文】

有宋山者，有赤蛇，名曰育蛇。有木生山上，名曰枫木。枫木，蚩尤所弃其桎梏，是为枫木。

【译文】

有一座宋山，山中有一种红色的蛇，名叫育蛇。有一种树生长在山顶，名叫枫树。关于枫树，蚩尤把他身上的脚镣、手铐扔在地上，才长出了枫树。

【相关链接】

蚩　尤

蚩尤是上古时代九黎部落酋长，是今天的苗族的祖先。相传蚩尤有八只脚，三头六臂，铜头铁额，刀枪不入，而且他有 81 个兄弟，个个本领非凡。蚩尤曾与炎帝大战，炎帝溃不成军，于是转向黄帝求助。炎帝和黄帝一起来战蚩尤，两军在涿鹿展开激战，最后蚩尤战死，部分九黎部族融入了炎黄部族，形成了今天汉族的最早主体。而那些没有融入炎黄集团的部落，就形成了今天苗族的最早主体。

涿鹿之战在我国古代典籍中多有提及，尽管各说略有差异，但蚩尤与黄帝曾经交战是无疑的，而且战争的过程极具神话色彩。如说黄帝与蚩尤九战九不胜，蚩尤作大雾弥漫三天三夜，黄帝之臣风后在北斗星座的启示下发明了指南车，这才冲出大雾。《鱼龙河图》载黄帝“不敌”蚩尤，“乃仰天而

叹，天遣玄女下授黄帝兵信神符”，黄帝依靠女神“玄女”的力量才取得最终的胜利。

祖状尸

【原文】

有人方齿虎尾，名曰祖状之尸。

【译文】

有个人长着方正的牙齿和老虎的尾巴，这个人名叫祖状尸。

焦侥国

【原文】

有小人，名曰焦侥之国，几姓，嘉谷是食①。

【注释】

①嘉谷：优良的谷物，一说是粟。

【译文】

有一种身材矮小的人，他们组成的国家名叫焦侥国，这个国家的人都以几为姓，以优质的谷物为食。

死涂山、云雨山

【原文】

大荒之中，有山名死涂之山，青水穷焉。有云雨之山，有木名曰栾，禹攻云雨，有赤石焉生栾，黄本、赤枝、青叶，群帝焉取药。

【译文】

在最荒远的地方有座山，名叫死涂山，位置是在青水的尽头。还有一座云雨山，山上生长着一种树名叫栾，大禹治理云雨山时，有块赤石长出了栾树，这种树长着黄色的树干、红色的树枝、青色的叶子，诸位帝王都采集它的枝叶来制作药物。

颛顼国、䱶姓国

【原文】

有国曰颛顼，生伯服，食黍。有䱶姓之国。有苕山。又有宗山。又有姓山。又有壑山。又有陈州山。又有东州山。又有白水山，白水出焉，而生白渊，昆吾之师所浴也[①]。

【注释】

①昆吾之师：指昆吾人。

【译文】

有个国家名叫颛顼国，伯服是颛顼所生，国中的人都以黍为食。还有一个鼬姓国。有座苕山。还有宗山，又有姓山，又有壑山，又有陈州山，又有东州山。此外还有座白水山，白水发源于此，白水从山中流出汇聚成白渊，这里是昆吾人沐浴的地方。

张弘国

【原文】

有人名曰张弘，在海上捕鱼。海中有张弘之国，食鱼，使四鸟。

【译文】

有个名叫张弘的人，他在海上捕鱼为生。海中有一个张弘国，国人以鱼为食，能够驱使四种野兽。

驩头国

【原文】

有人焉，鸟喙，有翼，方捕鱼于海。大荒之中，有人名曰驩头。鲧妻士敬，士敬子曰炎融，生驩头。驩头人面鸟喙，有翼，食海中鱼，杖翼而行。维宜芑[①]、苣[②]、穋[③]、杨是食。有驩头之国。

【注释】

①芑（qǐ）：一种谷类植物。

②苣（jù）：莴苣。一说指黑黍。

③穋（lù）：一种后种先熟的谷物。

【译文】

有这样一个人，他长着鸟一样的嘴巴，身上长有翅膀，正在大海中捕鱼。在最荒远的地方，有个名叫驩头的人。鲧的妻子名叫士敬，士敬的儿子名叫炎融，炎融又生下了驩头。驩头长着人一样的脸，嘴巴与鸟嘴相似，身上长有翅膀，以海中的鱼为食，依靠翅膀来行走。他以芑、莴苣、穋和杨树叶为食。后来才有了驩头国。

岳山、申山

【原文】

帝尧、帝喾、帝舜葬于岳山。爰有文贝、离俞、鸱久、鹰、延维、视肉、熊、罴、虎、豹。朱木，赤枝、青华，玄实。有申山者。

【译文】

帝尧、帝喾、帝舜都埋葬在岳山。那里有带花纹的贝、离俞、鸱久、鹰、延维、视肉、熊、罴、虎、豹。还生长着一种朱木，枝干是红色的，花是青色的，所结的果实是黑色的。还有一座山，名叫申山。

天台山

【原文】

大荒之中，有山名曰天台高山，海水入焉。

【译文】

在最荒远的地方，有一座名叫天台的高山，海水从这里流入。

羲和国

【原文】

东南海之外，甘水之间，有羲和之国。有女子名曰羲和，方日浴于甘渊。羲和者，帝俊之妻，生十日。

【译文】

在东南海之外，甘水之间，有个国家名叫羲和国。国中有一个名叫羲和的女子，她正在甘渊中给太阳沐浴。这个羲和，她是帝俊的妻子，她生了十个太阳。

盖犹山

【原文】

有盖犹之山者，其上有甘柤，枝干皆赤，黄叶、白华、黑实。东又有甘华，枝干皆赤，黄叶。有青马，有赤马，名曰三骓。有视肉。有小人，名曰菌人。

【译文】

有一座盖犹山，山上生长着甘柤，这种树木的枝条和树干都是红色的，

叶子是黄色的，开白色的花朵，结黑色的果实。东面长着甘华树，枝条和树干都呈红色，长着黄色的叶子。山中有青马，也有赤马，名叫三骓。此外还有视肉。有一种身材异常矮小的人，被称为菌人。

南类山

【原文】

有南类之山。爰有遗玉、青马、三骓、视肉、甘华，百谷所在。

【译文】

有一座南类山。这里有遗玉、青马、三骓、视肉、甘华树，是各种谷物生长的地方。

第三卷：大荒西经

《大荒西经》记录了位于我国西部地区的一系列山川、物产和神话，其中最重要的是介绍了中华文明的起源，如后稷降百谷、叔均耕种百谷等，道出了农业的起源；而太子长琴在摇山上始作乐风，则道出了音乐的起源。

不周负子山、禹攻共工国山

【原文】

西北海之外，大荒之隅，有山而不合，名曰不周负子，有两黄兽守之。有水曰寒暑之水，水西有湿山，水东有幕山。有禹攻共工国山。

【译文】

在西北海之外，最荒远之地的角落，有一座不能合拢的山，名叫不周负子山，有两个黄色的神兽守卫着这座山。山中有一股水名叫寒暑水，水的西面有座湿山，东面有座幕山。此外还有一座禹攻共工国山。

淑士国

【原文】

有国名曰淑士，颛顼之子。

【译文】

有个名叫淑士的国家，是由颛顼之子淑士的后代组成的。

女娲之肠

【原文】

有神十人，名曰女娲之肠[①]，化为神，处栗广之野，横道而处。

【注释】

①女娲：神话中人类的始祖，传说她曾抟土造人、炼石补天。

【译文】

有十位神人，名叫女娲之肠，是由女娲的肠子变幻而成的，他们居住在栗广的原野上，横在道路的旁边。

【相关链接】

女　娲

在我国的神话传说中，女娲是个神通广大的神，她不但被尊为始祖神，而且还是赫赫有名的创业神。传说她一天至少可以化生出 70 多种东西，光她的一段肠子就能化生出 10 个神祇，而她最伟大之处就是她的创世业绩，即抟土造人与炼石补天。

《风俗通义》记载，天地开辟之初，大地上并没有人类，是女娲用黄土照着自己的样子捏成了一个个的人。她干得又忙又累，觉得这样造人效率很低，于是就把绳子投入泥浆中，举起绳子一甩，泥浆洒落在地上，就变成了一个个人。后来有人说，富贵的人是女娲亲手抟黄土造的，而贫贱的人只是女娲用绳沾泥浆洒落在地上变成的。

根据《淮南子·览冥训》和《列子·汤问》等典籍记载，在远古时代，支撑天空的四根大柱轰然倾倒，九州大地四分五裂，熊熊大火蔓延不熄，滔滔洪水泛滥不止，凶猛的野兽和禽鸟都从森林里跑出来伤害人类。在这种情况下，女娲冶炼五色石来修补苍天，砍断海中巨鳌的脚来做撑起四方的天柱，杀死黑龙来拯救冀州，用芦灰堆积起来堵塞住了洪水，最终拯救了苍生。

石　夷

【原文】

有人名曰石夷，来风曰韦，处西北隅以司日月之长短。

【译文】

有个名叫石夷的人，风吹来的地方称他为韦，他的居住地位于西北角以掌管日月运行时间的长短。

狂　鸟

【原文】

有五采之鸟，有冠，名曰狂鸟。

【译文】

有一种五彩斑斓的鸟，头上有冠，它的名字叫作狂鸟。

白氏国

【原文】

有大泽之长山，有白氏之国。

【译文】

有一座大泽之长山，那里有一个白氏国。

西周国

【原文】

有西周之国，姬姓，食谷。有人方耕，名曰叔均。帝俊生后稷，稷降以百谷。稷之弟曰台玺，生叔均。叔均代其父及稷播百谷，始作耕。有赤国妻氏。有双山。

【译文】

有一个西周国，这个国家的人以姬为姓，以谷物为食。有个人正在田里耕作，它的名字叫叔均。帝俊生了后稷，后稷把各种谷物的种子带到了人间。后稷的弟弟名叫台玺，他生下了叔均。叔均代替他的父亲和后稷播种各种谷物，这是历史上农业耕作的开始。有一个人名叫赤国妻氏。还有一座双山。

柜格松

【原文】

西海之外，大荒之中。有方山者，上有青树，名曰柜格之松，日月所出入也。

【译文】

在西海之外，最荒远的地方，有一座方山，山顶生长着一种青树，它的名字叫柜格松，这里是日月升降出入的地方。

先民国

【原文】

西北海之外，赤水之西，有先民之国，食谷，使四鸟。

【译文】

在西北海之外，赤水的西岸，有一个先民国，这个国家的人以谷物为食，能驱使四种野兽。

北狄国

【原文】

有北狄之国。黄帝之孙曰始均，始均生北狄。

【译文】

有一个北狄国。黄帝的孙子名叫始均，始均的后裔就是北狄人。

长　琴

【原文】

有芒山。有桂山。有榣山，其上有人，号曰太子长琴。颛项生老童，老童生祝融，祝融生太子长琴，是处榣山，始作乐风①。有五采鸟三名，一曰皇鸟，一曰鸾鸟，一曰凤鸟。有虫状如菟②，胸以后者裸不见，青如猨状③。

【注释】

①乐风：即乐曲。

②菟：同“兔”，即兔子。

③猨：同“猿”，即猿猴。

【译文】

有一座芒山，有一座桂山，还有一座榣山，山上住着一个人，名叫太子长琴。颛项生了老童，老童生了祝融，祝融生了太子长琴，太子长琴就住在这榣山上，从他开始有乐曲的创作。这有三类五彩斑斓的鸟，一种叫皇鸟，一种叫鸾鸟，一种叫凤鸟。有一种野兽，它的形状与兔子相似，胸部以下的部位裸露着看不见皮毛，它的皮色与猿猴一样发青。

丰沮玉门山

【原文】

大荒之中，有山名曰丰沮玉门，日月所入。

【译文】

在最荒远的地方有一座山，名叫丰沮玉门山，这里是日月降落后进入的地方。

灵　山

【原文】

有灵山，巫咸、巫即、巫肦、巫彭、巫姑、巫真、巫礼、巫抵、巫谢、巫罗十巫，从此升降，百药爰在。

【译文】

有一座灵山，巫咸、巫即、巫肦、巫彭、巫姑、巫真、巫礼、巫抵、巫谢、巫罗这10位巫师，就是从这里升到天庭或是下到人间的，这里是各种各样的草药生长的地方。

沃之野

【原文】

西有王母之山、壑山、海山。有沃之国，沃民是处。沃之野，凤鸟之卵是食，甘露是饮。凡其所欲，其味尽存。爰有甘华、甘柤、白柳、视肉、三骓、璿瑰①、瑶碧、白木、琅玕②、白丹③、青丹，多银、铁。鸾凤自歌，凤鸟自舞，爰有百兽，相群是处，是谓沃之野。

【注释】

①璿（xuán）瑰：美玉名。

②琅玕（láng gān）：美石。

③丹：这里指一种可用来制药的矿物。

【译文】

西面有王母山、壑山和海山。有一个沃民国，沃民就居住在这里。在沃野之上，以凤鸟的卵为食，以甘露为饮品。凡是他们想吃的东西，这里都应有尽有。这里还有甘华、甘柤、白柳、视肉、三骓、璇瑰、青绿色的石头、白木、琅玕、白丹、青丹，另外还蕴藏着许多银矿石和铁矿石。鸾鸟在那里

自由地歌唱，凤鸟在那里自在地起舞，这里还有各种各样的野兽，它们成群结队地生活在一起，这里就是所谓的沃之野。

三青鸟

【原文】

有三青鸟，赤首黑目，一名曰大鵹，一名曰少鵹，一名曰青鸟。

【译文】

有三只青鸟，它们长着红色的脑袋和黑色的眼睛，一只名叫大鵹，一只名叫少鵹，还有一只名叫青鸟。

轩辕台

【原文】

有轩辕之台，射者不敢西向射，畏轩辕之台。

【译文】

有一座轩辕台，射箭的人不敢向西射箭，就是因为他们敬畏轩辕台。

龙　山

【原文】

大荒之中，有龙山，日月所入。有三泽水，名曰三淖，昆吾之所食也。

【译文】

在最荒远的地方有座山，名叫龙山，这里是日月降落后进入的地方。有三个连在一起的大沼泽，名叫三淖，这里是昆吾人获取食物的地方。

女丑之尸

【原文】

有人衣青，以袂蔽面①，名曰女丑之尸。

【注释】

①袂（mèi）：衣袖。

【译文】

有个身穿青色衣服的人，用袖子遮住脸，这个人名叫女丑尸。

女子国

【原文】

有女子之国。

【译文】

有一个国家叫女子国。

桃　山

【原文】

有桃山，有虻山，有桂山，有于土山。

【译文】

有桃山、虻山、桂山和于土山。

鸣　鸟

【原文】

有弇州之山，五采之鸟仰天，名曰鸣鸟。爰有百乐歌儛之风。

【译文】

有一座弇州山，山上有一种五彩斑斓的鸟仰面向着天，这种鸟名叫鸣鸟。这里有伴着各种音乐唱歌跳舞的风俗。

轩辕国

【原文】

有轩辕之国，江山之南栖为吉，不寿者乃八百岁。

【译文】

有一个轩辕国，国中的人都在江山的南边居住以求获得吉祥，这里的居民即使不长寿的也能活到八百岁。

弇　兹

【原文】

西海陼中[1]，有神，人面鸟身，珥两青蛇，践两赤蛇，名曰弇兹。

【注释】

①陼：同“渚”，指水中的小洲。

【译文】

在西海的小洲中，住着一位神，他长着人的面孔和鸟的身子，他的耳朵上挂着两条青蛇，脚踏两条赤蛇。他的名字叫作弇兹。

日月山

【原文】

大荒之中，有山名曰日月山，天枢也[1]。吴姖天门，日月所入。有神，人面无臂，两足反属于头山[2]，名曰嘘。颛顼生老童，老童生重及黎，帝令重献上天[3]，令黎邛下地[4]，下地是生噎，处于西极，以行日月星辰之行次。

【注释】

①天枢：天的枢纽。

②山：此处应作“上”。

③献：举起的意思。

④邛（qióng）：抑压，按下的意思。

【译文】

在最荒远的地方有一座山，名叫日月山，这里是天的枢纽所在。山的主峰是吴姖天门，是太阳和月亮降落后进入的地方。有一位神，长着人一样的脸但没有手臂，两只脚反转着长在头上，他的名字叫嘘。颛顼生了老童，老童又生了重和黎，天帝命令重用力向上顶天，又命令黎用力向下压地，黎到了地下生了噎，噎住在大地的最西端，掌管着太阳、月亮和星辰的运行次序。

天　虞

【原文】

有人反臂，名曰天虞。

【译文】

有一个人胳膊反着生长，他的名字叫天虞。

常　羲

【原文】

有女子方浴月。帝俊妻常羲，生月十有二，此始浴之。

【译文】

有一个女子正在给月亮洗澡。她就是帝俊的妻子常羲，她生了12个月亮，现在她开始为月亮洗澡。

玄丹山

【原文】

有玄丹之山。有五色之鸟，人面有发。爰有青鴍、黄鷔、青鸟、黄鸟，其所集者其国亡。

【译文】

有一座山名叫玄丹山。山上有一种五彩斑斓的鸟，它长着人一样的脸并且长着头发。这里有青鴍、黄鷔、青鸟、黄鸟，这些鸟在哪个国家聚集，哪个国家就会灭亡。

孟翼之攻颛顼池

【原文】

有池，名孟翼之攻颛顼之池。

【译文】

有一个水池，名叫孟翼之攻颛顼之池。

鏖鏊钜山

【原文】

大荒之中，有山名曰鏖鏊钜，日月所入者。

【译文】

在最荒远的地方有座山，名叫鏖鏊钜山，这里是太阳和月亮降落后进入的地方。

屏　蓬

【原文】

有兽，左右有首，名曰屏蓬。

【译文】

有一种野兽，身体的左右两侧各长着一个脑袋，它的名字叫屏蓬。

巫山、壑山、金门山

【原文】

有巫山者。有壑山者。有金门之山，有人名曰黄姖之尸。有比翼之鸟。有白鸟，青翼、黄尾、玄喙。有赤犬，名曰天犬，其所下者有兵。

【译文】

有一座巫山。有一座壑山。还有一座金门山，金门山中居住着一个人名叫黄姖尸。有一种比翼鸟。也有白鸟，它长着青色的翅膀，黄色的尾巴，黑色的嘴。有一种赤色的狗，名叫天犬，它在哪里出现，哪里就会发生战争。

西王母

【原文】

西海之南，流沙之滨，赤水之后，黑水之前，有大山，名曰昆仑之丘。有神，人面虎身，有文有尾，皆白，处之。其下有弱水之渊环之，其外有炎火之山[①]，投物辄然[②]。有人，戴胜[③]，虎齿，有豹尾，穴处，名曰西王母。此山万物尽有。

【注释】

①炎火之山：即今新疆吐鲁番的火焰山。

②然：即“燃”，燃烧的意思。

③胜：古代妇女头上戴的饰物。

【译文】

在西海的南边、流沙的岸边、赤水的后面、黑水的前面，有一座大山，名叫昆仑丘。那里有一位神，他长着人的面孔老虎的身子，身上的斑纹和尾巴都是白色的，居住在昆仑山中。山脚下有弱水渊环绕着，深渊之外有一座炎火山，只要将物品投到这座山上就会燃烧起来。有这样一个人，他头上戴着头饰，长着虎一样的牙齿，还有豹子一样的尾巴，在洞穴中居住，名叫西王母。世间万物都能在这座山中找到。

常阳山

【原文】

大荒之中，有山名曰常阳之山，日月所入。

【译文】

在最荒远的地方有座山，名叫常阳山，这里是日月降落后进入的地方。

女祭、女薎

【原文】

有寒荒之国。有二人，女祭、女薎。

【译文】

有一个寒荒国。国中居住着两个人，分别是女祭和女薎。

寿麻国

【原文】

有寿麻之国。南岳娶州山女，名曰女虔。女虔生季格，季格生寿麻。寿麻正立无景①，疾呼无响。爰有大暑②，不可以往。

【注释】

①景（yǐng）：“影”的本字。

②大暑：极热，酷暑天气。

【译文】

有一个国家叫寿麻国。南岳娶了一位州山的女子为妻，这位女子名叫女虔。女虔生了季格，季格生了寿麻。寿麻立正站在太阳之下却没有影子，他大声叫喊却没人能听见他的声音。这个国家的天气异常炎热，人们都没法前往。

夏耕之尸

【原文】

有人无首，操戈盾立，名曰夏耕之尸①。故成汤伐夏桀于章山，克之，斩耕厥前②。耕既立，无首，走厥咎③，乃降于巫山④。

【注释】

①夏耕：人名，夏桀的臣属。

②厥：这里指夏桀。

③走厥咎：指逃避自己的过失。

④降：逃奔的意思。

【译文】

有一个没有脑袋的人，他手执矛和盾站立着，这个人名叫夏耕之尸。当初成汤在章山讨伐夏桀，并将夏桀打败，当着他的面砍下了夏耕的脑袋。夏耕的尸体站立在那里，没有脑袋，为了逃避罪责，他就躲到了巫山之中。

盖山国

【原文】

有盖山之国。有树，赤皮支干，青叶，名曰朱木。

【译文】

有一个国家叫盖山国。那里生长着一种树，树皮和枝干都是红色的，叶子是青色的，这种树名叫朱木。

一臂民

【原文】

有一臂民。

【译文】

有一群只长着一只手臂的人。

大荒山

【原文】

大荒之中，有山名曰大荒之山，日月所入。

【译文】

在最荒远之地有座山，名叫大荒山，这里是日月落下后进入的地方。

大荒之野

【原文】

有人焉，三面，是颛顼之子，三面一臂，三面之人不死。是谓大荒之野。

【译文】

有一种人，长着三张脸，他们是颛顼的后代，有三张脸和一只手臂，这种三面人是长生不死的。这里就是所谓的大荒之野。

夏后启

【原文】

西南海之外，赤水之南，流沙之西，有人珥两青蛇，乘两龙，名曰夏后开[①]。开上三嫔于天[②]，得《九辩》与《九歌》以下[③]。此天穆之野，高二千仞，开焉得始歌《九招》[④]。

【注释】

①夏后开：即夏启。汉代因避汉景帝刘启的名讳，改启为开。

②嫔：这里是美女的意思。

③《九辩》《九歌》：都是乐曲名。相传原为天帝的乐曲，后被夏启带到人间。

④《九招》：即“九韶”，相传是虞舜时的乐曲。

【译文】

在西南海之外，赤水的南边、流沙的西边，有一个人用两条青蛇作耳饰，骑着两条龙出行，这人名叫夏后启。夏后启曾把三个美女进献到天庭，把天上的乐曲《九辩》和《九歌》带到人间。在这高达2000仞的天穆之野上，启才得以开始歌唱乐曲《九韶》。

互人之国

【原文】

有互人之国。炎帝之孙名曰灵恝，灵恝生互人，是能上下于天。

【译文】

有个互人国。炎帝的孙子名叫灵恝，灵恝生了互人，互人能在天地之间自由穿梭。

鱼　妇

【原文】

有鱼偏枯[①]，名曰鱼妇，颛顼死即复苏。风道北来[②]，天乃大水泉，蛇乃化为鱼，是为鱼妇。颛顼死即复苏。

【注释】

①偏枯：偏瘫。

②道：从、由的意思。

【译文】

有一种身体偏瘫的鱼，名叫鱼妇，是颛顼死后的化身。大风从北方吹来，天上便下起像泉涌一样大的雨，蛇在这时变为了鱼，这就是鱼妇。这种鱼是颛顼死后的寄托之所。

鸀鸟

【原文】

有青鸟，身黄，赤足，六首，名曰鸀鸟。

【译文】

有一种青鸟，它长着黄色的身子，红色的脚，有六个头，这种鸟名叫鸀鸟。

大巫山、金山、偏句山、常羊山

【原文】

有大巫山，有金之山。西南大荒之中隅，有偏句、常羊之山。

【译文】

有一座大巫山，还有一座金山。在最荒远的地方的西南角，有偏句山和常羊山。

第四卷：大荒北经

《大荒北经》所记录的范围大致在今天我国的北方，与《海外北经》中的内容有一些相似之处，其中介绍了很多重要的上古神话，如黄帝与蚩尤的涿鹿大战，展示了上古时期部落之间斗争的真实历史。

附禺山

【原文】

东北海之外，大荒之中，河水之间，附禺之山，帝颛顼与九嫔葬焉。爰有䲹久、文贝、离俞、鸾鸟、皇鸟、大物[①]、小物[②]。有青鸟、琅鸟、玄鸟、黄鸟、虎、豹、熊、罴、黄蛇、视肉、璿瑰、瑶碧，皆出于山。丘方员三百里，丘南帝俊竹林在焉，大可为舟。竹南有赤泽水，名曰封渊[3]。有三桑无枝。丘西有沈渊，颛顼所浴。

【注释】

①大物：大的殉葬品。

②小物：小的殉葬品。

③封：大的意思。

【译文】

在东北海的外面，最荒远的地方，在黄河水的环绕中，有一座附禺山，帝颛顼和他的九个嫔妃就葬在这座山中。这里有鸱鹰、文贝、离俞、鸾鸟、凤凰及各种殉葬的大小物件。青鸟、琅鸟、黑鸟、黄鸟、虎、豹、熊、罴、黄蛇、视肉、璿瑰、美玉、青绿色玉石，都出于这座山。卫丘方圆三百里，卫丘的南边是帝俊的竹林，林中的竹子大的可以制作小船。竹林的南边是一片池泽，湖水呈红色，名叫封渊。封渊旁边有三棵没有树枝的桑树。卫丘的西边是沈渊，这里是帝颛顼沐浴的地方。

胡不与国

【原文】

有胡不与之国，烈姓，黍食。

【译文】

有一个胡不与国，那里的人都以烈为姓，以黍为食。

肃慎氏国

【原文】

大荒之中，有山名曰不咸。有肃慎氏之国。有蜚蛭[1]，四翼。有虫，兽首蛇身，名曰琴虫。

【注释】

①蜚蛭：动物名。蜚，通“飞”。蛭，环节动物。

【译文】

在最荒远之地有座山，名叫不咸山。那里有一个肃慎氏国。国内有一种名叫蜚蛭的动物，它有四只翅膀。还有一种虫，它长着兽一样的脑袋和蛇一样的身子，名叫琴虫。

【相关链接】

水蛭

水蛭是一种环节动物，其身体呈扁长型，尾端有吸盘，能吸人畜的血。水蛭的唾液中含有天然水蛭素，医学上能发挥抗凝血作用，世界上不少国家在古代都用水蛭给病人放血，特别是十九世纪在欧洲曾大量采用。

水蛭对环境的要求并不高，在我国南北方均可生长繁殖，它主要生活在淡水中的水库、沟渠、水田、湖沼中，水温以10℃～40℃为宜。在我国北方，当气温低于3℃时，水蛭就会在泥土中进入蛰伏冬眠期，次年3～4月份高于八度时才醒来活动。

全世界约有300余种水蛭，我国已知约70种。在我国南方的稻田和池塘中最常见的是日本水蛭，尤其以长江流域最多，有的地区农民赤脚下水，一分钟就可叮十几条。蛭类在皮肤上吸血时，不可用手强拉硬拽，而应以手猛拍其身体，或在吸附部位滴盐水、酒精或浓醋，亦可用热纸烟烧灼水蛭的身体使之自己脱落。

大人国

【原文】

有人名曰大人。有大人之国，厘姓，黍食。有大青蛇，黄头，食麈。

【译文】

有一种人名叫大人。有一个大人国，国中的人都以厘为姓，以黍为食。有一种巨大的青蛇，它长着黄色的脑袋，以麈为食。

鲧攻程州山

【原文】

有榆山。有鲧攻程州之山。

【译文】

有一座榆山。还有一座鲧攻程州山。

衡天山、先民山

【原文】

大荒之中，有山名曰衡天。有先民之山，有槃木千里①。

【注释】

①槃（pán）木：指盘绕着生长的树。

【译文】

在最荒远的地方有座山，名叫衡天山。有一座先民山，山上有一种弯曲盘绕的树，它的枝干延伸到了千里之外。

北齐国

【原文】

有北齐之国，姜姓，使虎、豹、熊、罴。

【译文】

有一个北齐国，这个国家的人都以姜为姓，他们能驱使老虎、豹子、熊、罴这四种野兽。

先槛大逢山、禹所积石山

【原文】

大荒之中，有山名曰先槛大逢之山，河、济所入，海北注焉。其西有山，名曰禹所积石。

【译文】

在最荒远的地方有座山，名叫先槛大逢山，这里是黄河和济水流入的地方，海水也从山的北面注入。大逢山的西边有一座山，名叫禹所积石山。

始州国

【原文】

有阳山者。有顺山者，顺水出焉。有始州之国，有丹山。

【译文】

有一座阳山。有一座顺山，是顺水的发源地。有一个始州国，国中有座丹山。

大　泽

【原文】

有大泽方千里，群鸟所解[①]。

【注释】

①解：指鸟儿脱换羽毛。

【译文】

有一个大泽，方圆可达千里，这里是很多鸟儿脱换羽毛的地方。

毛民国

【原文】

有毛民之国，依姓，食黍，使四鸟。禹生均国，均国生役采，役采生修鞈，修鞈杀绰人。帝念之，潜为之国，是此毛民。

【译文】

有一个毛民国，国内的人都以依为姓，以黍为食，他们能驱使四种野兽。禹生了均国，均国生了役采，役采生了修鞈，修鞈杀死了绰人。天帝怜念绰人，暗地里帮他的后代建了一个国家，就是后来的毛民国。

儋耳国

【原文】

有儋耳之国，任姓，禺号子[①]，食谷。北海之渚中，有神，人面鸟身，珥两青蛇，践两赤蛇，名曰禺强。

【注释】

①禺号：传说中的海神名。

【译文】

有一个儋耳国，国内的人都以任为姓，是禺号的后裔，他们以谷物为食。在北海的岛屿中居住着一位神，他有着人的面孔和鸟的身子，耳朵上挂着两条青蛇，脚下踩着两条赤蛇，这位神名叫禺强。

北极天柜山

【原文】

大荒之中，有山名曰北极天柜，海水北注焉。有神，九首人面鸟身，名曰九凤。又有神，衔蛇操蛇，其状虎首人身，四蹄长肘，名曰强良。

【译文】

在最荒远的地方有座山，名叫北极天柜山，海水从它的北面注入山中。山里居住着一位神，他长着九个脑袋，有着人一样的脸，还有鸟一样的身子，这位神名叫九凤。还有一位神，他嘴中衔着一条蛇，手里还握着一条蛇，他的形状是虎首而人身，有四只蹄子和长长的肘臂，这位神名叫强良。

夸　父

【原文】

大荒之中，有山名曰成都载天。有人珥两黄蛇，把两黄蛇，名曰夸父。后土生信，信生夸父。夸父不量力，欲追日景，逮之于禺谷，将饮河而不足也，将走大泽，未至，死于此。应龙已杀蚩尤，又杀夸父，乃去南方处之，故南方多雨。

【译文】

在最荒远的地方有座山，名叫成都载天山。有个人以两条黄蛇为耳饰，手里还拿着两条黄蛇，这人名叫夸父。后土生了信，信生了夸父。夸父不自量力，想要追赶太阳的影子，终于在禺谷追赶上了，但他却因口渴而喝黄河之水，但黄河水不够喝，便想到北方的大泽中取水喝，结果还未走到，便渴死在路上。也有说是应龙杀了蚩尤，又杀了夸父，于是跑到南方去居住，所以南方的雨水特别多。

无肠国

【原文】

又有无肠之国，是任姓，无继子，食鱼。

【译文】

还有个国家名叫无肠国，国内的人都以任为姓，他们是无继国人的后代，以鱼类为食。

相 繇

【原文】

共工臣名曰相繇，九首蛇身，自环，食于九土。其所歍所尼[①]，即为源泽，不辛乃苦，百兽莫能处。禹湮洪水[②]，杀相繇，其血腥臭，不可生谷，其地多水，不可居也。禹湮之，三仞三沮，乃以为池，群帝因是以为台。在昆仑之北。

【注释】

①歍（wū）：指恶心呕吐。尼：止的意思。

②湮（yīn）：阻塞的意思。

【译文】

水神共工有个名叫相繇的臣子，他长着九个脑袋和蛇一样的身子，身体盘成一团，能从九个地方取食。他呕吐出来的东西所停留之处，都会变为沼泽，沼泽中水的味道不是辛辣就是苦涩，各种野兽都无法在这里居住。禹治理洪水的时候，杀死了相繇，它流出的血又腥又臭，流经之处不能生长谷物，而且到处都是水洼，人们无法在此居住。禹将它的血流经之地掩埋起来，填了三次又塌了三次，禹便把此地挖掘成一个水池，并在这里建造了几座帝王的台子。位置就在昆仑山的北面。

岳 山

【原文】

有岳之山，寻竹生焉。

【译文】

有一座岳山，山上生长着许多高大的竹子。

不句山

【原文】

大荒之中，有山名曰不句，海水入焉。

【译文】

在最荒远的地方有座山，名叫不句山，海水就流入这座山中。

黄帝女魃

【原文】

有系昆之山者，有共工之台，射者不敢北乡[①]。有人衣青衣，名曰黄帝女魃[②]。蚩尤作兵伐黄帝，黄帝乃令应龙攻之冀州之野。应龙畜水，蚩尤请风伯、雨师，纵大风雨。黄帝乃下天女曰魃，雨止，遂杀蚩尤。魃不得复上，所居不雨。叔均言之帝，后置之赤水之北。叔均乃为田祖[③]。魃时亡之[④]，所欲逐之者，令曰："神北行！"先除水道，决通沟渎[⑤]。

【注释】

①乡：同"向"，方向的意思。

②女魃（pá）：旱魃，相传是不长一根头发的光秃女神，她所居住的地方，天不下雨。

③田祖：主管田地的官。

④亡：逃跑，跑掉的意思。

⑤渎：小沟。

【译文】

有一座系昆山，山上有一座共工台，射箭之人都不敢朝共工台所处的北方射箭。有一个人身穿青衣，名叫黄帝女魃。蚩尤兴兵攻击黄帝，黄帝便派应龙在冀州的原野与蚩尤作战。应龙蓄积了很多水，蚩尤请来风伯和雨师，于是天上掀起狂风暴雨。黄帝于是请来一位名叫魃的天女，使风雨停止，黄帝于是杀了蚩尤。魃再也无法回到天上，凡是她居住的地方都不会下雨。叔均把这件事报告给了黄帝，黄帝就让魃住到了赤水的北面。叔均被任命为管理田地的官。魃经常跑到其他地方去，人们要想

赶走她就会说："神啊，请你向北去吧！"并要先清理水道，疏通沟渠。

【相关链接】

旱 魃

旱魃是中国古代汉族神话传说中引起旱灾的怪物，如《诗·大雅·云汉》有"旱魃为虐，如惔如焚"的记载。也有的把旱魃说成妇女生出的妖怪。宋《萍州可谈》记载，民间传说有的妇人能生下像鬼一样的妖怪，刚生下来就行走如飞，如果被它逃走就会引起当地大旱。要消除旱灾，首先就要严惩生了妖怪的妇女，将其捉住，押到神坛上曝晒，这样就能求下雨来。

旱魃的形象曾经几度变化，先秦至汉代的旱魃以天女形象为代表，其形象特征为身着青衣的女子。但自汉代中后期至明初，天女形象的旱魃逐渐向另一种小鬼形象的旱魃过渡，如汉代的《神异经》说旱魃长二三尺，裸形，而目在顶上，走行如风。而到了明代中期以后又逐渐被僵尸的形象所取代，如纪晓岚的《阅微草堂笔记》中记载："近世所云旱魃，则皆僵尸。掘而焚之，则往往致雨。"

旱魃的形象之所以发生变化，是因为先秦时期盛行的自然神崇拜至汉代以后就逐渐衰退了，旱魃神性的一面逐渐被人们否定，她的身份也因此遭到了质疑，加上人们对大旱灾害的恐惧，所以就逐渐发展成一种邪恶的形象了。

深目民国

【原文】

有人方食鱼，名曰深目民之国，盼姓，食鱼。

【译文】

有人正在吃鱼，他们是深目民国的人，这个国家的人都以盼为姓，以鱼为食。

赤水女子献

【原文】

有钟山者。有女子衣青衣，名曰赤水女子献。

【译文】

有一座钟山。山上居住着一位穿青色衣服的女子，名叫赤水女子献。

犬 戎

【原文】

大荒之中，有山名曰融父山，顺水入焉。有人名曰犬戎。黄帝生苗龙，苗龙生融吾，融吾生弄明，弄明生白犬，白犬有牝牡，是为犬戎，肉食。有赤兽，马状无首，名曰戎宣王尸。

【译文】

在最荒远的地方有一座山，名叫融父山，这里是顺水流入的地方。有一种人名叫犬戎族。黄帝生了苗龙，苗龙生了融吾，融吾生了弄明，弄明生了白犬，白犬雌雄同体，生下了犬戎族人，他们以肉为食。有一种红色野兽，它的形状与马相似但没有脑袋，名叫戎宣王尸。

齐州山、君山、鬵山、鲜野山、鱼山

【原文】

有山名曰齐州之山、君山、鬵山、鲜野山、鱼山。

【译文】

有几座山，分别叫齐州山、君山、鬵山、鲜野山、鱼山。

一目人

【原文】

有人一目，当面中生。一曰是威姓，少昊之子，食黍。

【译文】

有人只长着一只眼睛，位置在脸的正中间。也有说他们姓威，是少昊的后裔，以黍为食。

继无民

【原文】

有继无民，继无民任姓，无骨子，食气[1]、鱼。

【注释】

①食气：指古代的一种养生术，通过调节呼吸来摄取空气中的营养物质。

【译文】

有一群继无民国的人，他们都以任为姓，是无骨国的后裔，这些人以空气和鱼类为食。

中辐国

【原文】

西北海外，流沙之东，有国曰中辐，颛顼之子，食黍。

【译文】

在西北海的外面，流沙的东面，有个名叫中辐的国家，这个国家的居民是颛顼的后裔，他们以黍为食。

赖丘国、犬戎国

【原文】

有国名曰赖丘。有犬戎国。有神，人面兽身，名曰犬戎。

【译文】

有个名叫赖丘的国家。还有个犬戎国。犬戎国有一位神，他人面兽身，名叫犬戎。

苗　民

【原文】

西北海外，黑水之北，有人有翼，名曰苗民。颛顼生驩头，驩头生苗民，苗民厘姓，食肉。有山名曰章山。

【译文】

在西北海的外面，黑水的北面，有一种身上长着翅膀的人，名叫苗民。颛顼生了驩头，驩头生了苗民，苗民都以厘为姓，以肉为食。有一座山名叫章山。

衡石山、九阴山、洞野山

【原文】

大荒之中，有衡石山、九阴山、洞野之山，上有赤树，青叶赤华，名曰若木。

【译文】

在最荒远的地方，有衡石山、九阴山、洞野山，这些山上生长着一种红色的树，它的叶子是青色的，花朵是红色的，名叫若木。

牛黎国

【原文】

有牛黎之国。有人无骨，儋耳之子①。

【注释】

①儋（dān）耳：儋耳国。

【译文】

有一个牛黎国。国内有人身上没有骨头，是儋耳国的后裔。

烛　龙

【原文】

西北海之外，赤水之北，有章尾山。有神，人面蛇身而赤，直目正乘①，其瞑乃晦，其视乃明，不食不寝不息，风雨是谒②。是烛九阴③，是谓烛龙。

【注释】

①直目：眼睛竖着长。

②谒：“噎”的假借音。噎，这里是吞食、吞咽的意思。

③烛：照亮。

【译文】

在西北海的外面，赤水的北岸，有一座章尾山。山上居住着一位神，他长着人一样的面孔和蛇一样的身子，全身都是红色的，眼睛竖着长，他把眼睛闭上，天下就会变成黑夜；睁开眼睛，天下就会变成白昼。他不吃饭、不睡觉、不呼吸，能吞食风雨。他能把九阴之地照亮，他就是烛龙。

第五卷：海内经

《海内经》是整部《山海经》中叙述最杂乱的一经，其中所记载的山川和国家几乎遍布中华大地，包括西北的新疆、甘肃、青海，长江以南的四川、湖南、贵州，以及中原一带的河北等地。

朝鲜、天毒

【原文】

东海之内，北海之隅，有国名曰朝鲜、天毒，其人水居，偎人爱之[①]。

【注释】

①偎人：指人与人依偎在一起。

【译文】

在东海之内，北海的角落，有两个国家分别叫朝鲜和天毒，这里的人靠水而居，人和人依偎在一起相互友爱。

壑市国

【原文】

西海之内，流沙之中，有国名曰壑市。

【译文】

在西海之内，流沙之中，有一个国家，名叫壑市国。

泛叶国

【原文】

西海之内，流沙之西，有国名曰泛叶。

【译文】

在西海之内，流沙的西面，有一个国家名叫泛叶国。

鸟山、淮山

【原文】

流沙之西，有鸟山者，三水出焉。爰有黄金、璿瑰、丹货[①]、银、铁，皆流于此中。又有淮山，好水出焉。

【注释】

①丹货：铅汞之类的物质。

【译文】

在流沙的西边有座山，名叫鸟山，三条河流从这座山上发源。这里有黄金、璇瑰、丹货、银、铁，且全部产于这三条水中。还有一座淮山，好水发源于这座山。

朝云国、司彘国

【原文】

流沙之东，黑水之西，有朝云之国、司彘之国。黄帝妻雷祖[①]，生昌意。昌意降处若水，生韩流。韩流擢首[②]、谨耳[③]、人面、豕喙，麟身、渠股[④]、豚止[⑤]，取淖子曰阿女[⑥]，生帝颛顼。

【注释】

①雷祖：即嫘祖，传说为西陵氏之女，黄帝的妻子。

②擢（zhuó）首：指长脖子。

③谨：这里是细小的意思。

④渠股：即罗圈腿。

⑤止：即足。

⑥淖（nào）子：蜀山氏之女。

【译文】

在流沙的东面，黑水的西岸，有朝云国和司彘国。黄帝之妻雷祖生下了昌意。昌意后来被贬到若水，在那里生下了韩流。韩流长着长长的脖颈、小小的耳朵，有人一样的面孔、猪一样的嘴巴、麒麟一样的身子、罗圈腿、猪一样的脚，他娶了蜀山氏的女儿名叫阿女，这位女子生下了帝颛顼。

【相关链接】

嫘　祖

《史记·五帝本纪》记载："黄帝居轩辕之丘，而娶于西陵之女，是为嫘

祖”。螺祖是我们先祖女性中的杰出代表，她发明了种桑养蚕和抽丝，织丝为绸，缝绸做衣，后人称她为“先蚕娘娘”，与炎帝、黄帝生活在同一时代，同为人文始祖。

嫘祖不仅教民众养蚕缫丝，还兴起“八拜成婚”的习俗，规定男三十而婚，女二十而嫁的文明婚姻礼俗，所以被认为是“婚姻文明”创始者。另外，嫘祖还辅佐黄帝协管九州，为开创中华基业尽心尽力，最终因积劳成疾而死，葬于出巡途中的衡山岣嵝峰上。

位于河南省中南部的西平县是“中国嫘祖文化之乡”。西平境内的蜘蛛山又称“始祖山”，相传嫘祖就是在这里受蜘蛛结网的启发而发明了养蚕、缫丝和织绸技术。蜘蛛山上建有嫘祖庙，每年的农历四月二十三日，当地群众都会在这里举办盛大的庙会，用来纪念嫘祖发明养蚕缫丝的功德，所以这个庙会被当地人称为“蚕桑节”。

不死山

【原文】

流沙之东，黑水之间，有山名不死之山。

【译文】

在流沙的东边，黑水流经的地方，有座山名叫不死山。

肇　山

【原文】

华山青水之东，有山名曰肇山。有人名曰柏高，柏高上下于此，至于天。

【译文】

华山和青水的东边，有座山名叫肇山。山上住着一位名叫柏高的人，柏高由这里上下，可以升到天上去。

都广之野

【原文】

西南黑水之间，有都广之野，后稷葬焉。爰有膏菽①、膏稻、膏黍、膏稷，百谷自生，冬夏播琴②。鸾鸟自歌，凤鸟自舞，灵寿实华，草木所聚。爰有百兽，相群爰处。此草也，冬夏不死。

【注释】

①膏：形容味美如油脂。

②播琴：即播种。

【译文】

在西南方黑水流经的地方，有一个都广之野，那里是后稷死后埋葬之地。这里出产味美如膏的豆类、稻、黍和稷，各种谷物于此处自然生长，无论冬夏都能播种。鸾鸟在这片土地上自由地歌唱，凤鸟正自在地起舞，灵寿木开花结果，各种草木聚集在这里生长。这里有各种各样的野兽，它们成群聚居在这个地方。这里生长的草，无论冬夏都不会死。

若 木

【原文】

南海之外，黑水青水之间，有木名曰若木，若水出焉。

【译文】

在南海的外面，黑水和青水之间，生长着一种树名叫若木，若水发源于这座山。

禺中国、列襄国

【原文】

有禺中之国。有列襄之国。有灵山，有赤蛇在木上，名曰蝡蛇，木食。

【译文】

有一个禺中国。还有一个列襄国。这一带有座灵山，山上的树木中栖息着一种红色的蛇，名叫蝡蛇，它以树木为食物。

盐长国

【原文】

有盐长之国。有人焉，鸟首，名曰鸟氏。

【译文】

有个盐长国。有一种人，长着鸟一样的脑袋，名叫鸟氏。

九 丘

【原文】

有九丘，以水络之[①]，名曰陶唐之丘、有叔得之丘、孟盈之丘、昆吾之

丘、黑白之丘、赤望之丘、参卫之丘、武夫之丘、神民之丘。有木，青叶紫茎，玄华黄实，名曰建木，百仞无枝，上有九欘[②]，下有九枸[③]，其实如麻，其叶如芒，大皞爰过[④]，黄帝所为。

【注释】

①络：环绕。

②欘：弯曲的树枝。

③枸：盘错的树根。

④大皞（háo）：即伏羲氏，传说中的帝王。

【译文】

有九座山丘，它们的周围有水环绕，这九座丘分别是：陶唐丘、叔得丘、孟盈丘、昆吾丘、黑白丘、赤望丘、参卫丘、武夫丘、神民丘。山丘上生长着一种树，叶子呈青色而茎干呈紫色，开黑色的花朵但结黄色的果实，这种树名叫建木，它高达百仞，不长树枝，在顶端有九根弯曲的树枝，在下面有九条盘错的树根，它结的果实像麻的果实，叶子则与芒叶相似，当年大皞就是凭借建木登上了天，这种树是由黄帝亲自种植的。

窫窳、猩猩

【原文】

有窫窳，龙首，是食人。有青兽，人面，名曰猩猩。

【译文】

有一种窫窳，它长着龙一样的脑袋，是一种吃人的野兽。还有一种青色的野兽，长着人一样的脸，名叫猩猩。

巴　国

【原文】

西南有巴国。大皞生咸鸟，咸鸟生乘厘，乘厘生后照，后照是始为巴人。

【译文】

西南方有个巴国。大皞生了咸鸟，咸鸟生了乘厘，乘厘生了后照，后照就是巴国人的祖先。

流黄辛氏国

【原文】

有国名曰流黄辛氏，其域中方三百里，其出是尘土。有巴遂山，渑水出焉。

【译文】

有个国家名叫流黄辛氏国，这个国家方圆300里，从这里冒出很多尘土。有一座巴遂山，是渑水的发源地。

朱卷国

【原文】

又有朱卷之国。有黑蛇，青首，食象。

【译文】

还有一个朱卷国。国内有一种黑色的蛇，它长着青色的脑袋，能够吞食大象。

赣巨人

【原文】

南方有赣巨人，人面长臂，黑身有毛，反踵，见人笑亦笑，唇蔽其面，因即逃也。

【译文】

南方有一种赣巨人，他们有着人一样的面孔但手臂很长，全身黑色并且长满了毛，脚跟反长在前面，看见人笑他们也笑，笑的时候长长的嘴唇遮住了脸，人们可以趁机逃走。

黑　人

【原文】

又有黑人，虎首鸟足，两手持蛇，方啖之。

【译文】

有一种皮肤呈黑色的人，他们长着老虎一样的脑袋和鸟一样的脚，用两只手抓着蛇，正在那里吞食。

嬴 民

【原文】

有嬴民，鸟足。有封豕[①]。

【注释】

①封豕：大猪。

【译文】

有一个嬴民国，那里的人都长着鸟一样的脚。国中还有一种大猪。

延 维

【原文】

有人曰苗民。有神焉，人首蛇身，长如辕，左右有首，衣紫衣，冠旃冠[①]，名曰延维，人主得而飨食之[②]，伯天下[③]。

【注释】

①旃（zhān）：同“毡”，一种毛织品。

②飨：祭祀的意思。

③伯：通“霸”，称霸的意思。

【译文】

有一种人名叫苗民。有一位神，长着人一样的头和蛇一样的身子，身长如车辕，左右两边各长着一个脑袋，身穿紫衣，头戴毡帽，他的名字叫延维，哪个国君若是能得到他并祭祀他，就能称霸天下。

鸾鸟、凤鸟

【原文】

有鸾鸟自歌，凤鸟自舞。凤鸟首文曰德，翼文曰顺，膺文曰仁，背文曰义，见则天下和。

【译文】

有一种鸾鸟在自由地歌唱，还有凤鸟在自在地跳舞。凤鸟头上有似“德”字的花纹，翅膀上有似“顺”字的花纹，胸部有似“仁”字的花纹，背部有似“义”字的花纹，只要这种鸟一出现，天下就会出现太平局面。

菌狗、翠鸟、孔鸟

【原文】

又有青兽如菟，名固菌狗。有翠鸟，有孔鸟[1]。

【注释】

①孔鸟：即孔雀。

【译文】

还有一种青兽，形状像兔子一样，名叫菌狗。还有翠鸟、孔雀。

衡山、菌山、桂山、三天子之都山

【原文】

南海之内，有衡山，有菌山，有桂山。有山名三天子之都。

【译文】

在南海里面，有衡山、菌山、桂山。还有一座山名叫三天子都。

苍梧丘

【原文】

南方苍梧之丘，苍梧之渊，其中有九嶷山，舜之所葬，在长沙零陵界中。

【译文】

南方有一座苍梧丘，那里有一个苍梧渊，苍梧渊里面有一座九嶷山，这里是帝舜死后埋葬的地方，位于长沙零陵境内。

蛇　山

【原文】

北海之内，有蛇山者，蛇水出焉，东入于海。有五采之鸟，飞蔽一乡，名曰翳鸟。又有不距之山，巧倕葬其西[1]。

【注释】

①巧倕（chuí）：相传是上古帝尧时代一位灵巧的工匠。

【译文】

北海里有一座山，名叫蛇山，蛇水发源于这座山，向东流入大海。山中有一种五彩斑斓的鸟，它们飞起来能遮住一个乡邑，这种鸟名叫翳鸟。又有一座不距山，工匠巧倕就埋葬在这座山的西边。

相顾之尸

【原文】

北海之内，有反缚盗械、带戈常倍之佐，名曰相顾之尸。

【译文】

在北海之内，有一个被反绑着械盗之具、身上带着兵器经常叛逆的臣子，名叫相顾尸。

伯夷父

【原文】

伯夷父生西岳，西岳生先龙，先龙是始生氐羌，氐羌乞姓。

【译文】

伯夷父生下了西岳，西岳生下了先龙，先龙是氐羌族的始祖，族中的人都姓乞。

幽都山、大玄山、大幽国

【原文】

北海之内，有山名曰幽都之山，黑水出焉。其上有玄鸟、玄蛇、玄豹、玄虎、玄狐蓬尾。有大玄之山。有玄丘之民。有大幽之国。有赤胫之民①。

【注释】

①赤胫：小腿呈红色。

【译文】

北海之内有一座山，名叫幽都山，黑水发源于这座山。山上有黑色的鸟、黑色的蛇、黑色的豹、黑色的老虎、尾巴蓬大的黑色狐狸。还有一座大玄山。山里住着玄丘民。这一带有个大幽国。有小腿呈红色的居民。

伯　陵

【原文】

炎帝之孙伯陵，伯陵同吴权之妻阿女缘妇①，缘妇孕三年，是生鼓、延、殳。殳始为侯②，鼓、延是始为钟，为乐风。

【注释】

①同：通“通”，指男女通奸。

②侯：箭靶。

【译文】

炎帝的孙子名叫伯陵，伯陵与吴权的妻子阿女缘妇私通，阿女缘妇怀孕三年，生下了鼓、延和殳。殳最先发明制作了箭靶，鼓和延发明了乐器钟，创制了乐曲的格式。

鲧

【原文】

黄帝生骆明，骆明生白马，白马是为鲧。

【译文】

黄帝生了骆明，骆明生了白马，白马就是鲧。

帝　俊

【原文】

帝俊生禺号，禺号生淫梁，淫梁生番禺，是始为舟。番禺生奚仲[1]，奚仲生吉光，吉光是始以木为车。少皞生般，般是始为弓矢；帝俊赐羿彤弓素矰[2]，以扶下国，羿是始去恤下地之百艰。帝俊生晏龙，晏龙是始为琴瑟。

帝俊有子八人，是始为歌舞。帝俊生三身，三身生义均，义均是始为巧倕，是始作下民百巧。后稷是播百谷。稷之孙曰叔均，是始作牛耕。大比赤阴，是始为国。禹、鲧是始布土[3]，均定九州。

【注释】

①奚仲：传说中发明制造车的人。

②素矰（zēng）：用白色羽毛装饰的短箭。

③布土：规划疆土。

【译文】

帝俊生了禺号，禺号生了淫梁，淫梁生了番禺，番禺发明了船。番禺生了奚仲，奚仲生了吉光，吉光最早开始用木头制车。少皞生了般，般发明了弓箭。帝俊把红色的弓、系着丝绳的白色短箭赏赐给了后羿，让他去扶助下界的国家，后羿于是到地上去帮助人们应对各种艰难。帝俊生了晏龙，晏龙发明了琴和瑟。

帝俊生了8个儿子，他们创制了歌舞。帝俊生了三身，三身生了义均，义均就是最早的巧匠，他为下界之民发明了各种巧妙的工艺和技术。后稷最

早播种百谷。后稷的孙子名叫叔均，叔均发明了用牛耕田的方法。大比赤阴是最早建国的人。禹和鲧是最早划分疆土，度量九州的人。

炎 帝

【原文】

炎帝之妻、赤水之子听訞生炎居，炎居生节并，节并生戏器，戏器生祝融。祝融降处于江水，生共工。共工生术器，术器首方颠[①]，是复土穰，以处江水。共工生后土，后土生噎鸣[②]，噎鸣生岁十有二。

【注释】

①颠：方形。

②噎鸣：神话人物名，为时间之神。

【译文】

炎帝的妻子，即赤水氏的女儿听訞与炎帝生了炎居，炎居生了节并，节并生了戏器，戏器生了祝融。祝融被放逐到了长江岸边，生下了水神共工。共工生了术器，术器的脑袋是方形的，他最早通过翻耕土地的方法使农作物丰收，于是就住到了长江岸边。共工生了后土，后土生了噎鸣，噎鸣把一年划分为十二个月。

禹

【原文】

洪水滔天，鲧窃帝之息壤以堙洪水[①]，不待帝命。帝令祝融杀鲧于羽郊[②]。鲧复生禹[③]。帝乃命禹卒布土，以定九州。

【注释】

①息壤：指传说中一种能自己生长、永不耗减的土壤。

②祝融：古代传说中的火神。名重黎，是颛顼的后代。

③复：通“腹”。

【译文】

洪水滔滔直达天际，鲧偷了天帝的息壤来堵塞洪水，违背了天帝的命令。天帝就派祝融把鲧杀死在羽山的郊野。鲧的腹中诞生了禹。天帝于是命令禹挖土疏道，以便划定九州。

参考文献

[1] 余伟．山海经真相[M]．长沙：华中师范大学出版社，2012．
[2] 方韬．山海经中华经典藏书[M]．北京：中华书局，2009．
[3] 徐客．图解山海经[M]．南昌：江西科学技术出版社，2012．
[4] 思履．彩图全解山海经[M]．北京：中国华侨出版社，2013．
[5] 思履．山海经全解[M]．北京：北京联合出版公司，2015．
[6] 雅瑟．山海经大全集[M]．北京：新世界出版社，2010．
[7] 芦鸣．山海经探秘[M]．北京：时代华文书局，2014．
[8] 陈成．山海经译注[M]．上海：上海古籍出版社，2008．
[9] 陈连山．《山海经》学术史考论[M]．北京：北京大学出版社，2012．
[10] 彭永岸．地理学破解《山海经》[M]．昆明：云南人民出版社，2013．